OS CANADENSES

COLEÇÃO POVOS & CIVILIZAÇÕES

Coordenação Jaime Pinsky

OS ALEMÃES *Vinícius Liebel*
OS AMERICANOS *Antonio Pedro Tota*
OS ARGENTINOS *Ariel Palacios*
OS CANADENSES *João Fábio Bertonha*
OS CHINESES *Cláudia Trevisan*
OS COLOMBIANOS *Andrew Traumann*
OS ESCANDINAVOS *Paulo Guimarães*
OS ESPANHÓIS *Josep M. Buades*
OS FRANCESES *Ricardo Corrêa Coelho*
OS INDIANOS *Florência Costa*
OS INGLESES *Peter Burke e Maria Lúcia Pallares-Burke*
OS IRANIANOS *Samy Adghirni*
OS ITALIANOS *João Fábio Bertonha*
OS JAPONESES *Célia Sakurai*
OS LIBANESES *Murilo Meihy*
OS MEXICANOS *Sergio Florencio*
O MUNDO MUÇULMANO *Peter Demant*
OS PORTUGUESES *Ana Silvia Scott*
OS RUSSOS *Angelo Segrillo*

Proibida a reprodução total ou parcial em qualquer mídia sem a autorização escrita da editora.
Os infratores estão sujeitos às penas da lei.

A Editora não é responsável pelo conteúdo deste livro.
O Autor conhece os fatos narrados, pelos quais é responsável, assim como se responsabiliza pelos juízos emitidos.

Consulte nosso catálogo completo e últimos lançamentos em **www.editoracontexto.com.br**.

João Fábio Bertonha

OS CANADENSES

Copyright © 2021 do Autor

Todos os direitos desta edição reservados à
Editora Contexto (Editora Pinsky Ltda.)

Montagem de capa e diagramação
Gustavo S. Vilas Boas

Coordenação de textos
Carla Bassanezi Pinsky

Preparação de textos
Lilian Aquino

Revisão
Hires Héglan

Dados Internacionais de Catalogação na Publicação (CIP)
Andreia de Almeida CRB-8/7889

Bertonha, João Fábio
Os canadenses / João Fábio Bertonha. – São Paulo :
Contexto, 2021.
224 p. : il. (Povos & civilizações)

ISBN 978-65-5541-054-9

1. Canadá – História 2. Canadá – Cultura 3. Canadá – Política
e governo 4. Canadá – Economia I. Título II. Série

21-0406   CDD 971

Índice para catálogo sistemático:
1. Canadá – História

2021

Editora Contexto
Diretor editorial: *Jaime Pinsky*

Rua Dr. José Elias, 520 – Alto da Lapa
05083-030 – São Paulo – SP
PABX: (11) 3832 5838
contexto@editoracontexto.com.br
www.editoracontexto.com.br

SUMÁRIO

INTRODUÇÃO	7
UM PAÍS IMENSO	11
As províncias e os "vários Canadás"	16
O frio e o "ser canadense"	22
Ecologia e preservação do meio ambiente	29
POVOS INDÍGENAS E COLONOS EUROPEUS (1541-1763)	33
Economia colonial: peles e extrativismo	37
Os franceses	40
Os ingleses	45
O CANADÁ E O IMPÉRIO BRITÂNICO (1763-1867)	49
Os significados da conquista	51
Governo e autogoverno (1763-1776)	53
1776 e o "novo Canadá"	55
A "certidão de batismo" do Canadá	59
As especificidades canadenses no Império	63
NASCIMENTO E CONSOLIDAÇÃO DE UMA NAÇÃO (1867-1947)	67
A Primeira Guerra Mundial	73
A Segunda Guerra Mundial	79
A ECONOMIA CANADENSE	85
Recursos naturais e agricultura	85
Protecionismo e ferrovias	87
Modernização industrial	92
As guerras mundiais e o impulso econômico	94
A moderna economia canadense e o Nafta	99

POLÍTICA, DEMOCRACIA E NACIONALISMOS — 107
    O sistema político — 110
    O Quebec e as identidades — 116

O POVO CANADENSE — 125
    O Canadá multicultural — 131
    A política migratória — 137

A VIDA NO CANADÁ — 143
    Qualidade de vida — 143
    Uma vida urbana — 151
    Relacionamentos, família, amigos — 154
    Esportes — 157
    Comidas — 159

A IDENTIDADE CANADENSE — 163
    A construção da nacionalidade e da cidadania — 163
    Símbolos e mitos nacionais — 167
    Valores canadenses — 174

O VIZINHO ONIPRESENTE: OS ESTADOS UNIDOS — 183
    A dependência estratégica — 184
    O poder militar e o *soft power* — 185
    A simbiose populacional — 190
    Os esforços culturais — 193

UMA TERRA DISTANTE: O BRASIL — 201

CONSIDERAÇÕES FINAIS — 207

CRONOLOGIA BÁSICA — 211

BIBLIOGRAFIA — 215

O AUTOR — 221

INTRODUÇÃO

Brasileiros, quando pensam no Canadá, vislumbram uma terra de gelo e neve, com rios e lagos repletos de salmões saltitantes, além de ursos e castores. Um lugar de florestas muito frias, imensas massas verdes que se estendem até o horizonte e terminam em geleiras. Um país de cidades limpas, organizadas e seguras, com policiais educados dando orientações aos transeuntes perdidos... E os canadenses? Em princípio, muita gente aqui acha que os conhece também. Um povo educado e polido ao extremo, vivendo uma vida confortável, mas encolhido nos seus capotes e botas para enfrentar o frio extremo. "Ah, se não fosse o frio, eu me mudaria já para o Canadá! Um lugar civilizado, quase perfeito, sem violência ou corrupção, com alta qualidade de vida... um sonho!"

Essas imagens não são completamente verdadeiras, nem totalmente falsas. Os canadenses são herdeiros de uma história diferente e construíram uma sociedade bem diferente da brasileira. Eles não precisaram fazer uma revolução para garantir a sua independência, obtida em negociações; ainda são súditos da rainha da Inglaterra e não compartilham o liberalismo econômico "cruel" dos seus vizinhos estadunidenses. Eles nunca tiveram escravidão em larga escala nem guerras civis, e mesmo a violência contra os povos nativos, da qual eles hoje se penitenciam, é apenas uma exceção numa trajetória em que há muitos motivos de orgulho.

Os canadenses também gostam de se imaginar como norte-americanos, no sentido de habitantes da América do Norte, mas como a sua "faceta civilizada", pensando-se quase como "os escandinavos da América". Eles também apreciam quando o resto do mundo se lembra deles de modo a reafirmar sua autoimagem de "norte-americanos do bem". Será essa imagem, contudo, realista? Afinal, o que é o Canadá e quem são os canadenses?

Este livro responde a essas questões e, ao mesmo tempo, traz ao leitor brasileiro um pouco dos valores e da vida canadense. Em suas páginas, vamos entender como se formou o Canadá, os elementos principais de sua cultura, as características da população, e também como os canadenses de hoje vivem, se relacionam, namoram, pensam o mundo e recebem os estrangeiros.

Vamos conhecer a geografia canadense, suas vastidões geladas, seu clima quase sempre frio, sua riqueza natural e suas cidades bem equipadas. E também a sua rica história, desde o contato dos europeus com os povos originais até a formação do Estado e de uma sociedade moderna cheia de particularidades, passando evidentemente pela colonização francesa e britânica e as diversas etapas de autoafirmação nacional. E, ainda mais importante, vamos observar como essa rica trajetória marca a vida das pessoas que lá nasceram e também as que escolheram o Canadá para morar.

Para tanto, os primeiros capítulos apresentam o quadro geográfico e histórico que ajuda a compreender o Canadá e suas especificidades dentro do continente americano e do mundo euro-atlântico. Em seguida, o foco recai sobre temas fundamentais – economia, política, imigração, costumes, hábitos – que moldam a vida no Canadá nos dias de hoje. A identidade canadense, ou seja, como esse povo pensa e vê a si próprio e como ele é percebido pelo restante do mundo, ganha destaque quando o livro passa a abordar a evolução da cidadania no Canadá, os símbolos nacionais e os valores caros ao povo canadense. Há ainda um capítulo sobre a relação do Canadá e dos canadenses com os Estados Unidos e os americanos, seus grandes contrapontos. E, ao final, um capítulo sobre as relações entre Brasil e Canadá e sobre a imigração brasileira, cada vez maior naquele país.

Minha opção foi trabalhar com temas e não seguir uma cronologia rígida. A grande vantagem dessa escolha é poder mergulhar nos aspectos da vida e da história dos canadenses que são mais relevantes, sem a obrigação de "escrever sobre tudo". Esse formato permite que os capítulos conversem entre si, mas também que possam ser lidos de forma independente, em qualquer ordem, conforme o interesse de cada leitor.

Estava realmente na hora de um livro como esse ser publicado no Brasil. Com a exceção de artigos sobre temas particulares (como literatura ou estudos comparados em campos específicos da teoria econômica ou das relações internacionais), guias de viagem e alguns manuais sobre "como emigrar para o Canadá", não se publicou até agora praticamente nada, no Brasil, sobre os canadenses, sua história e sua cultura. O único livro relevante que conheço foi uma *Breve história do Canadá*, escrita por Desmond Morton, traduzida para o português e publicada já há 30 anos. É muito pouco para uma nação das mais importantes no mundo, com um passado e um presente fascinantes, cujos vínculos com os brasileiros continuam a crescer.

*

Introdução | 9

Lake Louise, nas Montanhas Rochosas. A natureza exuberante é uma das características fundamentais do cenário canadense.

Vanessa Pinsky

Em 2000 e, novamente, em 2008, tive o privilégio de ser bolsista do governo canadense, do *International Council for Canadian Studies*, dentro do projeto de diplomacia cultural *Understanding Canada*. Nas duas oportunidades, fiz pesquisas documentais e bibliográficas em Toronto, Montreal e Ottawa, além de conhecer lugares emblemáticos como as Cataratas do Niágara. Esse trabalho e as publicações dali derivadas permitiram que eu me tornasse um dos poucos historiadores brasileiros com conhecimentos relevantes sobre a história canadense. Durante o tempo que passei no Canadá, tive contato com livros, filmes, revistas, folhetos e muitos outros materiais sobre a cultura, a economia e a história do país como um todo, além de vivenciar o clima e aprender muito sobre as pessoas e os hábitos canadenses, como suas paixões esportivas, seus costumes alimentares e suas formas de sociabilidade. Graças ao apoio de alguns colegas canadenses e brasileiros e da proverbial cordialidade canadense, fui introduzido no dia a dia daquele país. Franca Iacovetta me recebeu em sua casa em Toronto e Alexandre Busko Valim fez o mesmo em Ottawa. Roberto Perin também me hospedou e criou diversas oportunidades para que eu conhecesse pessoas e lugares, além da possibilidade de vivenciar o dia a dia em uma casa canadense. Agradeço a todos.

Este livro é dedicado à memória de minha mãe, Mirtes, que faleceu enquanto eu o redigia, a meus filhos, Isabela e Bruno, e, acima de tudo, à minha esposa, Luciane, que sempre me acompanha em meus deslocamentos pelo mundo.

UM PAÍS IMENSO

A expressão latina *A Mari Usque Ad Mare* ("De mar a mar") adorna o brasão de armas canadense, um dos símbolos nacionais do país. Ela faz referência à posição geográfica do território canadense, banhado por dois oceanos, o Atlântico e o Pacífico. Em 2006, líderes das províncias do extremo norte canadense propuseram que os dizeres do brasão fossem alterados para "De mar a mar a mar", para indicar a crescente importância do oceano Ártico na economia do país, mas a proposta acabou não sendo aprovada em favor da tradição. De qualquer modo, a expressão valoriza a localização geográfica do país e suas grandes dimensões: uma extensa massa de terra entre três dos maiores oceanos do planeta. Ao sul e ao oeste, um vizinho terrestre de peso, os Estados Unidos, com os quais o Canadá compartilha 8.900 km de fronteira.

O território canadense é realmente imenso: compreende 41% da área da América do Norte. Seus 9.984.670 km² (incluindo sua parte líquida, seus rios e lagos) fazem do Canadá o segundo país mais extenso da Terra, superado apenas pela Rússia. Dominando aproximadamente 6,3% do espaço terrestre, o Canadá é um pouco menor do que a Europa, um pouco maior do que os Estados Unidos e supera em 1,4 milhão km² o Brasil. De leste a oeste, a distância máxima chega a 5.500 km e, do sul ao norte, mais de 4.600 km.

Num espaço tão grande, há uma enorme variedade climática e natural, passando do clima ártico, no extremo norte (onde não crescem árvores e a neve é eterna), ao temperado, na costa do Pacífico, e ao continental, nas províncias centrais, com um verão relativamente quente e invernos muito frios.

O gigantismo territorial e o clima do país deixam marcas em todos os que nele vivem. As diferenças climáticas entre as várias regiões levam a paisagens naturais variadas e, consequentemente, a estilos de vida distintos. Há áreas montanhosas (como os Apalaches, compartilhados com os Estados Unidos) no leste e também no oeste, e uma grande área plana, com alguns planaltos no meio, antes coberta de florestas e que hoje é o centro populacional do país, nas províncias de Ontário e de Quebec. O centro do país é uma grande planície, conhecida como "as pradarias". O norte também é predominantemente plano, mas com gelo durante todo o ano.

12 | Os canadenses

Além de florestas, lago e fontes termais, o Parque Nacional Jasper, nas Montanhas Rochosas, em Alberta, conta com a maior montanha da província e com um imenso campo de gelo e neve eternos sendo muito utilizado para atividades de lazer.

Boa parte do país é coberta por vegetação rasteira, como ocorre em áreas das montanhas ou no Ártico, onde há a famosa tundra. Parcela significativa das antigas florestas que cobriam o Canadá foi derrubada em séculos de ocupação humana. Mesmo assim, entre florestas temperadas de coníferas (abetos, pinheiros e outras) e suas variações, as árvores ainda ocupam 40% do território canadense. Não espanta, portanto, que as imagens de lenhadores, florestas frias e neve (muita neve!) identifiquem tão rapidamente o Canadá. Os animais que nelas vivem – como bisões, castores, ursos e alces – também são parte integrante da vida e do imaginário dos canadenses. O castor, especialmente, é considerado há muito tempo um símbolo do país, e isso foi reconhecido em lei aprovada no Parlamento canadense em 1975. O mascote eleito para as Olimpíadas de Montreal de 1976 foi o castor Amik, cujo nome significa justamente "castor" na língua das tribos algonquinas, um dos povos originários do Canadá.

Em termos de geografia humana, os números canadenses são menos impressionantes que os da geografia física. Com 37 milhões de habitantes, o país aparece na 39ª posição no *ranking* global e apenas 1 entre cada 200 habitantes do planeta Terra vive no Canadá. Com uma população menor do que a do estado de São Paulo, uma densidade populacional de apenas 3,5 pessoas por quilômetro quadrado e um índice de crescimento demográfico atualmente abaixo de 1,0% ao ano, é improvável que o Canadá venha a ser algum dia uma potência demográfica. A relação entre população e território indica quão pouco povoado o país é, corroborando a imagem do Canadá como um lugar com amplos espaços vazios em contraste com a concentração populacional na área mais próxima aos Estados Unidos.

De fato, três em cada quatro canadenses vivem a uma distância de 150 km da fronteira com os Estados Unidos, e a maioria dessas pessoas habita um corredor com as pontas na cidade de Windsor (junto a Detroit) e na cidade de Quebec. Nesse corredor populacional estão Montreal, Toronto, Ottawa e cerca da metade dos habitantes do país. Fora dele e da concentração populacional próxima ao Pacífico, ao redor da cidade de Vancouver, há algumas cidades de porte médio localizadas nas pradarias, como Calgary, Edmonton e Winnipeg. Já na costa atlântica, a população é pequena e, no extremo norte, quase inexistente. Portanto, fora do citado eixo populacional e de umas poucas grandes cidades, a impressão do "vazio canadense" se torna ainda mais forte.

A abundância de água é outro elemento relevante da geografia canadense e que ajuda a entender como o povo vive e se comporta. Além dos vários oceanos que

Vanessa Pinsky

A vida selvagem é uma marca no cenário canadense. Pequenos animais, como esquilos, são vistos nas cidades e, em parques e áreas rurais, animais típicos, como os alces, estão sempre presentes.

Os ursos são um dos animais mais típicos do Canadá e também do norte dos Estados Unidos. Canadenses que vivem em áreas mais isoladas ou rurais podem encontrá-los eventualmente em seus quintais. Nos contos populares, nos filmes, na TV e no folclore canadenses, os ursos são presença constante.

circundam o país, no Canadá não há desertos secos e mesmo a parte mais árida tem água, ainda que em forma de gelo e neve, como nas numerosas geleiras. Há também vastas áreas de pântanos e charcos e mais de 2 milhões de lagos, espalhados por todo o território. Os rios também são abundantes, como o Mackenzie, o Yukon e o Nelson. Essas massas de água foram fundamentais para a ocupação e colonização do país e influenciam a culinária e a vida locais. No Canadá, afinal, até os ursos comem salmão e trutas.

Como se sabe, as primeiras civilizações da História começaram ao longo de rios ou de reentrâncias geográficas preenchidas pelos mares. As grandes civilizações do Mediterrâneo, do Oriente Médio ou da China só puderam existir por causa da presença de grandes rios que permitiam a agricultura intensiva, a comunicação e o transporte de pessoas e mercadorias. No Mediterrâneo, além disso, a natureza recortada das costas permitia que a navegação por mar fosse viável e não seria possível explicar a expansão das cidades gregas ou a capacidade romana de comandar um Império tão vasto sem a presença das "estradas aquáticas" no seu interior.

Mesmo na colonização da América, as principais povoações localizavam-se perto do litoral e a expansão para o interior quase sempre seguia o caminho dos rios, como o Amazonas, o Mississipi etc. No caso canadense, é impossível subestimar a importância do rio São Lourenço e dos Grandes Lagos nesse sentido, já que os povos originários os utilizavam para a pesca, para o comércio entre as tribos e para os seus deslocamentos. Os europeus, ao chegarem à região, fizeram o mesmo. Os rios e lagos do território canadense, além disso, eram um canal de comunicação entre os vários núcleos de povoamento europeus e com os portos que os conectavam com a Europa. Sem eles, a ocupação europeia do Canadá teria sido muito mais difícil.

Os Grandes Lagos (Superior, Michigan, Huron, Erie e Ontário) constituem uma das maiores reservas de água doce do planeta. Na região em torno deles vivem 33 milhões de americanos e canadenses. Esses lagos sempre foram fundamentais para o comércio e as comunicações, especialmente depois que vários canais foram abertos para ligá-los entre si. Eles se conectam ao oceano Atlântico pelo rio São Lourenço, o que explica a importância estratégica desse rio, pois o controle da sua

As Cataratas do Niágara, na fronteira entre Ontário e o estado de Nova York, são um dos símbolos mais conhecidos da América do Norte. As Cataratas do Iguaçu no Brasil são maiores, mas a fama mundial das Cataratas do Niágara é imbatível.

bacia significava o domínio político, econômico e comercial de uma vasta área. Foi no ponto onde o rio encontra o oceano que franceses iniciaram a colonização da América do Norte no século XVI e foi pelo seu controle que França e Inglaterra lutaram entre os séculos XVI e XVIII.

A baia de Hudson chama a atenção por ser um pedaço do oceano Ártico que avança dentro do continente norte-americano formando um verdadeiro "mar interior" canadense. Por estar quase sempre congelado, esse "mar" não exerceu um papel de destaque enquanto dinamizador da economia e da colonização. Até hoje suas margens são pouco povoadas. Mesmo assim, ele exerce uma influência climática importante na maioria das províncias canadenses e, atualmente, com o derretimento do Ártico, há planos de eventualmente aproveitá-lo melhor para o comércio internacional. Pensa-se até mesmo na criação de uma linha regular de comércio marítimo entre Churchill, no Canadá, e Murmansk, na Rússia.

AS PROVÍNCIAS E OS "VÁRIOS CANADÁS"

Dada à vastidão do país e seus inúmeros climas, relevos e ecossistemas, há uma grande diversidade entre suas partes constituintes, tanto na cultura, como na economia e no modo de ser dos habitantes. Para completar, a história da ocupação e colonização dos distintos territórios também foi diferenciada, o que leva a uma heterogeneidade ainda maior.

Atualmente, o Canadá é dividido em dez províncias (Alberta, Colúmbia Britânica, Manitoba, Nova Brunswick, Terra Nova e Labrador, Nova Escócia, Ontário, Ilha do Príncipe Eduardo, Quebec e Saskatchewan) e três territórios (Territórios do Noroeste, Nunavut e Yukon) no extremo norte. A maior diferença legal entre territórios e províncias é que os territórios são subordinados diretamente ao governo central, enquanto as províncias têm maior autonomia administrativa. Essas províncias e territórios podem ser agrupados em cinco grandes regiões.

A **Região Atlântica** abarca províncias no litoral do Atlântico: Terra Nova e Labrador, Ilha do Príncipe Eduardo, Nova Escócia e Nova Brunswick. Até hoje pouco povoadas – com cerca de 2 milhões de habitantes – e com um território relativamente pequeno, essas províncias são ainda bastante rurais e estão entre as mais pobres do país, tanto que, demograficamente, estão estagnadas ou até em declínio. A população dessas províncias ainda reflete a forte presença da colonização britânica e francesa (na região, chamada de "acadiana"), com poucas minorias étnicas. Devido a esse passado colonial, Nova Brunswick é oficialmente bilíngue.

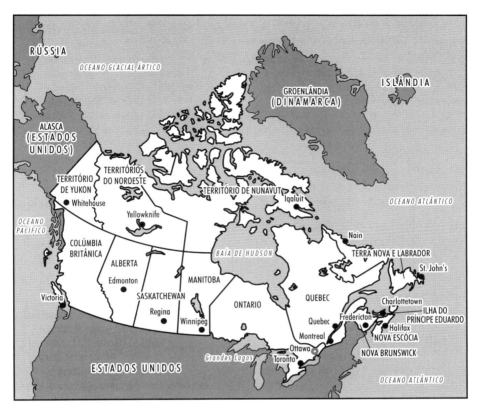

Mapa político atual do Canadá, mostrando as suas extensas fronteiras terrestres e marítimas e suas províncias e territórios.

Já a cidade de Halifax, em Nova Escócia, foi uma base crucial para a Marinha britânica por séculos, além de um importante porto comercial. Terra Nova tem a especificidade de só ter se reunido ao Canadá em 1949, mais de 80 anos depois da fundação da Confederação.

Num certo sentido, essas províncias representam um Canadá mais antigo, que não passou plenamente pelo processo de modernização econômica e social e de diversificação cultural das últimas décadas que ocorreu com maior intensidade em Quebec, Ontário e Colúmbia Britânica. Lá vivem descendentes diretos dos colonizadores originais, alguns indígenas e até mesmo uma pequena população descendente de escravos fugitivos dos Estados Unidos na época da escravidão (concentrada na Nova Escócia). As atividades econômicas mais significativas

18 | Os canadenses

ainda são as agrícolas (com cultivos de produtos como batata e trigo, além da coleta e plantio de frutas como amoras, cerejas, framboesas e outras semelhantes), a pesca (especialmente da lagosta e outros frutos do mar) e a exploração de minérios como cobre e zinco.

Terra Nova foi conhecida por séculos como "a terra do bacalhau", devido à exploração dos abundantes campos pesqueiros na costa. O bacalhau salgado alimentava os pescadores locais, os exploradores e caçadores que se dirigiam para o interior e ainda era exportado para o mundo todo. Os habitantes de Terra Nova desenvolveram um "ritual de boas-vindas" a forasteiros, que inclui beber uma dose de screech – um tipo de rum popular na região – e beijar um bacalhau, depois do qual a pessoa é considerada um *Newfoundlander* honorário. Contudo, a exploração excessiva levou ao colapso dos bancos pesqueiros nos anos 1990, com graves consequências econômicas e sociais na província, como desemprego e emigração maciça.

Claro que também houve mudanças e melhoras nas últimas décadas. O turismo na região atlântica tem crescido e, na Nova Escócia, por exemplo, há uma indústria aeroespacial nascente. Naquela província, tradicionalmente lugar de concentração de soldados e marinheiros, está uma parte substancial dos soldados e equipamentos das Forças Armadas canadenses e isso estimula esse tipo de atividade. Mesmo assim, esse é um Canadá menos próspero e mais provinciano, ainda muito centrado na sua própria cultura e nas tradições locais e um tanto reticente diante das novidades que vêm de fora.

Perto do Ártico e do Alasca, está a região dos **Territórios do Norte**: Nunavut, Territórios do Noroeste e Yukon. Como já mencionado, são áreas de frio eterno, com neve constante, ou locais cobertos, no máximo, pela tundra ou, mais ao sul, por florestas de coníferas (com pouca vegetação rasteira e predominância de pinheiros, abetos e outras árvores adaptadas ao frio). Em quase 40% do território nacional, vivem apenas pouco mais de 100 mil pessoas, com uma alta proporção de povos indígenas. No meio do gelo e da neve, além das atividades tradicionais, a mineração – encabeçada por grandes grupos internacionais e canadenses – dá o tom da economia.

A **Costa Oeste** canadense é composta de apenas uma província, a Colúmbia Britânica. É uma área de colonização relativamente recente, mas que se desenvolveu muito desde o final do século XIX, tendo se unido à Confederação canadense em 1871, cinco anos após a sua criação. Com cerca de cinco milhões de habitantes, é a terceira mais populosa província do Canadá. Nessa área, especialmente perto do litoral, o clima é mais ameno: em Vancouver, por exemplo, as temperaturas no verão raramente vão além de 30 °C, e no inverno não passam de -10 °C, o que, para os padrões canadenses, significa um inverno moderado. Sua economia começou a se desenvolver em torno de atividades tradicionais – como pesca, agricultura, mineração e madeira –, mas evoluiu para uma baseada em serviços. Vancouver, por exemplo, é a terceira cidade em produção de filmes na América do Norte, atrás apenas de Los Angeles e Nova York.

Essa é também uma região onde a presença da imigração de fora da Europa tem raízes antigas. Na segunda metade do século XIX, para suprir a falta de mão de obra, indianos e, especialmente, chineses, foram atraídos para o local. Mais recentemente, com a incorporação de Hong Kong à China, em 1997, e a instabilidade em alguns países asiáticos, a imigração asiática aumentou muito e Vancouver tem, hoje, uma substancial população originária do leste e do sul da Ásia.

Colúmbia Britânica também é vista como um lugar *easy going* em termos políticos e comportamentais. Apesar de movimentos anti-imigração asiática terem sido fortes no passado, há uma tradição local, ao menos desde a Segunda Guerra Mundial, de maior tolerância com os imigrantes e de mais abertura para os direitos dos homossexuais, das mulheres e de outras minorias étnicas ou sociais. A província tem uma forte ligação com o noroeste dos Estados Unidos, como com os estados de Washington e Oregon. O noroeste estadunidense também se caracteriza por ser mais liberal nos costumes e por ter, nos dias de hoje, uma economia fortemente baseada nos serviços, especialmente os tecnológicos, tanto que companhias como Microsoft ou Amazon foram fundadas ou têm sede em Seattle. Assim, a área entre Seattle, Portland e Vancouver é praticamente uma unidade em termos populacionais e econômicos, com ampla circulação de pessoas e serviços entre essas cidades. Como, além disso, o clima, moderado e a paisagem natural – com imensas florestas e a presença do oceano Pacífico – são muito parecidos, é comum para os residentes nessas cidades pensarem a região como uma unidade.

As três **Províncias das Pradarias** (Alberta, Manitoba e Saskatchewan) também formam um conjunto diferenciado, caracterizado pelas pradarias: grandes extensões de terra plana, com vegetação rasteira, nas quais é criado gado e cultivada a terra. Um termo para definir a região em inglês é *flatness*, o que, em português, nesse caso, poderia ser traduzido por "planicidade", ou a condição de ser plano. A tradução não convence muito, mas a própria existência do termo indica a paisagem que marca a região, ou seja, os infinitos espaços planos, onde, graças às férteis terras negras, a agricultura viceja. É o verdadeiro coração agrícola do país, de onde saem grandes quantidades de carne, trigo, cevada e outros cereais e onde, cada vez mais, há a exploração de petróleo, fazendo dessas três províncias as mais ricas do país.

Apesar de a maior parte da população das províncias das pradarias – cerca de 6 milhões de habitantes – viver hoje nas cidades, o caráter rural é um traço

20 | Os canadenses

importante na cultura local. Também relevante é o fato de essa região, como será visto em detalhes em capítulo posterior, ter recebido, nos séculos XIX e XX, um número expressivo de imigrantes alemães, escandinavos e do Leste Europeu. Ucranianos, poloneses, alemães, suecos e norugueses deram um tom particular à cultura dessa região, com festas, tradições e culinária particulares, de forma paralela a alguns estados americanos próximos, como Minnesota, Michigan e Illinois.

O **Coração do Canadá**, contudo, é formado pelas províncias de Ontário e Quebec. Nessas duas províncias, vivem 23 milhões de pessoas, cerca de 2/3 da população canadense, dos quais 39% em Ontário e 24% em Quebec, aproximadamente. Essas duas províncias sempre concentraram o poder político, cultural e material do país. Na verdade, antes da criação da Confederação, em 1867, o termo *Canadá* se referia apenas a elas.

Depois do crescimento econômico e populacional das províncias das pradarias e do Pacífico, a hegemonia das duas províncias principais diminuiu, mas nem de longe foi eliminada, o que levou a um certo ressentimento das outras províncias com relação a elas, consideradas alienadas das questões que afetam o restante do país (há até um termo, "*Western alienation*", para indicar o que as outras províncias pensam com relação a Ontário e Quebec). Dados sua população e seu poder econômico, Ontário e Quebec dominam o sistema político, causando insatisfação das províncias das pradarias, que se consideram prejudicadas na divisão das cadeiras no Parlamento, ainda que sejam as atlânticas as mais super-representadas. Também há uma percepção de que as políticas federais sempre privilegiam o coração do país e que as periferias o sustentam. Quebec e Ontário dizem o contrário. Em alguns momentos, essas discordâncias levam a conflitos políticos que crescem ou diminuem conforme a conjuntura. Não há, contudo, movimentos separatistas com real visibilidade e, nesse sentido, o Canadá se aproxima do Brasil ou dos Estados Unidos, onde os ressentimentos do Sul e de São Paulo com relação a Brasília ou da Califórnia e do Texas com relação a Washington não ameaçam a unidade nacional. A única exceção é o caso de Quebec, que abriga um movimento separatista ou de busca de autonomia semelhante aos da Catalunha ou da Lombardia (como será visto em outro capítulo).

Na província de Ontário estão as grandes cidades canadenses – Toronto, Ottawa, Windsor, Kitchener, London, Thunder Bay, entre outras – que abrigam as maiores empresas, assim como as principais instituições econômicas e políticas. Quase todas as grandes universidades e centros de pesquisa, as principais indústrias e os centros comerciais estão concentrados em Ontário. Como será visto em capítulo posterior, uma das características do Canadá contemporâneo é o multiculturalismo e o seu epicentro é justamente ali, especialmente em Toronto, uma das cidades mais étnicamente diversas do mundo. Frequentemente, quando estrangeiros se referem ao Canadá, estão pensando, na verdade, em Ontário e seus habitantes cosmopolitas.

A província do Quebec também é imensa, com uma área equivalente a três vezes a da França, repleta de florestas, lagos, rios, plantações e pequenas e grandes cidades, como Quebec e Montreal. Até poucos anos atrás, o Quebec era uma região predominantemente agrícola ou de exploração de recursos naturais, como a madeira. Hoje, a economia local é muito avançada graças a amplos investimentos em ciência e tecnologia, empresas de *software*, mídia e outros serviços. Seus mais de 8 milhões de habitantes vivem hoje em uma sociedade rica, com um PIB *per capita* equivalente ao de países avançados da Europa.

O Quebec é a província que torna, num certo sentido, o Canadá único entre os países de língua inglesa. É certo que todos os países de língua inglesa têm especificidades populacionais ou culturais, como a cultura maori na Nova Zelândia, a aborígene na Austrália ou a africâner na África do Sul. Contudo, só no Canadá há uma província que fala majoritariamente outro idioma, o francês. Além disso, o Quebec tem costumes diferentes frente ao Canadá de língua inglesa, por exemplo, a preponderância da religião católica.

O folclore do Quebec é um bom indicador da influência francesa na região e, ao mesmo tempo, das particularidades regionais. Muitas das lendas locais trazem componentes claramente europeus, como demônios, bruxas e lobisomens, e as histórias giram ao redor da necessidade de reforçar o espírito cristão para combater as forças do mal como a da filha de um casal de pouca fé que quase se casa com o diabo em pessoa, sendo salva apenas pela interferência do padre local, numa demonstração da influência e do poder da Igreja Católica na cultura da região. Ao mesmo tempo, há lendas que incluem componentes específicos da província, como canoas em rios caudalosos e lenhadores. Na lenda da *La Chasse-galerie* (a canoa voadora), por exemplo, combinam-se elementos franceses e dos povos originários canadenses para produzir uma narrativa particular. Há várias versões dessa lenda, mas a mais difundida fala de um grupo de lenhadores isolados que, para visitarem suas namoradas e voltarem ao trabalho a tempo, fazem um pacto com o diabo que lhes permite usar uma canoa mágica, voadora.

O Canadá, portanto, é um país com uma grande diversidade cultural: é como se houvesse um Canadá inglês, um francês e um dos povos originários; um de desertos gelados e outro de temperaturas amenas; um Canadá oceânico e um de pradarias; um cem por cento conectado ao mundo globalizado e um mais isolado. Mesmo assim, os traços comuns são muitos e eles também vêm, em boa medida, da geografia, da presença intensa do frio e da força que a natureza exerce na vida dos canadenses.

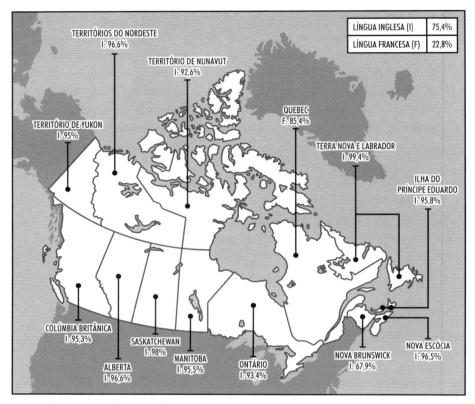

Mapa linguístico do Canadá. Três quartos dos canadenses falam inglês e um quarto, francês, concentrado majoritariamente em Quebec. Muitos canadenses, contudo, são bilíngues ou têm uma compreensão básica dos dois idiomas.

O FRIO E O "SER CANADENSE"

A ideia de que o Canadá, todo ele, é um grande deserto gelado, com neve e gelo o ano todo, não está correta. Na verdade, a parte mais habitada do Canadá, na fronteira sul, não é mais fria do que os estados americanos que a bordeiam. Minnesota, Wisconsin, Illinois ou Nova York, por exemplo, têm temperaturas comparáveis às de Ontário ou Quebec e, em algumas circunstâncias, são locais até mais frios. Porém, enquanto o Canadá é visto pelos estrangeiros como o país *do* frio, os Estados Unidos são vistos como um país onde *faz* frio. Isso se deve, provavelmente, ao fato de uma parte substancial dos Estados Unidos apresentar temperaturas amenas ou mesmo altas (as praias da Flórida ou da Califórnia ou o deserto do Arizona fazem esquecer os desertos gelados do Alasca ou o frio intenso que chega a fazer em Chicago no inverno). Já o território canadense não tem esse contraponto (alguém já ouviu falar de um turista fazendo uma viagem para curtir o calor em praias canadenses?).

"Como vocês aguentam viver com tanto frio?" é uma pergunta que os canadenses costumam ouvir quando viajam para fora do país. Ressaltar e exagerar o frio do Canadá também é uma forma usada por outros povos para provocar e irritar os canadenses. Isso não muda o fato, contudo, de que o frio é um traço importante na vida do país. Mesmo levando-se em conta as variações regionais, quase sempre faz muito frio no Canadá.

As quatro estações são muito bem definidas, sendo exatamente na ordem inversa das do Hemisfério Sul. Na primavera, os canadenses vivem uma temperatura entre 7º abaixo de zero e 19º acima, dependendo da região. O verão é quente, mas ameno em comparação com outros locais do mundo: as temperaturas geralmente não passam dos 30 e poucos graus. No outono, a temperatura cai bastante e oscila, em média, entre alguns graus abaixo de zero e 17º acima, dependendo da altitude e dos ventos. O inverno, obviamente, é muito frio, com temperaturas normalmente negativas, desde -10 ºC até -30 ºC, especialmente em janeiro, o mês mais frio.

O Glaciar Athabasca é um campo com 6 km², no qual o gelo se acumula há milhares de anos, atingindo uma espessura de 90 a 300 metros. Devido ao aquecimento global, o Glaciar tem recuado cerca de 5 metros por ano e pode desaparecer em uma geração.

24 | Os canadenses

A neve e o gelo estão presentes na realidade dos canadenses a maior parte do ano: nas cidades canadenses, acumulam-se, em média, entre 1 e 2 metros de neve por ano e, em alguns lugares, ainda mais.

A percepção do que é frio pode ser diferente para alguém acostumado a ele, como um canadense, e alguém vindo de um país bem mais quente, como um brasileiro, por exemplo. Certa vez perguntei a um amigo de Toronto como havia sido o inverno naquele ano. Ele respondeu que "tinha sido bastante ameno, não chegando nem a 15 °C abaixo de zero". Tendo nascido em um país em que a temperatura de 10 °C já provoca queixas dos compatriotas friorentos, espantou-me pensar que um período do ano com 15 °C abaixo de zero podia ser considerado "ameno".

Os canadenses convivem com temperaturas baixas a maior parte do tempo e estão sempre muito preocupados com o clima. Verificar constantemente a previsão do tempo no celular ou na TV, ter um guarda-roupa bem abastecido de luvas, chapéus e meias e conhecer as vantagens de cada tipo de tecido ou vestimenta são requisitos mínimos para viver com algum conforto no Canadá. A escolha dos sapatos – quase sempre com solas grossas e à prova de água – também é uma arte transformada em necessidade básica para evitar incômodos e manter a saúde.

A maior parte dos canadenses conhece razoavelmente bem os sintomas de hipotermia e as consequências do congelamento dos membros do corpo, o *frostbite*. Quase todo canadense conhece alguma história de "alguém que quase morreu de hipotermia" ou "que perdeu uma parte do corpo por congelamento". A realidade é que milhares de pessoas são hospitalizadas todo ano por hipotermia ou congelamento, sendo que dezenas delas, principalmente idosos ou pobres sem condições de se aquecer, morrem. Doenças agravadas pelo frio, como as respiratórias, são muito comuns, atingindo milhares de pessoas por ano. Isso é facilmente compreensível, pois, quando a temperatura está a dezenas de graus abaixo de zero e até a água quente congela instantaneamente ao ser jogada no ar, qualquer descuido pode ser fatal. Até ficar num ambiente excessivamente quente, suar e sair no frio intenso pode levar ao congelamento de partes do corpo e mesmo à morte.

Faz parte das crônicas canadenses, algumas delas meras lendas urbanas, histórias como a do indivíduo que foi levar o lixo para fora de casa, trancou a porta por engano e morreu de pijama na rua por causa do frio. O noticiário apresenta com frequência relatos de pessoas mortas porque se esqueceram de ligar o aquecimento antes de dormir ou porque tiveram que deixar um carro que sofrera um acidente na estrada. Na verdade, dado o rigor do clima, o espantoso é que as fatalidades sejam relativamente poucas.

Isso se deve, obviamente, ao cuidado e à experiência dos habitantes do país com o frio. Desde crianças, eles são acostumados a se vestir de forma adequada e a saber o que se pode e o que não se deve fazer quando as temperaturas estão muito abaixo de zero. Há um antigo ditado que diz que "o marinheiro que sobrevive é aquele que respeita o mar". O mesmo poderia ser dito dos canadenses e o frio: "só os que o entendem e o respeitam sobrevivem sem problemas com ele".

Os canadenses em geral também estão muito bem preparados em termos de arquitetura e infraestrutura urbana para lidar com o frio. Ônibus, automóveis e outros veículos têm aquecimento e quase todos os prédios têm corredores fechados para a passagem de uma parte do edifício para outra. Caminhos subterrâneos ou climatizados também são comuns nas cidades. Em Montreal, por exemplo, há a chamada Underground City, uma rede subterrânea de caminhos e passarelas fechados e climatizados. Nela, há torres de escritórios, hotéis, *shopping centers*, universidades e blocos residenciais, todos interconectados entre si e com a rede do metrô. Meio milhão de pessoas usam a Underground City, com seus 32 km de extensão, todos os dias, caminhando por via subterrânea e se poupando do clima inclemente. Outras cidades canadenses, como Toronto, têm sistemas semelhantes, ainda que não tão amplos, e redes menores de caminhos subterrâneos também são comuns.

As casas canadenses são construídas para manter o frio fora a qualquer custo e isso implica, em primeiro lugar, um sistema de aquecimento adequado. Diferentemente de alguns países do sul da Europa, como a Itália ou a Espanha, onde um aquecedor em que circula água quente é suficiente para esquentar o ambiente, o frio canadense demanda mais. O método mais comum é um tipo de fornalha que queima gás natural ou óleo e introduz ar quente nos ambientes. Ela fica ligada boa parte do ano e representa uma parte substancial do gasto do orçamento doméstico. As reclamações sobre o seu custo são eternas, mas ninguém ousa abrir mão desse conforto moderno.

Também importante é o isolamento. Os apartamentos de alvenaria ou mesmo as casas, normalmente de madeira, recebem um tratamento especial para o calor de dentro não sair. As paredes externas são tratadas para não acumular umidade e garantir o isolamento contra neve, chuva e vento. Entre elas e as paredes internas há um espaço preenchido com fibra de vidro ou outros materiais isolantes ou, se isso não ocorre, o produto isolante é injetado nas próprias paredes.

Há também um grande cuidado com portas e janelas, as quais são quase sempre duplas e com intervalo entre as placas. Elas também são construídas de forma a permitir que o máximo de luz solar entre nos ambientes e ajude a aquecer. Outros artifícios são também usados para garantir ainda mais isolamento e conforto

26 | Os canadenses

térmico. Um exemplo são pequenas manivelas instaladas nos vidros das janelas, especialmente nas que não são duplas. Elas são giradas com força, o que faz com que os vidros se vedem perfeitamente, não sobrando nem mesmo um pequeno espaço por onde o vento e o frio possam entrar nas casas.

O grande problema desses cuidados todos é quando chega o verão. As janelas não abrem o suficiente para arejar os ambientes e o sol costuma bater em todos os lugares da casa, por horas a fio. Nesses momentos, é fácil se sentir sufocado, a não ser que no local exista também um ar-condicionado. No entanto, como a regra no Canadá, no verão, é não ficar muito tempo em casa, esse problema é pouco importante para a maioria das pessoas.

Pensando no inverno, é interessante observar como o mesmo problema acontece no Brasil, especialmente nos estados do Centro-Sul. É verdade que em nosso país raramente neva, que as geadas se tornam cada vez mais raras e as temperaturas abaixo de zero são a exceção. Pode-se chegar a 0 °C ou -5 °C, mas sempre por um período curto. Perto do Canadá, o frio de São Joaquim (SC), Campos do Jordão (SP) ou de Curitiba (PR) é realmente moderado. Mesmo assim, como não há, geralmente, aquecimento nem roupas adequadas, é provável que muitos brasileiros sintam mais frio no Brasil do que os canadenses no Canadá com temperaturas semelhantes.

Deve-se tomar cuidado para não pensar que os canadenses têm uma relação de hostilidade com o frio. Ele é encarado como parte da vida e mesmo como algo positivo, já que é a época do recolhimento em casa, de ler os livros e ver os filmes acumulados, assim como é tempo de praticar esportes e atividades que demandam o gelo e a neve. Além disso, as crianças sempre aproveitam muito o frio, para brincar na neve, patinar, esquiar, passear na floresta gelada ou construir bonecos de neve. Nesse processo, é evidente, elas também aprendem como viver num clima inclemente: usar as roupas certas, voltar para um ambiente quente depois de algum tempo ao ar livre, identificar os sinais de congelamento nos amigos etc. Para as crianças, especialmente, o frio é mais uma diversão do que realmente um problema.

Pode-se afirmar que o frio influencia a vida dos canadenses até mesmo quando ele não está presente, ou seja, no verão, entre junho e agosto. A relação deles com a estação quente é um tanto distinta da dos brasileiros. Boa parte dos brasileiros, por exemplo, aprecia o calor e aproveita os dias ensolarados para caminhar, tomar sorvete ou bebidas geladas, ir à piscina ou a praia. Quando em férias, queixam-se se o clima está excessivamente chuvoso ou se a temperatura despenca. Mesmo assim, costumam lamentar o calor que consideram excessivo, especialmente se é necessário trabalhar ou andar nas ruas, e estão sempre em busca da ansiada chuvinha que vai "aliviar a temperatura". Em geral, sabem respeitar o Sol e se protegem dos efeitos

Uma casa em Kippens, Terra Nova. A estrutura é cuidadosamente preparada para manter o frio no exterior e o calor interno. Os telhados são construídos em um formato que permite que a neve não se acumule, o que poderia causar infiltrações e até desabamentos.

nocivos dos raios solares com bonés, roupas claras, protetor solar e, sempre que possível, procurando ficar à sombra nos horários de maior calor. Afinal, pensam, não há necessidade de se expor em excesso quando o calor é algo comum.

No Canadá, a relação com o calor é bem distinta. O verão é ansiosamente esperado sem grandes ressalvas, pois é quando finalmente se pode andar com roupas um pouco mais leves, praticar esportes ao ar livre e sentir o Sol na pele. A adoração pelo Sol é tamanha que boa parte dos canadenses não usa filtro solar e as queimaduras e insolações acabam sendo comuns. Ninguém quer ficar em casa durante o dia e estar à sombra não é algo tão apreciado pelos canadenses. Nas férias e nos feriados, quem não tem condições de ir para o campo vai aproveitar para ficar ao Sol nos numerosos parques e áreas verdes. Os que residem em casas passam muito tempo curtindo o jardim, onde plantam e colhem tomates e outros vegetais.

No verão canadense, os esportes ao ar livre também se tornam quase uma obsessão. Se, no inverno, os canadenses praticam esqui, patinação no gelo e hóquei, no verão, a patinação ao ar livre, o ciclismo e outros esportes em espaços abertos ganham inúmeros adeptos. Por fim, festivais ao ar livre – de música, de

Canadenses, muito bem agasalhados, praticam hóquei sobre o gelo, tendo montanhas e florestas como pano de fundo.
Os canadenses não temem os esportes ao ar livre sob frio intenso.

gastronomia e outros – surgem por todos os lados. O importante é "não desperdiçar os dias de calor".

Não há, contudo, no Canadá, uma "cultura de praia no verão" como no Brasil, na Argentina, no sul da Europa ou mesmo na Califórnia e na Flórida. O Canadá tem algumas praias bonitas, mas a água, na esmagadora maioria delas, é muito fria, mesmo no verão. Dessa forma, o principal destino dos canadenses que viajam em julho e agosto são os parques nacionais e outros espaços verdes e com muita água, como lagos e rios. Quando viajam para fora do país em férias, além dos destinos óbvios – como a França, o Reino Unido e os Estados Unidos –, os canadenses preferem os "destinos quentes", especialmente México e Cuba, que são países próximos, considerados baratos e com praias e mares atrativos, algo não tão comum em casa.

Para os habitantes do Canadá, o melhor do verão é o contato com a natureza, espaços verdes, lagos e rios, sem os problemas e desconfortos do tempo frio. Assim, sair ao ar livre e procurar os espaços abertos é a forma canadense por excelência de aproveitar bem a estação.

ECOLOGIA E PRESERVAÇÃO DO MEIO AMBIENTE

O ambiente natural de um país não é determinante, mas dá os contornos para a sua história e para o modo de vida de seu povo. O território canadense, apesar de tantas variações internas, tem características próprias, tais como a imensidão territorial, os grandes vazios populacionais e o clima frio, que ajudaram a fazer do Canadá o que ele é hoje, assim como a moldar a vida cotidiana das pessoas que lá vivem.

Os canadenses podem usufruir de uma ampla disponibilidade de espaços naturais. Próximo aos habitantes, mesmo nas cidades, sempre há uma floresta, um lago ou uma área verde que podem ser aproveitados e que são, em geral, bastante apreciados. O fato de os governos canadenses privilegiarem o cuidado com os espaços públicos e providenciarem para que parques e jardins sejam seguros, limpos e abertos a todos também colabora para facilitar o contato dos canadenses com a natureza, os passeios, os piqueniques, a canoagem, a prática de esportes. É evidente que não haveria essa oferta se não houvesse uma grande demanda.

Os canadenses têm uma ligação tão forte com o mundo natural e o meio ambiente que ela pode ser considerada parte integrante da sua identidade nacional. No entanto, é necessário tomar cuidado para não reforçarmos estereótipos de que o canadense médio é uma espécie de ambientalista fanático, que corre a abraçar uma árvore sempre que tem a oportunidade. Na realidade, os canadenses, cada vez mais urbanos, não passam todo o seu tempo livre em parques e lagos.

Em 2018, uma pesquisa da ONG Nature Conservancy of Canada tentou avaliar como os canadenses se sentem no tocante à relação com a natureza. Segundo essa pesquisa, 87% deles se sentem mais saudáveis, felizes e produtivos quando em contato com o mundo natural, mas 74% consideram ser menos trabalhoso ficar em casa ou em lugares fechados. Outros 66% afirmaram que estavam passando mais tempo em casa do que antes, mas, mesmo assim, a pesquisa indicava que o canadense médio passava 1,3 hora por dia em contato com a natureza nos dias de semana e outras duas horas por dia nos fins de semana. A pesquisa, obviamente, tem que ser vista com cautela nos seus detalhes, já que seu objetivo era justamente reforçar a necessidade de preservar os espaços naturais do país. Mesmo assim, ela indica que o canadense médio dedica cerca de 12 horas da sua semana (com as variações óbvias entre as estações do ano) para ficar ao ar livre em contato com a natureza, o que é um número impressionante.

Outro ponto fundamental que explica o valor dado à natureza pelos canadenses é que ela foi e ainda é fonte de parte substancial das riquezas do país. Desde os tempos coloniais, o Canadá sempre foi um grande exportador de matérias-primas e, mesmo hoje, elas são fundamentais para a balança de pagamentos canadense. O peixe, as peles, a madeira e seus derivados, os metais e o petróleo foram, em diferentes épocas, os esteios da economia nacional, assim como os produtos derivados da pecuária e da agricultura. Hoje, essa dependência de produtos primários é menos evidente, mas ainda está presente, como veremos em detalhes em capítulo posterior.

O grande problema é que todos esses produtos demandam ou a exploração direta da natureza ou a substituição das regiões naturais por fazendas e minas. Ao longo da história canadense, grandes áreas nas pradarias foram convertidas em campos agrícolas; os grandes bancos de pesca – especialmente de bacalhau – nas costas de Terra Nova foram praticamente esgotados pelo excesso de capturas; os bisões do território canadense foram quase todos exterminados; as florestas das áreas mais povoadas sofreram com a grande exploração para a obtenção de madeira, peles e outros produtos. A partir do século XIX especialmente, minas de níquel, ferro, cobre, bauxita, cobalto e outros minerais foram abertas em quase todo o país. E, depois da Segunda Guerra Mundial, a exploração do petróleo e do gás demandou a abertura não apenas de campos exploratórios como também de redes de oleodutos e gasodutos. Como quase sempre a atividade mineradora produz resíduos químicos que tendem a poluir o solo e a água, a maior parte das áreas próximas às minas e às unidades industriais de processamento de minérios, em todo o país, acabaram poluídas por dejetos químicos ou restos do processamento de minerais e combustíveis.

O crescimento da população canadense também provocou, como seria de se esperar, uma maior concentração urbana, com os inevitáveis impactos em termos de poluição do ar, sonora e do solo. Do mesmo modo, os crescentes níveis da chamada "qualidade de vida" implicam, como em quase todo o mundo, o maior consumo de mercadorias e o seu correlato, o lixo.

Como os canadenses lidam com a aparente contradição de ser uma nação que valoriza a natureza, mas que demanda a sua exploração para o seu bem-estar? Esse é um tema que faz parte dos debates canadenses desde o século XIX, quando algumas pessoas começaram a perceber que os recursos naturais não eram inesgotáveis e que alguma atitude tinha que ser tomada para preservá-los. O Canadá, contudo, esteve atrás do seu vizinho, os Estados Unidos, com relação à preocupação ambientalista por boa parte do século XX. A ocupação (e devastação) do território nos Estados Unidos foi muito mais rápida e intensa, demandando a criação de parques nacionais e áreas de preservação mais cedo que no Canadá, onde a ilusão de que os recursos naturais nunca se esgotariam foi mantida por mais tempo, tanto que o primeiro parque nacional canadense foi criado apenas em 1885.

Com o passar do tempo, a rede de parques nacionais do Canadá se ampliou e hoje o país conta com 49 parques e reservas nacionais, cobrindo uma área equivalente à Malásia. Quase 16 milhões de visitantes os frequentam por ano para usufruir de suas florestas, lagos, gêiseres e montanhas. Mesmo assim, representa apenas 3,3% da área do Canadá.

Até a década de 1960, mais ou menos, o tema ambiental não estava realmente presente na agenda nacional, mas, desde então, ele se tornou fundamental. Hoje, a ecologia e a preservação do meio ambiente são questões que raramente saem do debate político. De fato, no Canadá há todo um esforço para criar e manter uma legislação que possa, dentro do possível, combinar desenvolvimento econômico com preservação ambiental.

É claro que essa combinação está sempre sujeita aos ditames da política e da capacidade de pressão de grupos econômicos e da opinião pública. Quase sempre, os governos mais conservadores, próximos do poder econômico, procuram relaxar os controles ambientais, relativizar os limites para uso de pesticidas nos campos ou de produtos químicos na mineração e privilegiar o lucro sobre a preservação do ambiente. Já governos mais à esquerda tendem a ser mais rigorosos na aplicação de limites para a poluição urbana e para a exploração mineral e das florestas, tentam ser o mais "verdes" possíveis, incluindo a adoção de protocolos internacionais de proteção ambiental. As diferenças ideológicas entre o governo de Stephen Harper (2006-2015) e de Justin Trudeau (2015-) no tocante ao meio ambiente deixam essa distinção bastante evidente, sendo o segundo muito mais interessado em estabelecer normas mais rígidas de preservação ambiental que o primeiro.

Em resumo, a preservação ambiental é um tema fundamental para os canadenses, mas sempre em conexão com o desenvolvimento econômico e humano. Assim, no Canadá nem o mais radical dos politicamente conservadores proporia a destruição completa das florestas para maximizar os lucros, nem o mais extremista dos progressistas iria sugerir a suspensão completa da exploração dos recursos naturais do país em nome da preservação da natureza. O meio ambiente não é o único elemento na vida dos canadenses, mas é importante e isso se expressa politicamente, tanto que as próprias empresas canadenses de exploração de recursos naturais agem, em algumas circunstâncias, de uma forma (mais cuidadosa) no Canadá e de outra (predadora) fora do país.

Isso, na verdade, não é uma grande novidade ou especificidade delas. As grandes empresas transnacionais tendem a se adaptar às normas trabalhistas, ambientais ou jurídicas dos países onde operam. Se, em determinada localidade, é possível pagar salários mais baixos, não se importar em garantir condições de segurança para os trabalhadores ou com as consequências ambientais em favor de maximizar o lucro, a tendência quase sempre será essa.

As empresas canadenses não são exceção e sempre surgem denúncias a respeito na mídia internacional, especialmente no tocante aos grandes conglomerados canadenses na área de mineração. A constatação é que, no território canadense, as empresas, apesar de estarem continuamente pressionando por mais liberdade de ação e leis mais permissivas e menores restrições para poluir o meio ambiente, acabam por ter que ceder, minimamente que seja, às pressões contrárias. Já em países pobres, como na América Latina ou na África, elas podem explorar os recursos locais sem grandes preocupações com o meio ambiente, com as condições de trabalho de seus empregados ou com os efeitos deletérios de suas ações nas comunidades locais. Isso significa simplesmente que não há um "DNA ecológico" no capitalismo canadense, mas que, no Canadá, o aspecto político consegue oferecer ao menos alguns limites ao econômico, o que não acontece em outros locais.

O contraste com o Brasil, por exemplo, é chocante nesse aspecto. O território brasileiro também tem sido explorado intensivamente desde a colonização e a devastação de florestas era tão intensa já no século XIX que chamou a atenção até mesmo de pessoas como José Bonifácio de Andrade e Silva. Isso continuou por décadas sem o menor cuidado ecológico: destruição de florestas, poluição de rios, mares e lagos e exploração desenfreada dos recursos minerais e florestais. Para completar, a urbanização brasileira criou cidades sufocadas em poluição atmosférica e sonora e com rios mortos dentro delas. Mesmo assim, no caso brasileiro, o tema não consegue decolar politicamente. Como em quase todo o mundo, a preocupação ecológica cresceu e houve avanços, mas não se chegou a um nível de consciência ecológica capaz de promover mudanças políticas como ocorre no Canadá. Uma devastação planejada da floresta, como acontece regularmente na Amazônia, ou a adoção de uma política de Estado que dá valor zero ao meio ambiente causariam um impacto político relevante no Canadá, mobilizando boa parte dos canadenses nas ruas, na imprensa, nas redes sociais e nas urnas. A imensidão brasileira é semelhante à canadense, mas a questão ambiental adquire contornos diferentes em cada país.

POVOS INDÍGENAS E COLONOS EUROPEUS (1541-1763)

A presença de seres humanos no território canadense remonta a dezenas de milhares de anos, quando grupos migraram do leste da Ásia para o Alasca e o Yukon e atingiram o noroeste do atual Canadá. Posteriormente, eles se expandiram para o sul e o oeste e, com o tempo, espalharam-se em todo o continente americano.

As discussões a respeito dos detalhes dessa movimentação continuam ao sabor das descobertas arqueológicas e paleontológicas que indicam por vezes novas rotas ou novas datações. O estabelecido, contudo, é que a primeira onda de colonização humana no Canadá foi de fato asiática: até hoje há similaridades genéticas entre os povos originários do Canadá e os do leste asiático.

Esses grupos humanos, em contínuo deslocamento, se dedicavam à caça, à pesca e à coleta. Algumas tribos, como a dos inuit, localizados no extremo norte, continuaram com esse modo de vida tradicional até os dias de hoje. Já os cree, habitantes das grandes planícies do Canadá e dos Estados Unidos, se organizavam em clãs e viviam especialmente da caça dos numerosos bisões então existentes na região.

Com o passar do tempo e a estabilização do clima no continente norte-americano, cerca de 10 mil anos atrás, várias das comunidades caçadoras-coletoras se tornaram total ou parcialmente gregárias, com o desenvolvimento de estruturas sociais mais sofisticadas e redes de comércio que se estendiam, por vezes, por grandes distâncias. Algumas delas deram origem a grandes troncos culturais, como os algonquinos e os iroquois, os quais se subdividiram em inúmeras tribos e grupos.

Assim, pouco antes da chegada dos europeus ao continente, algumas nações indígenas estavam criando instituições políticas mais amplas, como a Confederação Huron e a Confederação Iroquois. Esta última, a mais importante, surgiu no século XVI e reunia cinco nações indígenas que falavam línguas próximas; exercia uma grande influência em vastas áreas do que hoje são o Canadá e o nordeste dos Estados Unidos, chegando, inclusive, a conquistar e incorporar outros povos. A Confederação Iroquois

34 | Os canadenses

era comandada por um Conselho de 50 chefes, líderes e representantes dos diferentes clãs. Esse Conselho mediava eventuais disputas internas e fez da Confederação um importante ator político na América do Norte antes e durante o período colonial. Até pelo menos a Guerra de Independência dos EUA, no final do século XVIII, a Confederação Iroquois era um aliado ou um inimigo a ser levado em conta tanto pelas outras tribos e nações indígenas como pelos colonizadores europeus. Depois dessa época, contudo, a Confederação acabou se dissolvendo, derrotada pela agressividade dos colonos brancos e seu crescente expansionismo no território em que viviam os povos originários.

Desde o início da colonização europeia, a relação das tribos nativas com os europeus foi sempre muito dinâmica. Houve diversos casos de exploração da mão de obra indígena, mas também de alianças em busca de benefícios mútuos, especialmente no comércio de peles. É fato que as potências europeias utilizaram os povos locais como peões em suas disputas regionais, mas também houve casos de grupos indígenas que utilizavam as rivalidades europeias em defesa de suas próprias agendas, ao menos enquanto isso foi possível.

O que chama a atenção, contudo, é que não houve, na colonização europeia do Canadá, um projeto de utilizar a mão de obra indígena como base do sistema econômico. Ao contrário do que aconteceu no México, no Peru, no Brasil, em boa parte dos Estados Unidos e no Caribe, a escravidão indígena não foi um elemento essencial na formação do Canadá. Em parte, isso se deve ao número exíguo de habitantes daquele imenso território. Quando da chegada dos europeus no continente, no século XVI, as diferentes tribos e nações locais tinham uma população entre 200 e 500 mil pessoas. As estatísticas são sempre discutíveis e alguns pesquisadores ampliam esse número para até 2 milhões, o que para muitos parece excessivo. O que fica claro, contudo, é que era uma população pequena frente às dezenas de milhões de pessoas que ocupavam a América Latina, especialmente no México e no Peru, o que dificultava a sua exploração em larga escala.

Em geral, a ocupação do continente americano pelos europeus foi baseada na exploração mineira – ouro, prata, diamantes – ou na produção intensiva de *commodities* tropicais – como cana-de-açúcar e fumo – para abastecer os mercados europeus. Para isso, optou-se pela exploração da força de trabalho local, o que levou a vários tipos de servidão indígena (no México e no Peru, por exemplo) e à escravização dos índios (no Brasil – "os "negros da terra" –, nas Antilhas e mesmo nos Estados Unidos). Posteriormente, quando essas fontes de mão de obra barata começaram a escassear, iniciou-se a importação de negros da África, criando sistemas de exploração escravista que se espalharam pelo sul dos Estados Unidos, pelas Antilhas, pelo Brasil e outras partes da América.

Mulheres inuit em uma imagem antiga. O vestuário é adaptado ao frio intenso e os traços físicos indicam claramente a origem desses povos na Ásia Oriental, especialmente na Sibéria e na Mongólia.

Contudo, esse sistema de dominação colonial baseado na exploração intensiva dos povos nativos não se repetiu no Canadá (nem no norte dos Estados Unidos ou no extremo sul do continente americano), o que teve importantes efeitos na história do país. Em países como Estados Unidos, Cuba ou Brasil, as marcas econômicas, culturais e psicológicas da escravidão ainda são de suma importância para explicar a realidade social. Nos países andinos ou no México, a polarização entre os descendentes dos conquistadores e os dos conquistados é ainda evidente. Já no Canadá, prevaleceu um outro tipo de relação entre europeus e nativos colonizados, distinto dos modos de produção econômica e estilos de vida baseados na escravidão ou semelhantes à *encomienda* espanhola.

Não que não tenha havido episódios de escravidão indígena no Canadá – até porque a prática de escravizar pessoas não era desconhecida entre os próprios nativos. Nos séculos XVII e XVIII, mesmo alguns escravos negros, na casa de alguns milhares, chegaram a ser importados por colonos franceses e ingleses e a escravidão foi legal no Canadá até 1834. A "servidão por dívidas" (*indentured servitude*) – que

36 | Os canadenses

trouxe tantos imigrantes pobres da Inglaterra para a América colonial nos séculos XVII e XVIII – também ocorreu no território hoje canadense, ainda que em escala menor do que, por exemplo, na Virgínia ou em Massachusetts. Os franceses, aliás, adotavam um sistema semelhante, o *engagement*, para as suas colônias na América do Norte. Contudo, no norte do continente, o modelo de colonização agrícola, até por questões climáticas, era o de pequenas propriedades que produziam excedentes pouco expressivos de trigo ou de outros produtos, não compensando a exportação para a Europa.

Assim, por séculos, a essência da vida econômica foi o comércio de peles que implicava não o extermínio ou a submissão completa dos naturais do país, mas, sim, a associação com eles. Os povos indígenas, afinal, eram os que conheciam o território e tinham condições de caçar os animais e obter peles de forma mais eficiente. Em um primeiro momento era mais vantajoso, para os colonos, conviver e comerciar com os habitantes locais do que exterminá-los ou escravizá-los. Apenas nos locais e nos momentos em que se instalavam outras atividades econômicas – especialmente a agricultura – o quadro se modificava e os indígenas passavam a ser vistos como força de trabalho a ser explorada ou um transtorno para a colonização.

Quase sempre, processos de conquista colonial implicam duas possibilidades: ou os colonizadores exterminam os habitantes locais (para ocupar as suas terras) ou submetem os povos originários (para explorá-los como mão de obra barata). O caso canadense está mais perto da primeira, especialmente quando a agricultura começou a se tornar a atividade econômica predominante, já no século XIX, ainda que nunca tenha havido um plano genocida preconcebido para exterminar os indígenas, como aconteceu em outros locais e épocas. No processo de conquista europeia, as terras indígenas foram apropriadas e a população nativa decaiu em razão da perda de territórios e de doenças trazidas da Europa para as quais não tinha muita resistência, como gripe, sarampo e outras.

A posição social dos indígenas na sociedade canadense desde muito cedo passou a ser subordinada, considerada inferior. Manuais de História do Canadá tendiam a ignorar a presença ou a importância dos povos originários até praticamente o início do século XXI. Quando chegavam a ser mencionados, eram vistos apenas como figurantes na História nacional. Na chamada *Whig History*, por exemplo, popular nos séculos XIX e XX, a história canadense era vista como uma marcha quase perfeita em direção a um futuro de "progresso e liberdade"; nela, os povos originários (sempre chamados pelos seus nomes europeus, como huron ou iroquois) eram tratados como pessoas que, por acaso, haviam estado no caminho quando da chegada dos europeus e não faziam parte do "progresso" reservado ao

Canadá, estando, portanto, "destinadas" ao desaparecimento. Só recentemente a importância da cultura indígena na História nacional começou a ser resgatada, especialmente pelos historiadores sociais.

De qualquer forma, a trajetória dos povos originários e do próprio Canadá mudou radicalmente a partir do ano de 1497, quando Giovanni Caboto, um italiano a serviço do rei da Inglaterra Henrique VIII, avistou a costa da América do Norte. Os europeus já haviam estado no local em séculos anteriores, como foi o caso dos *vikings* na Idade Média, mas, agora, passariam a chegar ao continente americano de forma permanente. Se a primeira onda de emigração e colonização da América tinha vindo do noroeste, da Ásia, a segunda viria do nordeste, da Europa.

ECONOMIA COLONIAL: PELES E EXTRATIVISMO

Para os europeus que começavam a chegar ao continente, o Canadá era, antes de tudo, uma vasta área de florestas, campos, lagos e rios. No início, os europeus eram muito poucos, portanto incapazes de vislumbrar uma colonização agrícola em larga escala. No caso canadense, especialmente, havia o problema, já mencionado, de não ser possível produzir adequadamente algo cobiçado no mercado europeu. Assim, sem algum produto mineral ou agrícola com valor comercial no exterior, os colonos europeus não viam muitos motivos para se aventurarem longe do litoral.

Esse mesmo problema aconteceu, por exemplo, no Brasil, num primeiro momento, quando o único produto que interessava aos portugueses e franceses era o pau-brasil (que permitia a produção de tintas e anilinas). Para adquiri-lo, os europeus precisavam negociar com os povos nativos e raramente deixavam as costas. Contudo, poucas décadas depois, quando as reservas desse produto se esgotaram (e caiu o interesse por ele no mercado mundial), os portugueses iniciaram no Brasil o plantio da cana-de-açúcar, a partir do qual se expandiram para o interior.

No Canadá, o processo de ocupação do território não foi diferente, mas, ao invés de um ciclo extrativista de algumas décadas, como no caso brasileiro, o canadense durou séculos. E, ao invés de um produto vegetal, o motor da economia colonial foi o comércio de peles, base da riqueza nacional entre o final do século XVII até a metade do XIX.

Há milênios, os nativos já capturavam animais para a retirada da pele e a confecção de vestuários, mas foi a chegada dos europeus que transformou isso numa indústria em larga escala. Na Europa, vigorava a moda de chapéus e roupas de pele, o que provocou uma demanda quase infinita por peles (especialmente de castores, mas também de ursos e outros animais) e a criação de uma rede comercial para obtê-las.

38 | Os canadenses

Assim, o comércio de peles estimulou a exploração colonial e o povoamento do Canadá (bem como de partes dos EUA), financiou atividades missionárias e a fundação de cidades no território, além de fornecer o esqueleto do relacionamento entre europeus e nativos por muitos anos. No começo, essa atividade estava muito ligada à exploração de outros recursos naturais, como a pesca de bacalhau na região de St. John, mas ela logo se expandiu pelo interior do continente, tanto nas mãos dos franceses como dos ingleses.

O processo se sofisticou com o passar do tempo. De iniciativas individuais e localizadas de alguns comerciantes ou pescadores, o comércio se expandiu tanto em termos geográficos, se espalhando pelo continente, como em termos institucionais. Franceses, ingleses e holandeses fundaram postos comerciais, estabeleceram alianças com as nações indígenas e competiram por aquele mercado tão rico, inclusive pela guerra. No século XVII, os conflitos entre franceses, ingleses e seus aliados indígenas receberam o sugestivo nome de *Beaver Wars*, ou Guerra dos Castores.

Com o tempo, grandes companhias acabaram por ser criadas, especialmente pelos ingleses, como a North West Company e a famosa Hudson's Bay Company. Fundada em 1670, ela acabou por controlar a maior parte do mercado de peles do Canadá e, por 200 anos (entre 1670 e 1870), foi a detentora do controle,

Imagem de um comerciante de peles no Canadá do século XVII. Os europeus viajavam para o interior do país para adquirir as peles com os povos locais, trocando-as por produtos europeus como fumo, ferramentas de metal, armas e outros.

através de um sistema de monopólio econômico, de uma imensa área no centro do Canadá, chamada de Terra de Rupert. Com o comércio de peles sendo a base da economia canadense desde a época colonial até a metade do século XIX, fica impossível calcular a quantidade de animais – especialmente castores, mas também ursos, raposas entre outros – que foi morta para abastecer os mercados europeus.

Vale comparar a história econômica do Canadá colonial com outro processo muito similar que aconteceu na mesma época: a ocupação russa da Sibéria. Desde o século XVI, os russos estavam a penetrar na vasta Sibéria, cujo clima era, essencialmente, o mesmo do Canadá. O motor dessa expansão era o desejo czarista de aumentar o Império, conseguir mais terras e controlar rotas comerciais, mas a sua essência era o comércio de peles. Os exércitos do czar e as expedições organizadas por ricos mercadores em busca de peles e outros artigos agiam numa área escassamente povoada e controlada por tribos militarmente fracas, muitas das quais desconheciam armas de fogo. Nesse processo, vários rios forneciam canais seguros para a comunicação militar e o desenvolvimento do comércio. Dessa forma, o território russo foi sendo continuamente ampliado para leste. É verdade que boa parte desse território era controlado pelo czar apenas informalmente. As pequenas guarnições de soldados russos e de cossacos não conseguiam, de fato, manter total domínio das populações conquistadas, especialmente em um território tão vasto. E elas precisavam da colaboração dessas populações para adquirir as peles e transportá-las para a Rússia europeia e, então, para o resto da Europa. Assim, na mesma época em que espanhóis, portugueses, ingleses e franceses criavam e ampliavam seus impérios na América, os russos construíam o seu na Ásia e, posteriormente, até na América, chegando perto do território canadense.

A compreensão da ocupação da Sibéria pelos russos nos permite colocar em perspectiva a ocupação colonial canadense. Boa parte do norte dos Estados Unidos, aliás, também foi colonizado e povoado nesse modelo (ainda que houvesse outras atividades – agrícolas e depois industriais – paralelas). Podemos perceber conexões entre a economia e a exploração da natureza entre os séculos XVI e XIX nas regiões não tropicais dentro de um universo imperial. Na Rússia, contudo, essas atividades aconteciam dentro de um império autocrático, o que limitava a margem de ação – apesar da liberdade proporcionada pelas imensas distâncias e o isolamento – dos comerciantes e a autonomia dos povos nativos. Além disso, o governo russo procurava acompanhar seus comerciantes sempre que possível com tropas militares, tentando garantir uma conquista formal dos novos territórios, coisa que os britânicos e franceses demoraram a fazer na América do Norte.

Mesmo assim, as semelhanças são grandes. Ambas as expansões foram feitas num eixo entre o leste e o oeste, em torno da mesma *commodity*, as peles, fornecidas

40 | Os canadenses

para o mercado global. Ambas duraram séculos e implicaram uma relação de dominação, mas não de extermínio, dos povos nativos. E, por fim, levaram à transformação do Canadá e da Rússia nos maiores países do mundo.

As aventuras e desventuras dos antepassados que viviam do comércio de peles atraem até hoje a atenção dos canadenses. Muitos olham para esses homens navegando em suas canoas em busca de aventuras e riqueza como símbolos de uma vida saudável e livre. Outros chegam a imaginá-los como símbolos de empreendedorismo, homens que construíam fortunas a partir de trabalho duro e da iniciativa individual. Claro que isso são leituras posteriores, pois a vida deles era muito mais sofrida e perigosa do que aventurosa. Além disso, as companhias comerciais eram as grandes protagonistas do processo desde o início, determinando os preços e as condições e deixando aos que se arriscavam nas canoas e nas florestas a menor parte do lucro.

Mesmo assim, a imagem de liberdade e sucesso individual relacionada aos comerciantes de peles permanece e até hoje há estátuas que os celebram espalhadas pelo país. Romances, peças de teatro e outros escritos sobre as suas aventuras também têm sido publicados desde o século XIX e muitos ainda estão disponíveis e acessíveis, sendo até hoje populares, especialmente entre os meninos.

Uma série canadense chamada *Frontier*, exibida na TV de 2016-2018, é interessante no tocante a esse tema. Estrelada pelo ator Jason Momoa, aborda o comércio de peles no Canadá do século XVIII e a luta do protagonista, Declan Harp, contra o monopólio da corrupta e decadente Hudson Bay's Company. Para um expectador que desconhece o contexto histórico, a série parece simplesmente tratar de um bando de homens vestidos com peles que enfrentam, frequentemente com violência, seus inimigos: burocratas, outros colonizadores e indígenas aliados a eles. Para alguém que conhece um pouco da história do Canadá, ela retrata uma faceta cultural fundamental do país, a relação entre o mundo natural e a exploração econômica, além de destacar o valor da liberdade para os protagonistas individuais (mesmo num tempo em que já existiam as grandes corporações) que, ainda hoje, são parte integrante do imaginário social na América do Norte.

OS FRANCESES

Pelo Tratado de Tordesilhas de 1494, sem consultar outros interessados, ficou estabelecido que portugueses e espanhóis teriam direito a todo o continente americano, incluindo a sua parte norte. Obviamente, outras potências europeias não concordaram com a divisão do mundo pelos ibéricos e houve tentativas de invasão e colonização do Brasil, por exemplo, por franceses e holandeses, nos séculos XVI

Povos indígenas e colonos europeus (1541-1763) | 41

e XVII. As ricas ilhas produtoras de cana-de-açúcar no Caribe foram igualmente disputadas por séculos por ingleses, franceses, suecos e holandeses. Contudo, foi na América do Norte que a disputa entre nações europeias se revelou mais dinâmica.

Os portugueses chegaram a proclamar seus direitos sobre a costa ocidental do Canadá, até porque navegadores como João Fernandes Lavrador e Pêro de Barcelos ali estiveram, entre 1498 e 1500, a serviço do rei de Portugal. Contudo, Portugal acabou preferindo se concentrar na colonização do Brasil, e o que restou da missão exploratória portuguesa em terras do futuro Canadá foi apenas o nome "Península de Labrador" dado à região mapeada pelos portugueses.

Os espanhóis se concentraram na América Central, na América do Sul e no México. Na América do Norte, foram atores relevantes com sua presença no que hoje é o sudoeste dos Estados Unidos (Califórnia, Novo México, Texas), na Flórida e também, por algum tempo, na Luisiana. No caso do território que hoje constituiu o Canadá, contudo, a presença espanhola foi nula, com a exceção de um pequeno forte construído no século XVIII no que hoje é a Colúmbia Britânica.

Os holandeses e os suecos também criaram postos comerciais e colônias nas Antilhas e tentaram colonizar a América do Norte, dando origem a cidades como Wilmington e Nova York, mas acabaram sendo expulsos pelos britânicos no século XVII. Também os russos criaram e expandiram seu espaço colonial no Alasca, e mesmo a Dinamarca reviveu sua antiga possessão na Groenlândia no século XVIII, mas ambos os espaços eram adjacentes ao território do hoje Canadá e não parte dele. Em essência, portanto, as potências europeias que definiram a ocupação e a conquista do Canadá foram a França e a Inglaterra (que se tornou Grã-Bretanha em 1707 e Reino Unido em 1801).

Os franceses foram os primeiros a chegar à região: em 1534, o navegador Jacques Cartier (1491-1557), a serviço do rei da França, iniciou uma série de viagens de reconhecimento no vale do rio São Lourenço. No mesmo ano, ele ergueu a bandeira francesa na península de Gaspé (hoje Quebec) e anunciou a anexação de todo o território à Coroa francesa. Surgia a Nova França (Nouvelle-France), um ator presente na história da América do Norte pelos próximos 200 anos.

A primeira tentativa de colonização veio alguns anos depois, em 1541, quando Jacques Cartier, na sua terceira viagem à região, fundou o forte de Charlesbourg-Royal, cujos restos são hoje um sítio arqueológico na periferia da cidade de Quebec. Um grupo de 400 colonos franceses se instalou ao redor do forte, nas margens do rio São Lourenço. Poucos anos depois, o forte foi abandonado devido à fome, ao inverno rigoroso e aos ataques dos povos nativos (um cenário parecido com o de Jamestown, Virgínia, primeira colônia britânica na América do Norte, fundada em 1607 e abandonada três anos depois).

42 | Os canadenses

Assim como aconteceu com outras iniciativas de colonização, no Brasil ou na Nova Inglaterra, os primeiros núcleos franceses só sobreviveram com a colaboração dos habitantes locais. Estes conheciam o clima e os produtos agrícolas que melhor se adaptavam, além de fornecerem aos colonos aliados alimentos e proteção contra outras tribos e grupos. No caso dos franceses, foi apenas através dos acordos com algumas das tribos locais que os seus fortes e postos comerciais puderam finalmente se expandir.

A cidade de Quebec, por exemplo, foi fundada em 1608 e sobreviveu graças à aliança dos colonos franceses com os algonquinos, os huron e os innu contra os iroquois. E os franceses só conseguiram expandir sua influência pelo vales dos rio São Lourenço e Mississípi, porque se adaptaram e se integraram ao modo de vida nativo: eles aprenderam com os povos locais a cultivar e a coletar produtos regionais, a utilizar roupas adequadas para o clima e também a entender a paisagem e o território. Mesmo assim, nas primeiras décadas do século XVII, os colonos não passavam de algumas centenas.

A partir de 1627, o governo francês liderado pelo cardeal Richelieu (1585-1642) tomou iniciativas para tentar expandir a colônia em termos comerciais e agrícolas, de forma a competir com os ingleses. Foi feita uma aliança com a Igreja Católica: os missionários converteriam os povos nativos e a fé católica garantiria mais homogeneidade interna, já que os protestantes foram proibidos de lá viver. Também foram tomadas iniciativas para ampliar o número de imigrantes vindos da França e para melhorar as condições de vida na Nova França, abrindo estradas, melhorando a estrutura urbana nas pequenas cidades e aldeias e construindo escolas e igrejas. Em 1642, um grupo de missionários católicos fundou Ville (cidade) Marie de Montreal, ou simplesmente Montreal.

Dentro da mentalidade mercantilista típica da época, Richelieu fundou a Compagnie de la Nouvelle France, dando a ela o monopólio comercial e terras para a instalação de agricultores. A companhia, capitalizada por investidores franceses, usaria os lucros do comércio – especialmente o de peles – para pagar os custos da imigração e da proteção dos colonos. A iniciativa, contudo, fracassou devido justamente ao fato de trazer poucas vantagens para os camponeses franceses potencialmente interessados em emigrar. Os colonos também foram vítimas de ataques de índios iroquois e de colonos britânicos vizinhos. Logo ficou evidente para a Coroa francesa que as companhias privadas, mesmo agindo em nome do Estado, não tinham condições de realizar a expansão colonial desejada (o fracasso desse modelo de exploração colonial também foi percebido pela metrópole portuguesa com relação ao Brasil, levando à substituição do sistema de capitanias hereditárias pelos governos gerais).

Em 1666, a Nova França tinha uma população de pouco mais de 3 mil súditos franceses. Através da aliança com os nativos, os franceses exerciam influência, especialmente comercial, em uma vasta área territorial, mas os colonos eram tão poucos que ficavam obrigados a respeitar os nativos sob risco de não poderem realizar atividades comerciais. Ao mesmo tempo, os escassos franceses demandavam poucas terras colonizáveis, o que também facilitava alianças com os habitantes originais da região. Para Paris, contudo, a Nova França era claramente um fracasso.

Em 1663, o rei Luís XIV criara o Conseil Souverain de la Nouvelle-France quando a Nova França passou a ser um domínio real propriamente dito, assim permanecendo até 1763. A partir de então, a monarquia francesa não administrava a colônia através das companhias privadas, mas, sim, diretamente. Com a criação desse conselho, a ênfase anterior na aliança entre comerciantes de peles, missionários católicos e nativos foi sendo substituída por um novo modelo, de colonização propriamente dita, que prometia mais lucros e vantagens para o Estado francês. Procurou-se seguir o modelo inglês, que enfatizava a colonização agrícola: terras eram doadas a colonos interessados em cultivá-las. Dessa forma, os representantes do rei reorganizaram a administração colonial, limitaram o poder da Igreja Católica no governo (ainda que essa continuasse a controlar a educação e a vida cultural) e tentaram reformar o sistema de terras. Também bancaram obras de infraestrutura, como a construção de uma estrada entre as cidades de Quebec e Montreal. De forma simbólica, a Coroa enviou até mesmo um regimento do Exército francês, com 1.200 homens, para Quebec em 1665 com a missão de proteger os colonos franceses dos povos nativos e dos ingleses e garantir a aplicação das leis promulgadas pelo rei e seus representantes.

O problema central, contudo, era promover o crescimento populacional de súditos franceses na colônia. A Coroa começou a pagar passagens para franceses interessados em emigrar para a América e promoveu a emigração de mulheres jovens para remediar o desequilíbrio entre os sexos existente na Nova França. Com isso, os imigrantes, incluindo os que chegavam em regime de "servidão por dívidas", começaram a chegar da França em maior número. Casamentos de colonos com nativos também passaram a ser reconhecidos oficialmente.

Os resultados finalmente foram positivos, pois a população da Nova França cresceu para 25 mil pessoas nas primeiras décadas do século XVIII, chegando a 80 mil em 1763. A imigração da França, contudo, nunca passou de alguns milhares, e muitos, depois de algum tempo, viajaram de volta ou morreram precocemente na nova terra. Assim, o crescimento populacional veio, em boa medida, da alta natalidade facilitada pela abundância de terras e de alimentos no Novo Mundo.

44 | Os canadenses

Segundo alguns estudos genéticos, cerca de 7 milhões de canadenses (e alguns milhões de pessoas nos Estados Unidos) descenderiam de apenas 2.600 colonos franceses chegados nessa época.

No final do século XVII, a Nova França, ou seja o território francês na América do Norte, não se limitava ao que hoje é o Quebec ou mesmo o território canadense e se compunha de cinco regiões: a Baía de Hudson, a Acádia e a Placentia (ambas na costa atlântica da América do Norte), a Luisiana e o Canadá. Assim, os franceses atuavam também na extensa área que se estendia pelo rio Mississípi até o ponto em que ele desaguava no Golfo do México. Em 1718, fundaram ali a cidade de Nouvelle-Orléans (Nova Orleans), cujo porto conectava a região do Canadá com as ilhas francesas produtoras de açúcar no Caribe, como Dominica e Haiti.

Em 1713, a França teve que ceder, pelo Tratado de Utrecht, a Baía de Hudson, a Acádia e a Placentia à Grã-Bretanha, mas os colonos franceses puderam permanecer em seus territórios. Entre 1755 e 1763, contudo, durante uma nova guerra entre britânicos e franceses, muitos dos habitantes de língua francesa, os *acadiens*, foram deportados pelos britânicos ou forçados a fugir para Quebec ou para outros territórios franceses na América.

A Luisiana, por sua vez, reivindicada e explorada pelos franceses desde o final do século XVII, abrangia uma grande área – que hoje compreende, no todo ou em parte, quatorze estados americanos – pouco povoada. Ela foi cedida aos espanhóis e aos ingleses em 1763. Retornou, parcialmente, à posse francesa em 1801, para ser depois cedida aos Estados Unidos em 1803. Até hoje, a cultura de boa parte da região, especialmente ao sul, tem traços franceses combinados a elementos indígenas e de africanos escravizados.

Contudo, a parte mais desenvolvida e fundamental da Nova França era mesmo o território formado pelos distritos de Quebec, Trois-Rivières e Montreal. Os três formavam uma região colonial separada que recebeu o nome de Canadá (palavra da língua iroquois que significava "vila"). Dessa forma, a primeira acepção de "Canadá" se referia a essa região da Nova França e *canadien* (canadense) era, naquele momento, o colono francês que lá vivia. Esse "primeiro Canadá" era o maior e mais importante das regiões coloniais da Nova França. Por volta de 1763, dos 80 mil colonos franceses na América do Norte, 55 mil estavam no Canadá. A partir dali, a rede de comércio controlada pela França se espalhava por boa parte da América do Norte e os comerciantes de Quebec e de Montreal coordenavam o envio de peles e outros produtos para a metrópole francesa a partir do rio São Lourenço.

Ainda que pobre e dependente do comércio de peles, a Nova França poderia ter prosperado, mas ela tinha um problema: os ingleses. Desde a consolidação da

O castelo de Fontenac, na cidade de Quebec, foi construído em 1893 e atualmente é um hotel de luxo. Ele fica no centro histórico da cidade, junto aos edifícios e monumentos da antiga Nova França; o local abrigou a sede do governo provincial de 1784 a 1786.

colônia no início do século XVIII, os povos nativos estavam sob controle, sendo ou cooptados ou dominados pelo poder militar francês. No entanto, a proximidade de regiões dominadas pela Grã-Bretanha freou esse potencial. As áreas coloniais sob o controle de Londres reuniam, em meados do século XVIII, uma população que superava em 20 vezes o número de franceses na América do Norte. A disputa de poder europeia entre França e Inglaterra inevitavelmente atravessou o oceano.

OS INGLESES

Já no final século XVI, navegadores britânicos exploravam o oceano Atlântico e procuravam estabelecer pontos de apoio para atacar os valiosos comboios espanhóis que traziam prata para a Europa ou para servirem de bases comerciais. Nessa época, os

46 | Os canadenses

ingleses tentaram implantar colônias na América do Norte, como Roanoke, mas não tiveram sucesso. Foi apenas no século seguinte que a Inglaterra conseguiu expandir seus domínios coloniais no Novo Mundo. Nos territórios americanos dominados pelos ingleses houve uma variedade de modelos e políticas de ocupação. Em alguns casos, indivíduos foram escolhidos pela Coroa para fundar e governar colônias administradas por companhias privadas, às quais eles tinham que prestar contas. Em outros, as áreas coloniais eram diretamente subordinadas à Coroa ou recebiam cartas régias, que garantiam direitos específicos estabelecidos pelo rei. Havia também colônias inglesas que praticamente se autogovernavam. Dessa forma, havia locais onde a liberdade religiosa era o grande atrativo para os imigrantes ingleses, enquanto, em outros, a abundância de terras era o que estimulava a instalação de colonos. Havia comunidades isoladas que se concentravam na pesca e outras dedicadas a produzir, com mão de obra escrava, produtos tropicais destinados à exportação. De qualquer modo, os britânicos foram mais bem-sucedidos que os franceses na empreitada colonial na América, especialmente graças à produção agrícola.

As chamadas Índias Ocidentais – que incluíam Jamaica, Barbados e Bahamas, entre outras – eram colônias onde escravos africanos trabalhavam em vastos canaviais, produzindo açúcar para exportação para a Europa. A parte sul da América do Norte (onde ficava Maryland, Virginia, Geórgia, as Carolinas e, depois, a Flórida) reproduzia, graças às condições climáticas, o modelo de produção para exportação baseado no trabalho escravo, mas através do cultivo de um novo produto, o tabaco. Um pouco mais ao norte, as chamadas *middle colonies* (Nova York, Delaware, Nova Jersey e Pensilvânia) eram colônias culturalmente mais diversas, com muitos imigrantes holandeses e alemães, dedicadas essencialmente à agricultura e, no caso de Nova York, ao comércio.

Já a região chamada de Nova Inglaterra (onde ficavam as colônias de Connecticut, Massachusetts, New Hampshire e Rhode Island) era colonizada principalmente por pequenos proprietários de terra, normalmente imigrantes fugidos do Velho Continente em busca de maior liberdade religiosa. Contudo, na Nova Inglaterra, havia também uma sólida classe de comerciantes, especialmente em Boston, os quais, justamente com os de Nova York, estabeleceram vínculos comerciais, incluindo o tráfico negreiro, com o Caribe, a África e a Europa. Por fim, mais isoladas ao norte, no atual Canadá, estavam as colônias inglesas de Terra Nova, Nova Escócia e Terra de Rupert, conquistadas dos franceses (ou ampliadas a partir da conquista de territórios franceses) ainda no início do século XVIII.

Os domínios britânicos compreendiam, portanto, uma variedade de colônias, cada uma com seu tipo de governo, economia própria e interesses particulares.

Elas tinham, contudo, algo em comum: a demanda incessante por mais terras e a sensação de que seu desenvolvimento estava bloqueado pela Nova França. A aliança de franceses com tribos indígenas era vista como um obstáculo para a ampliação dos domínios ingleses sobre o território americano e os nativos. Além disso, a França era a potência que competia com os britânicos no comércio de peles. E, por fim, a expansão das colônias inglesas para o interior, na direção do Mississípi e além, entrava em choque com os interesses franceses na região.

A liberdade religiosa atraía para a América muitos descontentes da Grã-Bretanha e de outras partes da Europa (como Alemanha e Holanda). Oportunidades concretas de melhoria econômica e/ou aquisição de terras estimulavam a emigração para as áreas sob o domínio inglês. Condenados à prisão e pessoas reduzidas à servidão por dívidas eram enviados para a América pela Coroa, entre outros com o objetivo de povoá-la com seus súditos. Assim, por todos esses motivos, a imigração britânica foi muito maior do que a francesa.

Além disso, o tráfico de escravos para determinadas regiões (em 1750, 20% da população das colônias inglesas, especialmente no sul, era composta de escravos) também contribuiu para que as colônias inglesas observassem um acelerado aumento populacional. Outro elemento fundamental para o significativo desenvolvimento demográfico nas colônias inglesas foi o crescimento natural. Na América, muitos europeus encontraram condições de vida melhores do que na Europa e uma melhor alimentação, tendo mais filhos vivos do que se tivessem ficado no Velho Continente. A abundância de terras também estimulava as famílias a terem muitos filhos. Assim, em comparação com a Europa, nas colônias inglesas a taxa de natalidade era mais alta e a de mortalidade, mais baixa. A cada geração, o número de habitantes dos territórios dominados pelos ingleses dobrava; por volta de 1750, já eram 1,5 milhão, dos quais 1,2 milhão de brancos. Vinte anos depois, seu número chegava a 2,5 milhões.

Com isso, passou a haver uma forte pressão expansionista sobre as tribos indígenas e os colonos da Nova França. Essa pressão acabou levando a diversas guerras ocorridas entre meados do século XVII e o ano de 1763, quando finalmente a Nova França foi definitiva e inteiramente conquistada, incorporando-se ao Império Britânico.

O CANADÁ E O IMPÉRIO BRITÂNICO (1763-1867)

Disputas entre interesses ingleses e franceses na Europa muitas vezes se refletiam na América. O inverso também chegava a ocorrer, opondo Londres a Paris em razão de questões coloniais. Contudo, não era incomum que os colonos aceitassem apoiar, com suas milícias, as guerras promovidas pela metrópole apenas mediante garantias de que pontos de sua agenda própria seriam satisfeitos.

Em dois desses conflitos – 1689-1697 e 1702-1713 –, franceses e seus aliados nativos atacaram colônias britânicas, enquanto britânicos tentaram, sem sucesso, conquistar a cidade de Quebec. No Tratado de Utrecht de 1713, depois de um conflito em que a França estava entre os perdedores, os britânicos conseguiram expandir suas possessões no hoje Canadá, conquistando Acádia, Terra Nova e Terra de Rupert. Já na chamada Guerra da Sucessão Austríaca (1740-1748), hostilidades entre franceses e ingleses na Europa novamente se reproduziram na América, mas sem grandes consequências.

A guerra que mudou a história da presença europeia no Canadá – tornando-o, integralmente, parte do Império Britânico – ocorreu entre 1754 e 1763 e foi chamada de Guerra dos Franceses e dos Índios (*French and Indian War*). Esteve conectada ao grande conflito que opôs França e Reino Unido entre 1756 e 1763, a Guerra dos Sete Anos, na qual essas duas grandes potências europeias (e seus aliados) combateram não apenas na Europa, mas em todo o mundo, incluindo ainda a Índia, a África e a América do Sul. A disputa na América do Norte, contudo, já havia começado dois anos antes, quando os franceses – que haviam construído uma linha de fortes para bloquear a expansão dos colonos britânicos – entraram em choque com a milícia de colonos da Virgínia, comandada, entre outros, por um jovem major chamado George Washington (1732-1799), que mais tarde seria o primeiro presidente dos Estados Unidos.

A rede de fortificações francesa incluía não apenas Quebec e Montreal, mas também dezenas de outros postos, de Terra Nova até a Luisiana. Alguns eram

50 | Os canadenses

fortes menores, misto de postos militares e centros de comércio, mas outros, como o de Louisboug, foram erguidos com o melhor da tecnologia militar da época. Os franceses também tinham aumentado o número de soldados reais para uns 2 mil homens e eram capazes de mobilizar milhares de milicianos locais sob um comando unificado. Sua principal força, contudo, eram suas alianças com diversas tribos indígenas, as quais forneciam combatentes para uma guerra de guerrilhas, atacando postos britânicos isolados, e reforços para as unidades francesas em momentos decisivos.

Contudo, os britânicos também tinham seus aliados nativos e contavam, pela primeira vez, com tropas numerosas enviadas das Ilhas Britânicas para a América do Norte, totalizando mais de 4 mil homens no início do conflito. Além disso, suas milícias coloniais eram muito mais numerosas que as francesas: apoiavam as tropas inglesas nas batalhas, atacavam postos e tribos inimigas e guarneciam cidades. Alguns colonos chegaram a se incorporar aos batalhões e regimentos vindos da Grã-Bretanha. Contudo, a guerra foi de fato decidida pelo choque dos exércitos em campo e pelos números.

A estratégia francesa de fazer ataques rápidos contra os britânicos e recuar para as suas fortalezas funcionou muito bem entre 1754 e 1759. Os britânicos, no entanto, dominavam os mares e conseguiram impedir a chegada de reforços e suprimentos franceses ao mesmo tempo que traziam para combater na América milhares de soldados (11 mil apenas em 1757), além de incorporarem milhares de colonos às suas forças. Assim, os britânicos reuniram melhores condições para conseguir vitórias e elas começaram a aparecer já em 1758.

Em setembro de 1759, a batalha decisiva – chamada de Batalha das Planícies de Abrahão (*Battle of the Plains of Abraham*) – foi travada nos arredores da cidade de Quebec. Cerca de 1.300 homens morreram, aproximadamente metade de cada lado, incluindo os dois comandantes, o marquês de Montcalm (1712-1759) e o general James Wolfe (1727-1759). Contudo, diante do desequilíbrio de forças, a cidade de Quebec acabou se rendendo aos britânicos. Montreal caiu um ano depois. Os britânicos também conquistaram a maioria das ilhas francesas produtoras de açúcar no Caribe. O Tratado de Paris de 1763 devolveria a maior parte dessas ilhas à França, mas o coração da Nova França, o Canadá, foi definitivamente perdido, sendo cedido à Coroa britânica. A Luisiana oriental foi aberta para a expansão das colônias britânicas e a oriental foi cedida à Espanha. Confirmou-se a perda de Acádia e de outras províncias menores. Após o tratado, as colônias francesas da América do Norte se reduziram às pequenas ilhas de St. Pierre e Michelon, mantidas como postos pesqueiros.

Benjamin West, *La mort du général Wolfe* (1770), óleo sobre tela

O general James Wolfe foi mortalmente ferido durante a conquista de Quebec em 1759 e se tornou um herói celebrado em todo o Império Britânico. Nessa pintura de 1770, ele é retratado em uma postura de martírio, tendo oferecido sua vida pela pátria e pelo rei.

OS SIGNIFICADOS DA CONQUISTA

A entrada dos britânicos na cidade de Quebec e em Montreal e a renúncia francesa à Nova França deixariam marcas profundas na memória e na cultura dos canadenses. A conquista territorial inglesa reforçou uma polarização entre britânicos e franceses com consequências que chegam até os dias de hoje. Isso pode ser evidenciado pela maneira com que os anglo-canadenses e os franco-canadenses se referem ao acontecimento.

Por muitos anos, na memória coletiva dos anglo-canadenses, a conversão do Canadá em província britânica foi um desdobramento natural da "superioridade dos anglo-saxões e dos protestantes" frente aos latinos e aos católicos. "Superioridade" e até mesmo "generosidade", na visão de muitos historiadores de origem britânica que, no século XIX, ressaltavam a felicidade que os habitantes do Quebec (supostamente) deveriam sentir por terem sido incorporados a uma "cultura política mais avançada", a britânica.

Do ponto de vista dos quebequenses, esse é o acontecimento-chave, que definiu tudo o que veio depois. Entre eles, o debate, desde o século XIX, é muito maior.

52 | Os canadenses

Alguns historiadores interpretaram a conquista britânica como algo positivo, já que teria permitido a sobrevivência do Quebec num sistema democrático e seu progresso material, mesmo que a real prosperidade só tenha chegado à província depois da Segunda Guerra Mundial. Outros, mais ligados ao nacionalismo quebequense (movimento que defende a ideia de uma identidade diferenciada dos originários de Quebec), viram nela a fonte do atraso político, social e econômico do Quebec em comparação com outras regiões canadenses, pois a dominação britânica teria, ao concentrar o poder econômico e político nos falantes da língua inglesa, impedido que o Quebec evoluísse para uma sociedade plenamente desenvolvida.

O debate é bastante intenso e não há um consenso estabelecido. Basta lembrar, a propósito, que enquanto britânicos, franceses e anglo-canadenses usaram e ainda usam os termos "Guerra dos Sete Anos" ou "Guerra dos Franceses e dos Índios" para se referir aos conflitos naqueles anos, muitos franco-canadenses preferem mesmo hoje o termo "Guerra de Conquista" (*Guerre de la Conquête*), de forma a indicar que eles teriam sido efetivamente conquistados, colocados no Império Britânico contra a sua vontade. Para os britânicos e os canadenses de língua inglesa, a conquista do Quebec foi apenas um capítulo na história da criação de um Canadá britânico que se estendia do Atlântico ao Pacífico e que fazia parte de um império mundial. Já para os de língua francesa, foi um acontecimento fundamental.

A luta pelas narrativas não foi apenas acadêmica, mas se refletiu na própria paisagem do país, em seus monumentos e festas. Já em 1827, a Coroa britânica mandou instalar um obelisco no terreno da "Batalha das Planícies de Abraão" para celebrar os dois grandes heróis que haviam morrido ali, o marquês de Montcalm e o general James Wolfe. Era claramente uma tentativa de conciliar novos e velhos súditos imperiais. Contudo, em 1909, na comemoração dos 150 anos dessa mesma batalha, Londres optou por celebrar as glórias de um império que estava no seu auge com grandes demonstrações de júbilo que foram praticamente ignoradas pelos descendentes dos franco-canadenses (que, por sua vez, haviam sido ignorados por elas).

Em 2008, do mesmo modo, muito dinheiro foi gasto para comemorar os 400 anos de fundação da cidade de Quebec e uma série de cerimônias foi planejada para indicar a total reconciliação de dois dos "povos fundadores" do Canadá. Houve até mesmo concertos da cantora Céline Dion, nascida no Quebec, e do ex-beatle Paul McCartney, obviamente britânico, exatamente no parque que celebra a "Batalha das Planícies de Abraão". Mesmo assim, houve críticas por parte dos nacionalistas do Quebec, com alguns quebequenses chamando Paul McCartney de "mais um invasor britânico". Mesmo assim, uns 300 mil habitantes da cidade foram assistir ao seu *show*, o que indica que os críticos eram minoritários.

No ano seguinte, 2009, se comemoraram os 250 anos da conquista da cidade de Quebec. Autoridades pensaram em fazer uma reconstituição da batalha, mas muitos quebequenses se recusaram a ser lembrados que os de língua francesa haviam perdido. Alguns nacionalistas quebequenses pensaram em fazer uma celebração da batalha na qual, através da leitura de um manifesto, os franceses, simbolicamente, venceriam, mas essa proposta também recebeu críticas. Ao final, as celebrações foram mais mornas do que o previsto, quase sem importância para a maioria das pessoas da cidade.

Os desdobramentos do período 1759-1763 podem ser vistos de formas diferentes, reinterpretados conforme os interesses e as paixões, mas representam, de qualquer maneira, um momento fundamental na história do Canadá. A partir de então, o Canadá como um todo se tornou parte do Império Britânico, com todas as implicações culturais, econômicas e sociais dessa incorporação.

GOVERNO E AUTOGOVERNO (1763-1776)

Depois da conquista britânica, do ponto de vista dos franceses que ficaram no Canadá, a França os teria abandonado. Talvez não estivessem errados, pois apenas em 1855 um navio de guerra francês, o La Capricieuse, se daria ao trabalho de visitar o Quebec. Além disso, nas negociações que levaram ao tratado de fevereiro de 1763, Paris preferira recuperar a ilha de Guadalupe, rica em cana-de-açúcar, do que reivindicar para si o Canadá. Na época, muitos britânicos, aliás, também achavam mais vantajoso ficar com essa ou outra ilha do que com as vastas terras do norte. De todo modo, o acordo entre Inglaterra e França foi feito às expensas dos habitantes do Canadá, provocando em muitos deles um forte sentimento de revolta e frustração. Os antigos *canadiens*, canadenses de fala francesa, tiveram que se adaptar não apenas a uma nova realidade política, de subordinação ao Império Britânico, como também ao fato de que não tinham mais a França como referencial e eventual potência protetora. Essa adaptação, contudo, seria facilitada pelas condições que lhes foram oferecidas pelos novos donos do poder.

De fato, os britânicos, com uma nova situação nas mãos, não se empenharam em humilhar os antigos súditos franceses que ainda viviam na América do Norte. Além do Canadá, a Inglaterra havia adquirido a Flórida e o direito a um vasto território entre os montes Apalaches e o rio Mississípi. Os colonos britânicos na América olhavam com interesse para o novo território, que de fato já haviam começado a colonizar, onde havia tribos indígenas com as quais a Coroa britânica tinha que conviver e com as quais havia mesmo assinado acordos. E no Canadá, obviamente, havia dezenas de milhares de novos súditos de língua francesa e católicos com quem a Coroa deveria lidar e, na medida do possível, cooptar.

O Tratado de Paris permitia e facilitava a emigração dos colonos canadenses para a França ou para outra colônia francesa caso quisessem, mas poucos o fizeram. Ele também permitia que a legislação francesa continuasse a ser utilizada em contratos dentro da província de fala francesa e garantia liberdade religiosa para a prática do catolicismo.

No entanto, foram implementadas no Canadá leis (já existentes na Grã-Bretanha) que dificultavam aos católicos a ascensão a certos cargos de poder. Além disso, em conflitos concretos entre a jurisprudência francesa e a inglesa, a última deveria prevalecer. Os ingleses permitiram que os habitantes de Acádia de língua francesa (os *acadiens*) que haviam sido deportados retornassem ao Canadá, mas poucos voltaram, pois lhes era permitido retornar para o Canadá ou para a atual Nova Brunswick, mas não para seus territórios de origem, agora incorporados à Nova Escócia. Ou seja, a conquista britânica não representou uma dominação total, a ferro e fogo, dos colonos de origem francesa, mas os vencidos não ficaram numa posição de igualdade com relação aos vencedores, desenvolvendo, portanto, alguns ressentimentos.

No mesmo ano de 1763, em outubro, a Coroa lançou um edito real (*Royal Proclamation Act*) reorganizando a América do Norte britânica. Criavam-se novas colônias (East e West Florida e várias ilhas do Caribe) e o antigo Canadá foi renomeado Província do Quebec, com um governo civil substituindo a ocupação militar.

Nesse mesmo corpo de leis, o território a oeste dos montes Apalaches foi considerado reserva indígena e a sua ocupação pelos colonos foi proibida, ao menos temporariamente. A Coroa queria evitar novos conflitos com os povos nativos e com os franceses ainda muito presentes na região, mas isso causou grande descontentamento entre os colonos britânicos, que ambicionavam aquelas terras. O documento também reconheceu aos povos indígenas o *status* legal de "nações" com os quais era possível firmar acordos juridicamente válidos, ainda que, na prática, eles fossem quase sempre desvantajosos para os nativos.

Quando da Independência dos Estados Unidos, as terras indígenas seriam simplesmente anexadas pelo novo país e os dispositivos do *Royal Proclamation Act* perderam a validade. No caso canadense, contudo, ele continuou a ser usado como referência nas relações entre os povos originários e o poder em Londres e, posteriormente, em Ottawa (e como instrumento para reivindicações por parte dos índios) nos séculos que se seguiram, tanto que o documento é mencionado até mesmo na Constituição canadense de 1982.

O *British North America (Quebec) Act,* promulgado pelo Parlamento britânico em 1774, reforçou as diretrizes dos documentos de 1763, mas a província de Quebec foi expandida territorialmente às expensas da área indígena. Por esse novo documento, foram novamente garantidos os direitos de propriedade e de liberdade religiosa aos católicos, ao clero e aos proprietários de terras de origem francesa. Ficou mais claro que Londres seguia claramente uma política de apaziguamento, o que então deixou os canadenses mais confortáveis sob a sua jurisdição.

Contudo, nas 13 colônias que mais tarde dariam origem aos Estados Unidos, o sentimento foi diferente. As concessões aos canadenses feitas pela Coroa britânica foram listadas como uma das 27 queixas dos colonos frente à Inglaterra registradas na Declaração de Independência dos Estados Unidos de 1776.

Na verdade, a relação dessas 13 colônias com Londres foi se deteriorando não apenas, obviamente, pelo "problema canadense". Desde o fim do domínio francês no continente, os colonos desses territórios se sentiam cada vez menos dependentes do poder britânico para a sua proteção e não viam sentido em pagar impostos para sustentar os 10 mil soldados britânicos agora estacionados na América. Também estavam cada vez mais confiantes em si e se recusavam a obedecer a um poder real que procurava se afirmar no Novo Mundo. O resultado foi um crescimento das tensões que culminou na Independência dos Estados Unidos, após uma guerra nos anos de 1775-1783.

Evidentemente, estamos resumindo em um único parágrafo um momento histórico de suma importância e sobre o qual já foram escritos centenas de milhares de textos, o que é sempre limitador. O foco, contudo, neste livro, não é a Independência dos Estados Unidos, mas os grandes impactos que ela traria ao Canadá a partir de 1776.

1776 E O "NOVO CANADÁ"

Durante a Guerra de Independência Americana, 13 colônias se revoltaram contra o domínio britânico, enquanto as outras colônias desse mesmo Império ficaram fiéis. Essa diferença de postura refletia experiências distintas sob o controle de Londres e, como indicado pelo historiador Michel Ducharme, também diferentes maneiras de pensar a liberdade e de efetivamente defendê-la, dentro (como parte dele) ou fora do Império.

Mesmo dentro de cada colônia, houve diferentes avaliações, com habitantes combatendo do lado dos rebeldes ou se alistando no Exército real. Os rebeldes não se importavam muito com o destino das pequenas colônias atlânticas, mas consideravam o Quebec importante: na Guerra de Independência, era evidente

56 | Os canadenses

que quem conseguisse a lealdade dos seus habitantes estaria em grande vantagem. Em teoria, eles deveriam ser os primeiros a aderir à revolta, já que tinham sido conquistados há poucos anos. Contudo, os americanos foram incapazes de atraí-los para a sua revolução.

Do ponto de vista dos canadenses, não havia motivo para eles se envolverem em uma luta em que perderiam inevitavelmente, seja qual fosse o lado vencedor. Para os canadenses, com efeito, a dominação britânica tinha sido relativamente suave. Além disso, recordavam-se bem do longo histórico de conflitos por terras ou no comércio de peles com os habitantes das 13 colônias. Ao final, eles optaram por uma neutralidade favorável a Londres, a qual significou que o Quebec continuou em mãos britânicas após a vitória dos rebeldes e a criação dos Estados Unidos.

Em 1775, um exército invadiu o Canadá, tendo como objetivo declarado levar a guerra ao território britânico fora das 13 colônias e atrair os habitantes do Canadá para a rebelião. Essas forças chegaram a conquistar Montreal, mas acabaram derrotadas em uma grande batalha nos arredores da cidade de Quebec. Depois disso, não tentaram mais invadir o Canadá, ainda que tenham manifestado o desejo de anexá-lo posteriormente nas negociações de paz, obviamente sem sucesso. Em 1777, aliás, no primeiro documento constitucional produzido pelo Congresso americano – os *Articles of Confederation and Perpetual Union* –, havia um artigo garantindo o direito de o Canadá unir-se à nova Confederação, no momento que quisesse.

Vale ressaltar, a propósito, como a França foi essencial para a vitória dos revoltosos americanos. Ela pretendia se vingar da derrota para os ingleses na guerra anterior e forneceu armas e dinheiro para os rebeldes, além de trabalhar para conseguir apoio diplomático para o novo país que depois surgiu. Além disso, milhares de soldados franceses foram enviados para apoiar o Exército Continental de George Washington e a frota francesa foi fundamental para conter o poder da Marinha Real.

Mesmo assim, nas negociações de paz que se seguiram, após ter gastado tanto dinheiro e despendido tantas vidas, a França não fez nenhum esforço para conseguir o Canadá de volta. Na verdade, os franceses tinham apoiado os americanos mais por seu persistente sentimento antibritânico do que por alguma preocupação real com os seus antigos filhos na América do Norte. Isso, claro, só pode ter frustrado, novamente, os canadenses de língua francesa.

Em 1783, o domínio britânico na América teve que ser reorganizado. Restavam as colônias no litoral atlântico (como Terra Nova, Nova Escócia e Ilha do Príncipe Eduardo), as áreas quase despovoadas administradas pela Hudson's Bay Company, além, é claro, de Quebec. A antiga reserva indígena passou aos Estados Unidos e a fronteira entre o novo país e o Quebec foi deslocada para o norte dos Grandes Lagos.

Além da perda territorial, o que mudou bastante a realidade canadense foi a fuga dos chamados lealistas das antigas 13 colônias, ou seja, dos colonos fiéis à Coroa britânica ou que haviam lutado por ela durante a Guerra de Independência Americana. Cerca de um quinto dos habitantes brancos dessas ex-colônias haviam ficado fiéis a Londres. Muitos sofreram perseguições dos vencedores ou simplesmente não suportaram a ideia de viver numa república ou longe da soberania real. Com a derrota, a maioria optou por se adaptar. Muitos, contudo, resolveram deixar os Estados Unidos. As estimativas são sempre controversas, mas o cálculo padrão é que umas 70 mil pessoas (entre as quais havia escravos e negros livres) partiram para o Reino Unido, para as possessões britânicas no Caribe ou para outros lugares, mas a maioria dos refugiados se dirigiu para as colônias britânicas remanescentes ao norte. Por volta de 35 mil deles foram para Nova Escócia, com mais alguns milhares realocados na Ilha do Príncipe Eduardo. O Quebec recebeu 10 mil refugiados, entre os quais muitos negros e aliados iroquois dos britânicos por ocasião da guerra.

Essa migração transformaria profundamente o que hoje é o Canadá. Em muitos lugares, houve tensões com os recém-chegados e muita discriminação, especialmente com relação a negros e índios. Em outros, os novos habitantes se tornaram numericamente dominantes, tanto que passaram a exigir uma divisão de poderes que lhes favorecesse. Em 1784, a colônia de Nova Escócia foi dividida em duas e surgiu a Nova Brunswick para acomodar os habitantes recém-chegados. Até hoje a província traz em seu brasão o termo *Spem reduxit* ("a volta da esperança"), que reflete o sentimento desses imigrantes.

No Quebec, a chegada dos refugiados transformou os antigos equilíbrios políticos. Havia agora muito mais falantes do inglês, demandando espaço e poder na província. A solução foi destacar da província de Quebec uma área relativamente despovoada e assentar lá os novos habitantes de fala inglesa: a província de Upper Canada, criada em 1791 que daria origem a Ontário. O Quebec foi renomeado Lower Canada e continuou com uma população majoritariamente de língua francesa.

Alguns historiadores, desde o século XIX até os dias de hoje, analisam de forma negativa a chegada dos fiéis à monarquia ao Canadá, lamentando que tanto o Canadá "francês" como o "inglês" fossem "fósseis de um passado" que havia se extinguido nos vizinhos ao sul. Os EUA iniciavam a sua industrialização e se tornavam símbolos de um mundo moderno, com sua república e sua democracia, enquanto os canadenses tinham ficado isolados no mundo, restritos ao universo rural e limitado dos habitantes da ex-Nova França e dos refugiados das antigas 13 colônias. Outros, contudo, avaliam o suposto isolamento do Canadá com um

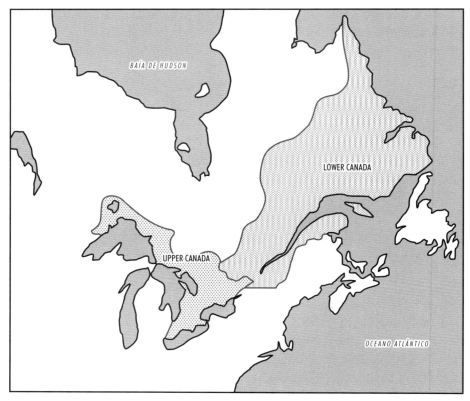

Em 1791, os britânicos dividiram o território do Quebec em duas províncias: Upper Canada, para onde tinham emigrado boa parte dos fiéis à Coroa que tinham deixado os Estados Unidos, e Lower Canada, a antiga província de fala francesa. As duas províncias seriam reagrupadas em 1841.

olhar positivo, que teria poupado os canadenses dos horrores de uma revolução e das guerras que grassaram na América e na Europa no final do século XVIII e no início do XIX.

O fato é que o período entre 1776 e 1783 marca o nascimento do Canadá contemporâneo. Se, antes, as colônias do extremo norte eram apenas uma parte de uma série de dezenas de outras sob o comando de Londres, agora elas passavam a formar um conjunto com uma realidade nacional própria, unidas contra um inimigo comum, os Estados Unidos. Isso ficaria muito evidente durante a guerra de 1812-1815, que alguns consideram "a certidão de batismo" do Canadá.

A "CERTIDÃO DE BATISMO" DO CANADÁ

Entre 1789 e 1815, uma longa série de guerras ensanguentou a Europa e atingiu boa parte do mundo. De um lado, estava a França revolucionária (e, depois, a napoleônica) e, do outro, seus inimigos, como Rússia, Prússia, Áustria, Portugal e outros. O Reino Unido foi o adversário mais tenaz da França, financiando e sustentando a luta contra ela até a derrota final de Napoleão, em 1815.

É difícil superestimar a importância desse ciclo de guerras para a história mundial. Houve combates em vários continentes e oceanos e, no caso do continente americano, as Guerras Napoleônicas estiveram estreitamente ligadas à independência da América Hispânica e ao estabelecimento de uma monarquia no Brasil. Na América do Norte, a guerra europeia se converteu em um conflito regional, novamente entre o Reino Unido e os Estados Unidos, tendo como cenário o território canadense.

Estados Unidos e Grã-Bretanha ainda não haviam curado todos os ressentimentos da guerra anterior. Houve vários conflitos diplomáticos por causa do bloqueio naval que a Marinha Real impunha à França e do recrutamento forçado de marinheiros americanos. Além disso, os britânicos apoiavam tribos e confederações de tribos indígenas que resistiam à expansão americana na região de Ohio. A guerra foi, portanto, a explosão de todos esses ressentimentos e desavenças. Ou não? Há quem diga que, na verdade, o objetivo dos Estados Unidos ao entrar em combate seria simplesmente satisfazer seu antigo desejo de conquistar o Canadá e acabar com o domínio britânico nessa área da América do Norte. O tema está em debate há duzentos anos.

Nas controvérsias a respeito dos motivos que levaram à guerra, a maioria dos historiadores considera que o Canadá só se tornou alvo por ser o único lugar onde os americanos podiam atingir interesses britânicos: o Canadá seria apenas a ficha de um jogo onde os objetivos eram outros. Teria pesado bastante a desconfiança dos Estados Unidos com relação aos habitantes de língua francesa, aos católicos e aos lealistas que viviam no Canadá; muitos americanos não consideravam uma boa ideia incluí-los na União caso conseguissem vencer a Inglaterra e anexar o Canadá. Além disso, uma eventual anexação do Canadá mudaria o equilíbrio político estabelecido nos EUA entre estados escravocratas e estados livres. No entanto, é possível imaginar que uma vitória fácil dos exércitos americanos, com tropas entrando rapidamente em Montreal, York, Quebec e Halifax, poderia ter estimulado o apetite territorial dos americanos e avivado antigos sonhos expansionistas. O problema é que essa vitória não aconteceu, pelo contrário.

60 | Os canadenses

A guerra se iniciou em junho de 1812 e logo tropas americanas invadiram o Canadá por três frentes. A partir daí, houve vitórias e derrotas localizadas, conquistas e perdas de fortalezas e cidades, mas nada decisivo, pois ambos os lados tinham poucas tropas regulares e dependiam muito de aliados indígenas e milícias. Em abril de 1813, o Exército americano conseguiu tomar a então capital da província de Upper Canada, York, e ateou fogo em diversos prédios públicos. Em 1814, com a derrota de Napoleão, tropas britânicas se tornaram disponíveis e 15 mil veteranos que haviam lutado na Espanha e em Portugal foram transferidos para a América do Norte. Baltimore foi pesadamente bombardeada por navios ingleses e uma força britânica pôde desembarcar na baía de Chesaepeake, avançando rapidamente e conquistando Washington em agosto de 1814. Num ato cheio de simbolismo e como vingança pelo que havia sido feito em York, a capital americana também foi incendiada, incluindo os prédios do Capitólio e da Casa Branca. Ao final, depois de alguns milhares de mortos (um número pequeno se comparado ao padrão das guerras na Europa de então), o conflito terminou num empate, com uma volta às fronteiras anteriores.

A partir dali, as relações entre o Império Britânico e os Estados Unidos melhoraram. Os maiores perdedores foram os povos indígenas, os quais tiveram diminuída a possibilidade de jogar os brancos uns contra os outros e garantir para si próprios alguma liberdade. Com isso, acabariam perdendo terras e independência para a onda expansionista dos estadunidenses.

Essa guerra, aos olhos do mundo tão pequena em tamanho e consequências, foi muito importante para o Canadá, sua história e identidade nacional. Na maioria dos países, 1812 é lembrado pela marcha de Napoleão em direção à Moscou; quase ninguém menciona a guerra ocorrida do outro lado do mundo na mesma época. Também nos Estados Unidos, ela foi praticamente esquecida nos livros de História (talvez por causa da humilhação da captura de Washington), tendo alimentado apenas umas poucas memórias, como a da "resistência heroica" do general Andrew Jackson em Nova Orleans ou a letra do hino dos Estados Unidos *Star-Spangled Banner*, inspirada no bombardeio de Baltimore em 1814.

Contudo, para boa parte dos canadenses, a guerra de 1812 é lembrada com orgulho. Na atual periferia de Toronto, turistas podem conhecer o lugar onde "nós paramos os americanos", como os canadenses fazem questão de ressaltar. Vários também gostam de contar, entre sorrisos, o episódio de como "nós queimamos a Casa Branca".

Mitos nacionais canadenses também beberam fortemente desse conflito e, se toda nacionalidade precisa de heróis, vários canadenses nasceram naquele momento. Entre eles, podemos citar o famoso general britânico Isaac Brock (chefe militar essencial para a resistência contra os invasores), o líder indígena Tecumseh (que tentara criar uma

The taking of the city of Washington in America. West Smithfield, 1814 (Library of Congress)

Em represália pela destruição de York, forças britânicas atearam fogo à cidade de Washington. Pela primeira e única vez na História, prédios emblemáticos como o Capitólio e a Casa Branca foram queimados e o presidente dos Estados Unidos teve que fugir para não ser capturado.

confederação de tribos para conter o expansionismo americano e, durante o conflito, se aliou aos britânicos), Laura Secord (dona de casa que teria caminhado mais de 30 km em território ocupado pelos americanos para alertar os militares britânicos de um ataque iminente) e Charles de Salaberry (comandante de uma força de milicianos contra o invasor). A lição que a narrativa do conflito e a lembrança desses heróis transmitem, ainda que algumas das histórias sejam exageradas e mesmo irreais, é que houve uma união entre *todos os canadenses* – anglo-canadenses e franco-canadenses, junto com os povos indígenas (ou seja, "as três nações originárias do Canadá") – e os britânicos para repelir o invasor que ameaçava a sua existência.

A memória oficial sempre responde aos interesses de momento e isso se percebe nos ciclos de comemoração desse conflito entre os canadenses. Em 1912, o esforço maior foi no sentido de relembrar a paz selada e mantida desde então entre os dois países, EUA e Canadá; assim, a guerra foi reduzida a uma mera "briguinha entre irmãos". Em 1962, pouco se fez, até porque já estava em desenvolvimento a imagem oficial do "canadense pacífico" que, obviamente, não podia comemorar o resultado de uma guerra. Já em 2012, o governo conservador de Stephen Harper quis substituir essa imagem por uma mais marcial, já que sua política externa se propunha a ser

62 | Os canadenses

Isaac Brock,
Tecumseh,
Laura Secord
e Charles de Salaberry.
Os heróis míticos
canadenses na guerra
de 1812, recordados
200 anos depois.

menos pacifista e ele tencionava aumentar os investimentos militares. Além disso, ele pretendia reforçar a visão de um Canadá perfeitamente unido em suas partes constituintes, num momento em que as feições do país mudavam em razão da crescente imigração. O quadro, assim, era outro e o governo federal canadense então financiou monumentos, cunhagem de moedas e outras atividades comemorativas do conflito.

Em um vídeo oficial de um minuto intitulado *The Fight for Canada – War of 1812 (200th Anniversary)*, as intenções ficam evidentes. A mensagem de bravura militar e de união está toda lá, em uma concisão perfeita. Após imagens dos soldados americanos invadindo o Canadá, aparecem as dos heróis Charles de Salaberry, Tecumseh, Laura Secord e Isaac Brock, dos milicianos canadenses de língua inglesa e francesa e dos indígenas, assim como a dos *redcoats* (os militares regulares) britânicos. Todos "lutando lado a lado" para, como diz o vídeo, "defender o Canadá".

É claramente uma imagem bonita, mas fora da realidade. Vários grupos lutaram para defender o território que hoje é o Canadá, mas todos tinham agendas próprias, como os indígenas que queriam se proteger da expansão dos Estados Unidos ou os britânicos que estavam em guerra com estes. Mesmo os milicianos estavam, provavelmente, defendendo mais seus lares e propriedades do que propriamente "o Canadá", até porque a ideia de uma "nação canadense" ainda não existia.

Mesmo assim, alguns resultados são inegáveis. Se os Estados Unidos tivessem vencido a guerra, é provável que este livro não precisasse ser escrito, pois o Canadá seria apenas uma divisão geográfica do território daquele país. Além disso, a guerra de 1812 forneceria a matéria-prima para a futura construção da nacionalidade canadense e seus mitos fundadores, ainda que, nos anos que se seguiram ao conflito, o país continuasse a ser uma colônia britânica.

Mais que tudo, 1812 indicou caminhos para uma futura identidade canadense contraposta à de seus vizinhos ao sul. Na época, os habitantes do território podiam não ter muita certeza se eram algo diferente de simplesmente britânicos ou franceses expatriados na América, ou se poderiam sobreviver independentemente de um vizinho tão poderoso, ou ainda, no caso das nações indígenas, se seriam independentes, exterminadas ou incorporadas. Em 1812-1815, contudo, ficou claro o que eles não queriam ser: estadunidenses.

AS ESPECIFICIDADES CANADENSES NO IMPÉRIO

Na primeira metade do século XIX, as colônias canadenses eram claramente parte do Império Britânico, com sua população branca compartilhando com o Reino Unido valores, normas, perspectivas e a forma monárquica de governo. Ao mesmo tempo, elas estavam na América, onde, com a exceção do Brasil, a experiência republicana era a tônica, o que dava a impressão de que monarquias eram anacrônicas, atrasadas, destinadas ao desaparecimento. Essa dupla face do Canadá – monárquica e imperial, mas dentro da América – ficou clara nas rebeliões que aconteceram nas duas províncias (Upper e Lower) que formavam o país nos anos 1837-1838.

Os rebeldes questionavam o sistema político que comandava as colônias e que dava poder às oligarquias locais em composição com a Coroa britânica. Proclamavam a necessidade de reformas que aumentassem a representatividade política dos habitantes locais. Uns, mais radicais, queriam implantar a república. As rebeliões foram sufocadas pelo Exército britânico, mas, para acalmar os ânimos, a Coroa introduziu reformas que aumentaram a autonomia dos governos locais.

A ocorrência dessas rebeliões indica que o Canadá, longe de ser um lugar isolado no norte da América, estava perfeitamente integrado ao mundo euro-americano e sofria influências diversas vindas do exterior. Revela o poder de atração da situação democrática e republicana dos outros países americanos (especialmente os Estados Unidos), mas também o conhecimento das pressões que ocorriam no próprio Reino Unido (e em outros países europeus) por reformas que dessem mais representatividade aos governos eleitos (como a que resultou no "Ato de 1832" que ampliou o número de eleitores e a participação política na Inglaterra). Ao mesmo tempo, fica clara a posição do Canadá como parte da lógica imperial britânica: as rebeliões foram sufocadas pelo Exército britânico, assim como a iniciativa de implantar reformas políticas partiu da administração metropolitana.

Na principal resposta legal britânica às rebeliões – o "Ato de União de 1840" –, as duas províncias foram fundidas na Província do Canadá, com capital em Kingston, e foi feita uma reforma eleitoral. Isso diminuía o peso das oligarquias locais no governo e dava à população uma melhor representatividade. Por outro lado, os poderes do governador-geral, nomeado por Londres, foram reforçados e os franco-canadenses, subrepresentados na nova Assembleia, perderam alguns dos direitos que tinham antes. A reorganização do sistema político conseguiu apaziguar a situação, contudo, apenas por alguns anos, pois o Canadá se transformava em muitas frentes, passando logo a exigir novas mudanças políticas.

Em primeiro lugar, a população se expandiria fortemente, alterando os equilíbrios demográficos internos. Entre os anos 1840 e 1850, especialmente, uma onda de imigrantes chegou do Reino Unido, trazendo irlandeses, ingleses, escoceses e galeses que fugiam dos efeitos da superpopulação e da crise do campo no Reino Unido durante a Revolução Industrial e procuravam novas oportunidades de trabalho e/ou terras no Canadá. Nesse período, cerca de 800 mil pessoas chegaram ao Canadá, fazendo, ao lado da alta natalidade, a população subir de meio milhão de pessoas em fins do século XVIII para cerca de 2,5 milhões em 1850. Alguns imigrantes se dirigiram para as colônias marítimas, como a Nova Escócia, ou o Quebec, mas a maioria foi para o que hoje é Ontário.

Esse movimento populacional reforçou o caráter propriamente britânico do país, já que a parcela de pessoas com raízes no Reino Unido aumentou substancialmente. Até esse momento, a esmagadora maioria dos falantes de inglês era formada pelos descendentes dos lealistas que haviam emigrado depois de 1783. Mesmo com origem nas Ilhas Britânicas e leais à Monarquia, esses habitantes falantes do inglês haviam vivido por gerações na América, o que fazia com que muitos tivessem ligações culturais e familiares com os Estados Unidos. Esse quadro se modificou, reforçando a ligação com os britânicos, com a chegada maciça de imigrantes diretamente do Reino Unido.

Um efeito ainda mais importante: a supremacia demográfica dos franco-canadenses diminuiu. Se, até aquele momento, a Inglaterra tinha sempre que lidar com o fato de sua província canadense ser majoritariamente de língua francesa e católica, isso não era mais verdade depois dessa nova onda de imigrantes vinda da Europa. Mesmo a chegada de dezenas de milhares de irlandeses católicos não alterou o fato de que a parte da América do Norte ainda pertencente ao Império Britânico se tornava cada vez mais protestante e anglo-saxã.

As colônias desse império também se expandiriam territorialmente. Em 1846, um tratado entre a Grã-Bretanha e os Estados Unidos resolveu uma disputa pelo território do Oregon, entre as Montanhas Rochosas e o oceano Pacífico. Pelo acordo, a fronteira foi estabelecida no 49° Paralelo, com a exceção da Ilha de Vancouver, que ficou inteiramente com os britânicos. Em 1849, foi criada a colônia da Ilha de Vancouver e, dez anos depois, a colônia de Colúmbia Britânica, a qual absorveu a primeira em 1866. Dessa forma, em 1859, ao Canadá propriamente dito, às colônias marítimas (Terra Nova, Nova Brunswick, Nova Escócia, Ilha do Príncipe Eduardo), ao território administrado pela Hudson's Bay Company (a Terra de Rupert) e a vários outros territórios da Coroa, se agregava uma nova e cada vez mais importante colônia, às margens do oceano Pacífico.

Haveria também uma alteração na pauta exportadora. Após o "ciclo das peles", a madeira se tornou um produto-chave de exportação e, no século XIX, grandes quantidades de madeira canadense eram enviadas para a construção naval no Reino Unido e, crescentemente, para obras de construção civil e de infraestrutura nos Estados Unidos. O Canadá continuava a ser um país rural e exportador de matérias-primas, mas o comércio de peles perdeu sua antiga importância.

66 | Os canadenses

A integração do Canadá na economia mundial se fazia, assim, essencialmente através do Império Britânico. Canais e sistemas de transporte seriam criados para levar a madeira e, cada vez mais, trigo para a costa leste, de onde eram embarcados para os portos ingleses. De lá, vinham produtos manufaturados e outros para consumo local, suplementados pela produção regional. Assim, como foi desde o início, o Canadá estava inserido dentro de uma perspectiva colonial. No entanto, não era uma colônia como outras que o Reino Unido mantinha naquele momento, como as africanas ou as caribenhas. Era diferente. No Canadá não havia existido escravidão em larga escala, a população era essencialmente branca (com direitos iguais aos demais súditos britânicos) e não encontrava impedimentos legais para construir escolas e desenvolver a infraestrutura. É certo que Londres não via com bons olhos que manufaturas fossem criadas nas suas colônias, mas, especialmente após a adoção do livre-comércio nos anos 1840, as restrições a isso se tornariam mínimas. A exportação de matérias-primas era uma opção, não uma imposição da Metrópole como atividade exclusiva.

Além disso, os colonos normalmente se autogovernavam. Como já indicado antes, o modelo de colonização britânico na América era, essencialmente, o de dar grande autonomia às colônias, sob a supervisão de um governador geral. No século XIX, o grau de autonomia das colônias britânicas aumentou e elas foram ganhando cada vez mais poderes, culminando no chamado *responsible government*, ou seja, um sistema no qual o poder executivo tinha que prestar contas às assembleias eleitas pelos habitantes locais e o poder da metrópole se reduzia ainda mais. A Nova Escócia atingiu esse *status* em 1848, a província do Canadá em 1849, a Ilha do Príncipe Eduardo em 1851 e Terra Nova em 1855.

A inserção canadense no Império Britânico, assim, não pode ser comparada com uma dominação direta e totalmente subordinada aos interesses de Londres, como ocorria na Índia, na África, na Jamaica e em outros lugares, ou mesmo com a colonização espanhola ou portuguesa nas Américas. Apesar de existirem tensões e diferenças entre interesses das populações dos dois lados do Atlântico, nesse período, os canadenses eram vistos (e se viam) mais como parte da pátria maior britânica (com a exceção dos quebequenses, que se sentiam, pela sua identidade cultural francesa e católica, um tanto excluídos) do que como um povo conquistado.

Isso ajuda a explicar por que a independência canadense não veio de revoluções sangrentas (como nos Estados Unidos ou na América hispânica) nem da transferência do rei para a América, como no Brasil. Os britânicos haviam aprendido a lição da Independência americana e sabiam que era impossível tentar impor sua vontade a ferro e fogo aos seus descendentes fora da Europa, sob pena de vê-los proclamar sua autonomia. Se e quando eles a quisessem, eles a teriam na forma dos chamados Domínios.

NASCIMENTO E CONSOLIDAÇÃO DE UMA NAÇÃO (1867-1947)

Para os canadenses de hoje, esse é um período histórico muito importante. Nesse intervalo de 80 anos, as colônias britânicas remanescentes na América do Norte se uniram em um conjunto, o Canadá, e seus habitantes começaram a se reconhecer como detentores de uma identidade própria.

A ideia de unir essas colônias já era considerada por algumas pessoas desde o início do século XIX. Em 1838, John George Lambdon, o lord Durham, foi nomeado governador-geral do Canadá e propôs que as colônias tivessem mais autonomia com relação a Londres e, ao mesmo tempo, fossem unidas numa única entidade. Em 1857, um franco-canadense, Joseph-Charles Taché propôs, em uma série de artigos, uma confederação. Dois anos depois, uma comissão canadense foi a Londres levando a mesma proposta, tendo sido recebida com cordial indiferença pelo governo britânico.

A partir dos anos 1860, contudo, a proposta ganhou força cada vez maior, fomentando crescentes debates no Canadá. Para seus defensores, reunir as colônias significaria criar um Estado único, com maior poder de negociação frente a Londres, maior capacidade de resistir à "atração" do poderoso vizinho do sul e, igualmente, através da soma dos orçamentos de todas as províncias, com mais recursos para investimentos, especialmente em infraestrutura.

Alguns temiam que um Estado maior significasse menos liberdades individuais, enquanto outros defendiam o oposto, ou seja, que um Estado reforçado seria fundamental justamente para manter essas liberdades. Como veremos em detalhes posteriormente, o fato de, logo depois da formação da Confederação, várias medidas protecionistas terem sido adotadas indica claramente que a primeira perspectiva venceu.

O pano de fundo da criação da Confederação foi assim, em boa medida, o desejo de que o Canadá não fosse eternamente um fornecedor de produtos agrícolas e minerais para o Reino Unido e os Estados Unidos. Seus idealizadores acreditavam que esse destino poderia ser evitado se houvesse no território uma maior autonomia, sobretudo para o gerenciamento da política econômica, tributária e tarifária. Evidentemente, fatores imediatos também estiveram presentes na busca da união, já que várias das colônias estavam mergulhadas em débitos, os quais poderiam ser absorvidos por um Estado unificado. Havia também um interesse geral em empreender, no Canadá, a construção de ferrovias intercontinentais para unir o Atlântico e o Pacífico, tarefa mais viável se levada a cabo por um poder central, pois os custos envolvidos eram tão grandes que apenas a união de esforços coordenados podia tornar a empresa uma realidade. Os canadenses observavam que, nos Estados Unidos, a primeira ferrovia desse tipo já estava em construção nessa época e seus benefícios econômicos e políticos lhes pareciam evidentes. Não espanta que o "tema das ferrovias" tenha estado tão presente nas conferências e nos debates que decidiram finalmente pela criação da Confederação.

Mesmo quando ferrovias já estavam em construção, havia os que sustentavam que a forma mais econômica de as interligar, ou seja, de criar uma rede ferroviária, era construir pequenos trechos a serem conectados com a malha estadunidense. A corrente vencedora no debate, contudo, foi a que defendia a necessidade de uma rede própria que interligasse as colônias britânicas, para que não houvesse uma dependência excessiva com relação aos Estados Unidos.

Os Estados Unidos são, portanto, no caso da criação da Confederação e, logo, do Canadá moderno, um elemento-chave, talvez o mais importante ponto de referência para os canadenses. Eles serviam de exemplo do que se podia construir em termos de um país moderno e em rápida industrialização. Além disso, a decisão americana, em 1865, de anular o tratado de livre-comércio vigente desde 1854 com as colônias britânicas ao norte da fronteira fortaleceu os que defendiam a ideia de um Estado capaz de intervir com mais força na economia. Essa decisão americana trouxe enormes prejuízos aos exportadores canadenses e convenceu muitos empresários e políticos que a dependência excessiva do mercado americano era arriscada demais.

Acima de tudo, os Estados Unidos seriam o pivô da criação da Confederação pelo simples fato de, nos anos 1860, eles serem vistos como uma ameaça potencial, mais forte do que nunca, à sobrevivência da América do Norte britânica. Se houve um momento em que os canadenses realmente temeram a sua absorção pelos Estados Unidos, foi na década de 1860.

Essa década foi, provavelmente, a mais sangrenta do século XIX. Além das guerras na Europa (como as da Unificação alemã e italiana), houve uma multiplicidade de conflitos na América Latina. Entre eles, podemos citar várias guerras na América andina e na bacia do Prata, entre as quais a Guerra do Paraguai (1865-1870), envolvendo Brasil, Argentina, Uruguai e Paraguai. Por fim, as potências europeias interviam como nunca no continente, como no Peru, na América Central e, acima de tudo, no México, onde os franceses instalaram Maximiliano da Áustria como imperador. Espanha, França e Reino Unido estavam extremamente ativas na América Latina naquele momento.

Nessa década, além disso, os Estados Unidos se dividiram em dois: a União e os Estados Confederados, que travaram uma guerra civil de imensa brutalidade entre 1861 e 1865, a maior guerra já ocorrida no continente americano. Ao seu final, mais de 600 mil americanos estavam mortos. O país foi reunificado, mas os efeitos de tamanha devastação atingiram todo o continente e, especialmente, o Canadá.

Os canadenses já temiam o expansionismo americano há muito tempo; 1783 e 1812 eram péssimas lembranças a esse respeito. Em 1865, o temor cresceu: os Estados Unidos tinham, então, o maior e mais poderoso exército do mundo e, caso Washington decidisse finalmente anexar as terras ao norte, não haveria como impedir. Planejadores estratégicos em Londres procuravam desenhar planos de defesa e a Coroa resolveu enviar reforços para a América. Percebia-se, contudo, que as possibilidades de se opor com sucesso ao colosso americano eram mínimas.

Havia, sim, sinais de que os Estados Unidos poderiam estar se preparando para uma ação mais ativa frente à América do Norte britânica. Durante a Guerra Civil, apesar da neutralidade inglesa, houve sérias desconfianças de que Londres dava preferência aos confederados, o que levou a vários atritos e problemas diplomáticos que quase chegaram a um confronto direto entre as duas grandes potências de língua inglesa. Grupos de rebeldes irlandeses chegaram, em 1866, a atacar cidades canadenses, a partir de bases nos EUA, para tentar obrigar os britânicos a deixarem a Irlanda. Os ataques provocaram poucos danos e não levaram a nada, mas mostraram claramente a fragilidade das defesas canadenses.

Os Estados Unidos começaram, após a Reunificação, a agir com mais vigor para impedir a ação das potências europeias na América Latina. Foi a pressão americana que fez com que os franceses, por exemplo, evacuassem o México em 1866, o que levou à execução do imperador Maximiliano da Áustria no ano seguinte. Para muitos canadenses, essa determinação americana poderia muito bem se voltar contra a grande possessão europeia que restava no continente, ou seja, contra o Canadá e as outras colônias britânicas ao norte. Além disso, havia a percepção

70 | Os canadenses

geral de que, agora que os Estados Unidos estavam reunificados e tendo abolido a escravidão, o país que emergia seria praticamente invencível, tanto em termos militares como econômicos.

A Guerra Civil Americana havia horrorizado os canadenses e a maioria nem pensava na hipótese de se juntar aos EUA, sua república e seus males. Mas, a longo prazo, a perspectiva e o desejo de se unir a esse colosso podiam muito bem aumentar, o que deixava preocupada a elite política, econômica e intelectual em Montreal, Toronto e, igualmente, em Londres.

Em 30 de março de 1867, os Estados Unidos adquiriram, por compra, a América Russa, o Alasca. Essa aquisição fez crescer nos Estados Unidos a percepção da vitalidade de sua república e a noção de que seu destino era ocupar toda a América do Norte. Dessa forma, vários jornais no país publicavam artigos que diziam que a aquisição do Alasca facilitaria a incorporação, no mínimo, da colônia de Colúmbia Britânica, "removendo os britânicos do oceano Pacífico". O secretário de Estado, William H. Seward, que adquirira o Alasca, era um dos defensores dessa hipótese e, se possível, de outras aquisições, como a da Groenlândia, da Islândia e de algumas ilhas do Caribe. Sua ideia, assim como a de muitos outros americanos, era a de que, flanqueadas por todos os lados por território americano, as colônias britânicas acabariam inevitavelmente atraídas pelos EUA, que então unificariam a América do Norte.

Essas iniciativas evidentemente acionaram alarmes no Canadá, estimulando o processo para a criação da Confederação, o qual recebeu não apenas o aval, mas um ativo encorajamento do Colonial Office, em Londres. Os britânicos, que antes haviam ignorado as sondagens canadenses pela autonomia, agora reconheciam que a América do Norte britânica havia se desenvolvido a tal ponto que poderia ser um pouco mais autônoma, até para evitar desejos de independência total. Além disso, Londres já sabia que não tinha tropas para a defesa do território canadense e a união das colônias em uma confederação significava que a defesa terrestre do país ficaria a cargo dos próprios colonos. Em 11 de novembro de 1871, poucos anos após a formação da Confederação, a última guarnição do Exército britânico deixaria o Canadá.

Por que os canadenses optaram pelo modelo de confederação? Naqueles anos, esse sistema havia sido testado tanto na Europa (Holanda e Alemanha), quanto na América do Sul, com pouco êxito na maioria das vezes. Os líderes canadenses estavam conscientes disso, mas, mesmo assim, não viram alternativa para convencer várias colônias dispersas a se unificarem sem recorrer à força bruta de uma sobre as outras.

A partir desse pano de fundo, os acontecimentos se sucederam com rapidez. Já em 1864, houve diversas conferências reunindo líderes das várias colônias para discutir os termos de uma possível união. Na primeira, em Charlottetown, líderes das três províncias atlânticas se reuniram para estudar a possibilidade de uma união entre elas. É simbólico do isolamento dessas colônias o fato de elas não terem pensado em incluir o premiê da Província do Canadá, o qual praticamente impôs sua presença. As discussões caminharam bem e, no mesmo ano, houve outra conferência em Quebec, na qual se refinaram temas como representatividade no Parlamento, tarifas, débitos internos, ferrovias e outros.

Em 1866, as discussões prosseguiram em uma terceira conferência, em Londres, e, ao lado de temas óbvios como representação e impostos, houve debates sérios sobre como o novo país deveria se chamar. Só após muita discussão se concordou em chamar o novo país de Canadá, com as duas partes da Província do Canadá – East e West Canada – sendo renomeadas Quebec e Ontário. Em 29 de março de 1867, a rainha Vitória finalmente assinava o *British North American Act* e surgia oficialmente o Domínio do Canadá (*Dominion of Canada)*, com quatro províncias: Quebec, Ontário, Nova Escócia e Nova Brunswick.

Os 36 participantes dessas três conferências são chamados de "Pais Fundadores do Canadá". A maioria deles era constituída por advogados e empresários, membros da elite política, econômica e cultural do Canadá, ainda que muitos tivessem nascido na Grã-Bretanha. Os que mais se destacaram, sendo considerados os verdadeiros arquitetos da Confederação, foram John A. McDonald (1815-1891) e George-Étienne Cartier (1814-1873). McDonald, nascido na Escócia, foi a verdadeira *alma mater* da Confederação, redigindo a maior parte dos documentos a respeito e comandando as intensas negociações que deram origem a ela. Já Cartier, um nativo do Quebec, foi fundamental para convencer seus compatriotas de que a Confederação era algo positivo. Mais tarde, ambos se envolveriam em escândalos de corrupção relacionados à construção de ferrovias, mas foram a força dominante na política canadense nos anos que se seguiram à união e à criação do novo Estado canadense.

Data dessa época a figura de Johnny Canuck, um personagem fictício que apareceu nos jornais canadenses logo após a Confederação (e que seria reinventado nos quadrinhos na época da Segunda Guerra Mundial). Ele deveria representar o canadense comum, sendo um homem simples e que vivia no campo ou nas florestas, como lenhador. Johnny Canuck foi criado para ser uma personificação da identidade nacional, como era Marianne para os franceses, John Bull para os ingleses ou Tio Sam para os americanos. Nas primeiras histórias em que aparece, estava sempre sofrendo *bullying* por parte de John Bull e de Tio Sam. Esse símbolo, contudo, não fez muito sucesso, não se tornou muito popular e hoje é apenas um dos adotados pelo time de hóquei Vancouver Canucks. Mesmo assim, é representativo de uma das autoimagens dos canadenses no momento da formação da Confederação.

Mesmo após a criação formal e jurídica da Confederação, o processo de incorporação das outras colônias a ela não foi tão simples como se imaginaria. Algumas delas, especialmente as atlânticas, estavam divididas sobre a necessidade de construir ferrovias ou ampliar o mercado interno e localizavam-se longe dos Estados Unidos o suficiente para não os temerem tanto. Só aos poucos as resistências foram sendo vencidas: em 1870, criava-se a Província de Manitoba e incorporavam-se os territórios do Noroeste, a partir das antigas terras da Hudson's Bay Company. Colúmbia Britânica só aderiu em 1870 e a Ilha de Príncipe Eduardo em 1873, enquanto as províncias de Saskatchewan e Alberta só foram criadas em 1905. Já Terra Nova acabou por rejeitar a União e preferiu continuar ligada diretamente a Londres, só aderindo ao Canadá em 1949.

O novo país ainda estava realmente em construção. Apenas um décimo da área da América do Norte britânica entrou, num primeiro momento, na nova Confederação, ainda que as quatro províncias originárias reunissem a maior parte da população e os maiores centros econômicos e políticos. A população era de cerca de 3,8 milhões de habitantes (dois quais 1 milhão de francófonos e 2,5 milhões de língua inglesa), um décimo do poderoso vizinho ao sul. As várias partes do Domínio estavam separadas por imensas distâncias e os canadenses viviam basicamente da agricultura e da exploração da madeira.

Mesmo assim, havia razões para otimismo. Diferenças internas haviam sido superadas em favor de um projeto comum, a população estava em crescimento e uma rede ferroviária já bem articulada entrava em funcionamento. Os canadenses haviam adquirido maior independência, mas continuavam sob a proteção do mais poderoso império da Terra, o Império Britânico. O copo estava meio cheio ou meio vazio, conforme se olhava.

Em 1º de julho de 1867, portanto, o Canadá nasceu como Estado, tendo como capital Ottawa, no meio do caminho entre Quebec e Ontário. O processo do nascimento não se realizou através de uma revolução ou foi reflexo de uma explosão nacionalista, mas se completou após uma série de negociações internas e com uma metrópole que não apenas o tolerou, mas o incentivou. O sistema de Domínio, aliás, agrupando várias antigas colônias de povoamento branco, seria replicado na Austrália (1901), na Nova Zelândia (1907), em Terra Nova (1907), na África do Sul (1910) e em outros locais, o que indica que ele era de fato parte de uma estratégia imperial britânica mais ampla.

O novo Domínio ainda estava ligado ao Império Britânico, os canadenses continuariam cidadãos britânicos ainda por mais 80 anos, até 1947, e o chefe de Estado continuava a ser o rei da Inglaterra. Em 1867, contudo, um novo país emergia, com suas leis próprias, sua moeda nacional (o dólar canadense, em contraposição ao dólar americano e à libra britânica) e um crescente sentimento de unidade, ainda que embrionário. A partir de então, o Canadá deixava de ser expressão geográfica, sinônimo de território de colonização francesa ou de algumas colônias britânicas ao norte dos Estados Unidos, e se tornava mais um Estado no mundo, ainda que particular, por estar vinculado à metrópole britânica.

Do mesmo modo, 1867 marca o início formal da nacionalidade canadense, mas, como veremos em detalhe posteriormente, ela ainda estava fortemente imbricada com a britânica. Ou seja, os canadenses já eram capazes de olhar para si próprios como particulares, como detentores de uma história e de interesses comuns, mas a maneira de se autoperceberem ainda era fortemente ligada ao Reino Unido, com a exceção dos de fala francesa. A construção de uma identidade nacional canadense ainda demoraria décadas e seu grande impulso viria durante as guerras mundiais. Paradoxalmente, ao entrarem em guerras e lutarem para defender o Império Britânico, os canadenses se tornariam mais conscientes da sua própria identidade.

A PRIMEIRA GUERRA MUNDIAL

Após 1867, como visto, o Canadá já era praticamente autodeterminado, gerindo seus assuntos internos de forma livre. No tocante às relações internacionais, contudo, ele ainda era uma parte integrante do Império Britânico e, como tal, a última palavra nessas questões era de Londres. O governo canadense podia negociá-las ou tentar influenciar a política imperial (como também faziam a Austrália ou a Nova Zelândia, por exemplo), mas o Canadá ainda não tinha total autonomia nessa área.

Em termos de defesa, o Canadá estava integrado no sistema militar britânico e esperava-se que os canadenses apoiassem as iniciativas militares britânicas no exterior, enviando tropas quando requeridos. Isso, contudo, raramente acontecia, pois a Grã-Bretanha não tinha como obrigar o governo canadense a fazê-lo e quase sempre havia disputas internas sobre a conveniência disso. Mesmo assim, canadenses participaram da expedição britânica no Sudão em 1884-1885 e, especialmente, da Guerra contra os Bôeres (1899-1902) na África do Sul. Nesse conflito, participaram 7 mil voluntários canadenses, dos quais quase 300 morreram.

A declaração de guerra britânica à Alemanha em 1914 significava, obviamente, que todo o seu império também estava em guerra contra os alemães. A Índia, as colônias africanas e as da América Central tinham que contribuir para o esforço de guerra do Império conforme as ordens de Londres. Os Domínios, porém, podiam escolher como e onde colaborar, levando em conta as realidades políticas e estratégicas locais. Contudo, numa demonstração de lealdade, todos os existentes naquele momento (Nova Zelândia, Terra Nova, África do Sul e Canadá) participaram sem hesitação da guerra e forneceram homens, dinheiro, equipamentos e material para a luta na Europa, na Ásia e no Oriente Médio.

O Canadá teve um papel crucial de fornecedor de matérias-primas e, especialmente, de alimentos. O trigo canadense alimentou não apenas seus soldados e civis, mas foi também fundamental para sustentar os Aliados, especialmente os britânicos. Os canadenses ainda ajudaram o Império financiando as próprias despesas de guerra e pagando a maior parte dos produtos que seguiam para as forças britânicas.

Ao mesmo tempo, a indústria canadense foi mobilizada e expandida e produziu navios, aviões e, acima de tudo, munições e explosivos, especialmente de artilharia. Boa parte das granadas de artilharia disparadas nas trincheiras europeias durante a guerra veio de fábricas canadenses. Aliás, um dos maiores desastres da história do Canadá ocorreu no porto de Halifax em 6 de dezembro de 1917, quando um navio que estava sendo carregado de munições que iriam para a Europa explodiu; quase 2 mil pessoas morreram na ocasião.

Havia necessidade, igualmente, de homens para alimentar a guerra de trincheiras na Europa. O Canadá, em princípio, não podia colaborar, pois não tinha forças armadas relevantes: as tensões com os Estados Unidos, tão fortes no início da Confederação, haviam se reduzido muito no início do século XX, o que diminuiu a necessidade de defesa.

A Marinha canadense havia surgido em 1910, para dar uma resposta à crescente pressão britânica para que o Canadá ajudasse a pagar os custos da corrida naval que o Reino Unido mantinha com a Alemanha. O governo britânico teria ficado satisfeito se o Canadá pagasse por alguns encouraçados, mas os canadenses, até para indicar autonomia, optaram por criar uma Marinha própria, com alguns cruzadores e contratorpedeiros, a serem colocados sob o comando britânico em caso de guerra. A partir de 1914, os navios canadenses serviram efetivamente dentro da Marinha Real e patrulharam o Atlântico contra os submarinos alemães, mas nunca tiveram grande poder ou importância.

Já o Exército canadense era uma força de apenas alguns poucos milhares de homens em 1914, junto com uma força miliciana de valor militar praticamente nulo. Quando da declaração de guerra, além da necessidade de manter tropas

Um cartaz de recrutamento dirigido aos franco-canadenses apela às glórias militares do Quebec e apresenta um soldado inglês irmanado com um francês, de forma a reforçar o apelo para que os descendentes dos franceses se apresentassem para a guerra e lutassem no Exército britânico.

para uso interno, decidiu-se que um corpo expedicionário seria enviado para a Europa para apoiar os britânicos: o Canadian Expeditionary Force, cuja principal formação era o Canadian Corps, com quatro divisões completas. Para alimentar essas novas forças, 620 mil homens acabaram incorporados ao Exército, dos quais 420 mil seguiram para a Europa. Cerca de 60 mil canadenses perderiam suas vidas nos campos de batalha na frente ocidental e outros 170 mil ficariam feridos. Uma participação impressionante para um país sem tradição militar e com apenas 8 milhões de habitantes em 1914.

As forças canadenses lutaram na Europa desde 1915, mas apenas no final desse ano é que elas se agruparam em um corpo de exército próprio. Como parte do Exército britânico, ele lutou em inúmeras batalhas (Ypres, Somme, Arras, Cambrai) entre 1915 e 1918. As batalhas mais memoráveis foram as dos chamados *Canada's Hundred Days*, entre agosto e novembro de 1918, quando o Corpo canadense esteve na linha de frente da grande ofensiva final dos Aliados e, acima de tudo, a de Vimy Ridge, em 1917.

Essa batalha foi um marco na História militar do Canadá. Como parte da ofensiva britânica de Arras, o corpo canadense recebeu a missão de capturar o terreno elevado conhecido como Vimy Ridge. Franceses e britânicos já haviam falhado e perdido mais de 150 mil homens na tentativa de conquistar a área e, para os canadenses, era questão de honra vencer onde outros tinham fracassado. Os preparativos e treinamentos foram meticulosos e, no dia 9 de abril de 1917, dezenas de milhares de soldados se levantaram de seus abrigos e se lançaram contra as linhas alemãs. Mais de 10 mil canadenses acabaram mortos ou feridos, mas os objetivos militares foram atingidos em apenas três dias. Uma "vitória canadense", celebrada como tal em todo o Canadá.

Os diários dos soldados canadenses indicam bem o que significou aquela batalha para pessoas de carne e osso. O soldado Elmer McKenzie, de Toronto, por exemplo, deixou anotações a respeito da sua participação na batalha: a lama por todo lado, o medo frente ao fogo alemão, o treinamento físico e com baionetas e o rum dado aos soldados para aliviar a tensão. Elmer, aos 19 anos, não bebia, não fumava nem blasfemava, algo raro que fez com que ele e seus amigos fossem batizados de *Sunday School Boys* (os garotos da escola dominical). Ao final da guerra, o rapaz voltou a Toronto, onde trabalhou como chaveiro por décadas até sua morte em 1971. Mesmo sem saber, Elmer McKenzie colaborou, com seu sacrifício, para o desenvolvimento de uma identidade canadense.

A participação do Canadá em uma guerra em terras distantes quando o território nacional não estava ameaçado e a forma como os militares canadenses se organizaram para o combate na Europa são também um bom indício do que significava "ser canadense" naquele momento. Em primeiro lugar, os canadenses ainda eram, acima de tudo, "britânicos que viviam na América". Entre os soldados, cerca de metade havia nascido no Reino Unido e ao menos uma parte substancial dos outros eram filhos e netos de imigrantes vindos das Ilhas Britânicas. Eles lutaram com uniformes e armas britânicos. E, em todos os níveis de comando, havia oficiais ingleses. As subscrições para financiar a guerra também foram bem-sucedidas, especialmente nas regiões do Canadá com maioria de habitantes de língua inglesa. Claro que houve dissensão mesmo entre os anglo-canadenses, e o sentimento de oposição e cansaço da guerra cresceu com o tempo. No entanto, em linhas gerais, os canadenses se sentiam no dever de colaborar na guerra, tanto que, até 1917, o Exército canadense conseguiu preencher as suas fileiras apenas através do voluntariado.

Especificidades canadenses já existiam, contudo. Houve todo um esforço para que os soldados canadenses lutassem em unidades próprias e para que o Corpo canadense fosse comandado por canadenses. Do mesmo modo, as forças do Canadá incluíam canadenses negros, indígenas, imigrantes do Leste Europeu e asiáticos e também oriundos da ilha de Bermuda, possessão britânica no Caribe. E, internamente no país, houve vigilância e repressão frente a algumas comunidades de estrangeiros, especialmente alemães e ucranianos oriundos do Império Austro-Húngaro.

Soldados canadenses disparam suas metralhadoras pesadas contra os alemães na Batalha de Vimy Ridge, 1917.

Library and Archives Canada, 1917

A grande especificidade canadense, claro, foi o Quebec e a população de língua francesa. Apesar de a França ser uma aliada da Inglaterra, os franco-canadenses tendiam a ver a guerra como um assunto britânico, com o qual eles não se identificavam. Muitos também não queriam servir em um exército majoritariamente protestante e de língua inglesa. Como resultado, apenas uns 30 mil homens (5% do total) se voluntariaram para as forças armadas e apenas um batalhão de franco-canadenses foi formado. Isso gerou tensões internas no país, pois os anglo-canadenses se queixavam de que os franco-canadenses não colaboravam com o país.

O problema se tornou mais sério em 1917. À medida que a guerra prosseguia, o número de baixas crescia e a disponibilidade de novos voluntários para preencher os vazios diminuiu. A resposta do governo de Ottawa foi baixar uma lei de conscrição, em agosto de 1917, obrigando os jovens em idade militar a se apresentarem. Diante dela, houve forte oposição de franco-canadenses, que culminou em choques de rua entre a polícia e os que se recusavam a servir na cidade de Quebec em 1918, resultando em muitos feridos e até alguns mortos.

A guerra terminou poucos meses depois, de forma que, ao final, poucos homens foram realmente convocados e enviados para a Europa. Esses meses, contudo, indicaram uma enorme divisão interna no Canadá. A "crise de conscrição", ou a busca desesperada por novos soldados para a guerra, afetou também outras partes do Império Britânico, como a Austrália ou a Irlanda, mas foi particularmente complexa no Canadá.

A guerra foi também um momento particular de construção da identidade canadense. Tradicionalmente, afirma-se que, ao lutarem como força unificada, os canadenses reforçaram seu orgulho nacional e que a Batalha de Vimy Ridge marcou o "surgimento da nação". Isso é provavelmente um mito, similar ao significado da Batalha de Galipoli, também na Primeira Guerra Mundial, para os australianos. Afinal, a maior parte dos soldados que lutaram no Corpo de Expedição canadense era nascida no Reino Unido e a ligação dos canadenses com a Grã-Bretanha continuou forte, como veremos a seguir, mesmo depois de 1918.

Mesmo assim, os soldados do Exército canadense que lutavam e morriam nas trincheiras tinham o Canadá em mente e suas famílias e amigos que lá viviam. Na hora de agarrar o seu fuzil e avançar contra o inimigo, defendiam a sua honra ao se mostrarem corajosos e leais aos companheiros. Temiam, claro, a punição que viria caso não lutassem, mas também defendiam ideais desenvolvidos à época, como o sentimento pátrio, imaginando-se como a linha de defesa que protegia seus amigos, suas famílias e suas cidades e campos. Essa Pátria pela qual lutavam era, cada vez mais, o Canadá e a participação em um "batismo de sangue" como

Vimy Ridge foi fundamental (assim como a exploração posterior dessa participação em livros e filmes) para a criação de um sentimento nacional. Hoje, as notas de vinte dólares canadenses recordam Vimy Ridge, trazendo no verso uma imagem do monumento construído na França para comemorar a batalha que simboliza o patriotismo que teria unido ainda mais os canadenses.

A SEGUNDA GUERRA MUNDIAL

Em 3 de setembro de 1939, o Reino Unido declarou guerra à Alemanha, mas, dessa vez, o Canadá estava ainda menos obrigado, em termos legais, a seguir a orientação de Londres, pois, desde 1931, como veremos posteriormente, ele já controlava sua política exterior. Mesmo assim, o país declarou seu apoio ao Império em uma Declaração de guerra publicada apenas uma semana depois da britânica, indicando ao mundo que, embora leal aos britânicos, era uma iniciativa soberana.

Como na guerra anterior e, provavelmente, ainda mais, a colaboração canadense foi importante para o esforço de guerra britânico e dos Aliados. O fornecimento de alimentos foi, novamente, essencial. Internamente, implantou-se o racionamento, mas os canadenses não tiveram de fato grandes restrições ou carências alimentares durante a guerra. Isso ocorreu graças tanto à intervenção do Estado, garantindo o mínimo adequado para todos, quanto ao aumento da produção. Três quartos do trigo consumido na Inglaterra durante a guerra tinham origem canadense, assim como boa parte do bacon, do queijo e dos ovos. A agricultura canadense também supriu outros Aliados, como os soviéticos. O Canadá foi ainda um grande fornecedor de matérias-primas aos Aliados, como madeira, níquel, alumínio e outros minerais. No caso do níquel, especialmente, a colaboração canadense foi simplesmente indispensável, pois 90% desse mineral vinha das minas canadenses.

A mobilização industrial dos canadenses foi muito maior do que na guerra anterior. A base industrial canadense havia se sofisticado depois de 1918 e era capaz agora de fornecer produtos mais elaborados, especialmente automobilísticos. Ao mesmo tempo, a demanda britânica pelos modernos meios de fazer a guerra era tamanha que todos os setores industriais canadenses tiveram que se adaptar para atendê-la. Assim, durante a guerra, mais de 10% da população canadense esteve empregada em indústrias que produziam material militar, enquanto outros 20% trabalhavam em outros serviços essenciais, como agricultura e transporte. O governo coordenou e organizou a produção, aproveitando a capacidade ociosa dos anos anteriores, de depressão econômica, e investindo em novas plantas. Houve também uma rápida conversão da indústria civil para fins militares. Em 1945, o

80 | Os canadenses

Canadá era a quarta maior potência industrial entre os Aliados, superado apenas pelos Estados Unidos, pela União Soviética e pelo Reino Unido.

O Canadá empenhou-se na produção maciça de munição, explosivos e outros suprimentos. A indústria canadense também produziu 16.000 aviões, centenas de navios para uso civil e militar e quase dois milhões de armas individuais. O grosso da produção, contudo, foi destinado às forças terrestres: dezenas de milhares de tanques e canhões de projeto britânico foram montados no Canadá. O país produziu, além disso, centenas de milhares de caminhões e outros veículos de transporte, sendo o principal fornecedor desse item para as forças do Império Britânico e o segundo maior produtor durante a guerra, atrás apenas dos Estados Unidos. Parte substancial do equipamento com que os exércitos britânicos lutaram na Europa, na África e no Oriente foi, portanto, produzido no Canadá.

Para financiar isso, o governo canadense recorreu a empréstimos, aumentos de impostos e subscrições populares. O dinheiro bancou não apenas a expansão industrial e o esforço militar canadense, como colaborou na substancial ajuda canadense às Ilhas Britânicas. Através de empréstimos e mesmo doações em dinheiro para a compra de produtos, o Canadá foi essencial para manter a solvência financeira do Reino Unido durante a guerra e, ao mesmo tempo, as contínuas compras britânicas mantiveram a prosperidade econômica do Canadá no mesmo período. O último desses empréstimos seria quitado pelo governo britânico apenas em 2006.

Uma guerra não se ganha, contudo, apenas com material e dinheiro, mas demanda homens. Protegidos pela Marinha Real e pela presença do seu poderoso vizinho do sul e ainda traumatizados pela guerra de 1914-1918 e pelos problemas que o recrutamento havia causado no país em 1917-1918, os canadenses não haviam se preocupado em ampliar a defesa no período entre as duas guerras. Em 1939, apenas 10 mil homens compunham as forças armadas do Canadá. Em caso de guerra, a ideia era que eles defenderiam o território nacional e que, no máximo, algumas unidades aéreas e uns poucos batalhões do Exército seguiriam para a Europa. Isso parecia cumprir as obrigações para com o Império e aplacava as forças internas que, especialmente no Quebec, não queriam envolvimento numa nova "guerra britânica".

Quando essa perspectiva se revelou irrealista frente às vitórias alemãs na Europa, os canadenses novamente tiveram que se mobilizar para a guerra. Cerca de 10% da população se incorporou às forças armadas, totalizando mais de 1 milhão de homens. Terra Nova, que havia retornado ao controle direto de Londres em 1934, também colaborou com alguns milhares de homens, incorporados diretamente nos regimentos britânicos. Em 1945, o Canadá já era uma potência militar, com uma das maiores forças armadas entre os Aliados, incluindo a terceira mais poderosa Marinha do mundo.

Em 1940, foi estabelecido o recrutamento obrigatório para alimentar essas forças com o material humano necessário. Para evitar os problemas de 1917, a lei indicava que os voluntários seriam enviados para ação na Europa, enquanto os recrutas não deixariam o território nacional. A esmagadora maioria dos que resolveram permanecer na América – chamados, de forma pejorativa, *Zombies,* já que eram soldados que decidiam não lutar fora de casa – vinha do chamado "Canadá francês". Isso levou, novamente, a críticas de que os franco-canadenses não cumpriam seus deveres, mas, ao mesmo tempo, evitou uma crise política interna como a da guerra anterior.

As forças navais canadenses protegeram os comboios de navios mercantes no Atlântico e atuaram no Pacífico, enquanto as aéreas treinaram pilotos para todo o Império em território canadense e participaram dos ataques aéreos contra a Alemanha. A principal colaboração canadense, contudo, foi terrestre. Já em 1941, dois batalhões canadenses foram enviados para defender Hong Kong dos japoneses junto com outras forças britânicas, mas foram rapidamente derrotados e capturados, passando quatro anos de privações e sofrimentos nos campos de prisioneiros japoneses.

Os canadenses se destacaram no teatro europeu da guerra, tanto no Mediterrâneo como na Europa Ocidental. Um corpo do Exército canadense permaneceu no Reino Unido enquanto havia riscos de invasão alemã e depois foi utilizado na Campanha da Itália entre 1942 e 1944. Os canadenses lutaram na Sicília, perto de Roma e, especialmente, na parte oriental da península itálica, como na Batalha de Ortona. Até hoje, quem visita a região de Abbruzzo ouve menções sobre a passagem dos canadenses por ali tantos anos atrás.

Em 1944, os canadenses participaram do Desembarque na Normandia, na praia Juno, e suas forças foram fundamentais no avanço pela França, Holanda e o norte da Alemanha. Naquele ano, o corpo canadense em luta na Itália havia sido transferido para a França e foi formado um Exército canadense completo. Ele estava integrado no 21º Grupo de Exércitos britânico, mas incorporava também forças de outros Aliados, como holandesas, polonesas, belgas e também britânicas e neozelandesas, o que elevava os seus efetivos a quase meio milhão de homens, o maior exército já comandado por um oficial canadense, no caso o general Harry Crerar (1888-1965).

Os canadenses foram de fato essenciais para expulsar os alemães da Holanda, e seus soldados são recordados naquele país não apenas como "os libertadores", mas também como aqueles que trouxeram alimentos, combustível e apoio aos holandeses. A família real holandesa havia se refugiado em Ottawa quando da ocupação alemã. Tudo isso levou a uma ligação especial entre os dois países, tanto que, até hoje, todos os anos, o governo holandês envia milhares de tulipas para serem plantadas em Ottawa, como forma de recordar a generosidade dos canadenses para com a Holanda no tempo da guerra.

Juno, uma das cinco praias da Operação Overlord, na Normandia, foi atribuída aos canadenses. Mesmo sem terem atingido todos os objetivos previstos, os soldados canadenses superaram as defesas alemãs e conseguiram avançar mais do que os britânicos e americanos nas outras praias.

Outra memória relevante da participação canadense na guerra está ligada ao ataque à cidade francesa de Dieppe em agosto de 1942. Projetado para testar as defesas alemãs e as capacidades de desembarque anfíbio dos Aliados, o ataque foi conduzido essencialmente por canadenses. Terminou em desastre, com dois terços dos 5 mil homens desembarcados sendo mortos, feridos ou capturados. Lições desse episódio foram aprendidas para o futuro Desembarque na Normandia, mas os canadenses pagaram um preço alto por elas. De qualquer forma, a Batalha de Dieppe, como a de Vimy Ridge, também se tornaria um símbolo de uma identidade nacional específica que se consolidava, pois seria recordada como uma "batalha canadense".

A comparação entre a participação canadense nas duas guerras mundiais demonstra com clareza como muitas coisas permaneceram as mesmas, enquanto outras se modificaram, indicando um padrão de crescente distanciamento do Canadá com relação ao Império Britânico e a uma "identidade britânica". A entrada canadense na guerra em 1939, por exemplo, foi muito menos automática do que em 1914. Na Segunda Guerra, as forças canadenses lutaram novamente ao lado e sob o comando dos britânicos, mas de forma muito mais independente que na guerra anterior. Basta recordar, a propósito, que, apesar de existir uma Marinha canadense desde 1910, ela só se tornou uma força autônoma na Segunda Guerra Mundial. A Royal Canadian Air Force, por sua vez, apesar de lutar lado a lado e sob o comando da Royal Air Force, agora, no segundo conflito mundial, tinha os próprios regimentos e unidades.

Outro dado interessante é que, novamente, os anglo-canadenses se mostraram muito mais dispostos a lutar na Europa do que os franco-canadenses, mas, agora, não eram os imigrantes britânicos a maioria dos que se apresentavam como voluntários, como em 1914, mas, sim, seus filhos ou netos, os quais eram orgulhosos canadenses ao mesmo tempo que se sentiam ligados à terra de origem dos antepassados. O caso de Jimmy Doohan (1920-2005) – ator que ficaria conhecido por representar o personagem Scotty, de *Star Trek* – é um exemplo dessa nova realidade. Nascido em Vancouver de pais oriundos da Irlanda do Norte, ele se alistou nas forças canadenses em 1940 e participou do Desembarque na Normandia. Nas suas memórias, Jimmy registrou como, para ele, havia sido "natural" alistar-se para defender o Canadá e o Reino Unido e, como aproveitou seu período estacionado nas Ilhas Britânicas para visitar os familiares ali residentes. Um orgulhoso canadense, mas com uma certa identidade britânica ainda muito presente.

Ao mesmo tempo, refletindo a crescente diversidade étnica do Canadá, canadenses de origem alemã, italiana, judaica, asiática e da Europa Oriental também se incorporaram às forças armadas. Tony Basciano (1921-2008), por exemplo, era um imigrante italiano nascido em Rocca San Giovanni, Itália, em 1921. Sua família emigrou para o Canadá quando ele era ainda um bebê e, em 1940, ele se voluntariou para o Exército canadense, mesmo tendo um meio-irmão no Exército italiano. Tony lutou na Itália e estava em um dos primeiros tanques canadenses a entrar em Amsterdã ao final da guerra.

Temos aqui a história de dois soldados, duas experiências que indicam um "novo Canadá" em formação, com habitantes que se sentiam ligados à terra de origem de seus pais, mas se consideravam, sobretudo, canadenses, ou seja, identificados com a terra de acolhida, a pátria pela qual lutaram nos campos de batalha.

Além disso, foi durante a Segunda Guerra Mundial que o Canadá se aproximou de vez do guarda-chuva estratégico dos Estados Unidos, além de se integrar cada vez mais à economia americana. Claro que o Canadá, há muito tempo, mantinha contatos comerciais com seu vizinho do sul, e as empresas americanas tinham centenas de filiais ao norte da fronteira. O protecionismo, contudo, entre idas e vindas da política econômica, foi marcante nos dois países por todo o final do século XIX e início do XX, fazendo com que as duas economias estivessem mais separadas do que a geografia sugeriria. A guerra mudou isso, pois os canadenses precisavam dos produtos industriais e dos dólares americanos para seu esforço de guerra, assim como os EUA demandavam quantidades imensas de minerais e produtos agrícolas canadenses. O próprio colapso financeiro e econômico do Reino Unido ajudaria a aproximar o Canadá, cada vez mais, do sistema econômico e monetário americano.

Em termos estratégicos, há muito o Império Britânico tinha renunciado a qualquer possibilidade de resistir a uma possível invasão americana no Canadá, entretanto, as chances de isso ocorrer diminuíram à medida que o século XX prosseguia. O Canadá, então, passou a se sentir protegido na América do Norte, tanto pela Marinha Real como pelo seu poderoso vizinho. Era evidente que Washington jamais permitiria uma invasão do Canadá por uma potência de fora do continente. Assim, durante a Segunda Guerra Mundial, a cooperação entre os dois países só cresceu e ambos acabaram reforçando seus laços também no campo militar.

Em resumo, podemos considerar que 1867 representou o nascimento oficial do Canadá e que 1914 e 1939 foram os momentos em que os canadenses, embora tivessem reafirmado a sua lealdade enquanto "britânicos", reforçaram de modo crescente suas especificidades nacionais. Os anos de 1947, quando foi criada uma cidadania canadense, e de 1949, quando a Terra Nova se incorporou ao Canadá, indicaram, por sua vez, que o Estado canadense adquiria plena autonomia política diante da antiga Metrópole. Nesses anos, a identidade nacional canadense também adquiriria uma nova força, embora, como veremos nos capítulos seguintes, com contornos ainda nuançados.

A ECONOMIA CANADENSE

Não há como entender um povo, uma cultura e o dia a dia de uma população sem compreender a maneira como se dá a vida material, ou seja, a produção, a circulação e o consumo dos bens necessários à vida. Pessoas que vivem em um país pobre e agrário não podem ter a mesma perspectiva do mundo e o mesmo cotidiano de outras que nasceram em uma sociedade industrial e urbana. Entender como o Canadá deixou de ser uma terra de caçadores e agricultores e passou a ser uma das maiores economias do mundo é fundamental para a compreensão de quem é e como vive aquele povo.

RECURSOS NATURAIS E AGRICULTURA

Nas décadas seguintes à formação da Confederação (1867), o Canadá continuou a ter a sua vida econômica focada na agricultura e na exploração dos recursos naturais. Depois dos ciclos da pesca e das peles, já abordados em capítulos anteriores, a atividade predominante passou a ser a exploração da madeira. Já no início do século XIX, era grande a demanda por madeira para a construção naval e para as ferrovias na Inglaterra. Com o passar do tempo, madeira já processada e subprodutos de papel se tornaram mais importantes no comércio canadense com a Europa.

A exportação de madeira e derivados continuou a ligar o Canadá aos portos ingleses e influenciou o próprio povoamento do país. A madeira, especialmente a dos pinheiros, que saía do Canadá, ocupava bastante espaço nos navios, os quais voltavam vazios da Europa. Para aproveitar esses espaços e ter algum ganho extra, eles vendiam passagens por preços baixos para quem desejasse deixar as Ilhas Britânicas para viver e trabalhar no Canadá. A atividade madeireira estimulou, assim, a imigração e, ao mesmo tempo, deu emprego direto ou indireto a muitos dos que desembarcavam.

Na verdade, os povos indígenas e os europeus historicamente sempre foram lenhadores, pois cortar árvores, para abrir terreno para a agricultura ou para utilizar a madeira para construção e aquecimento, era uma atividade habitual. Foi a partir

86 | Os canadenses

do início do século XIX, contudo, justamente por causa do desenvolvimento da atividade madeireira, que surgiu a figura do lenhador profissional. Em meados desse século, metade dos homens no Canadá eram lenhadores em período integral ou ao menos em parte do ano.

Não espanta, dessa forma, que a figura do lenhador seja fundamental no folclore e no imaginário dos canadenses: homens fortes, capazes das maiores proezas com o machado, sobrevivendo ao frio e ao trabalho duro nos acampamentos isolados. A partir da história de pessoas reais – como Joseph Montferrand (1802-1864), um lenhador franco-canadense famoso por sua força e habilidade no corte das árvores e em lutas de bar –, criou-se toda uma mitologia a respeito dos lenhadores, que permanece viva em livros, na música e na TV. Como exemplo, basta recordar a figura de Paul Bunyan, o lendário lenhador capaz dos maiores feitos com o machado, que andava sempre acompanhado de um boi azul e que tinha, como cenário das suas histórias, justamente as florestas da América do Norte e, particularmente, do Canadá. Até hoje, suas proezas são mencionadas em livros, filmes e desenhos animados, e estátuas que o representam estão presentes em várias cidades da América do Norte.

A realidade era um tanto diferente. Os lenhadores viviam em acampamentos isolados e trabalhavam longas horas por dia cortando as árvores e preparando os troncos, os quais eram enviados pelos rios até os pontos de coleta. Como muitos deles também eram agricultores, era habitual que esse trabalho acontecesse no inverno, quando as atividades agrícolas se interrompiam. O trabalho de lenhador era tão extenuante que, para recuperarem as forças, eles consumiam ao redor de 8 mil calorias por dia, ingerindo quantidades imensas de carne, pão, batatas, embutidos, doces e outros alimentos. Não espanta que, no inglês canadense, se use o termo "comida de lenhador" como equivalente ao termo brasileiro "prato de estivador". Os acidentes e os problemas físicos derivados desse trabalho também eram muito comuns. O próprio Joseph Montferrand terminou a vida com fortes dores nas costas causadas pelo desgaste físico advindo da sua vida de trabalho nas florestas.

De qualquer forma, o comércio da madeira modificou a economia canadense em outros aspectos. Como os centros de produção e processamento de madeira tinham que ser abastecidos com comida e outros produtos, o mercado interno cresceu, estimulando também a expansão das cidades. Canais ligando os Grandes Lagos e o rio São Lourenço foram construídos com o objetivo de facilitar o transporte das toras, já na primeira metade do século XIX, expandindo também as possibilidades para trocas de outros produtos. Esse comércio, por sua vez, foi fundamental para impulsionar a construção da rede ferroviária.

Nessa época, o Canadá permanecia em uma posição subordinada dentro do sistema imperial britânico. É verdade que a metrópole não impedia o desenvolvimento da indústria canadense (como fazia, por exemplo, na Índia) e que o mesmo capitalismo que se desenvolvia na Inglaterra e nos Estados Unidos também se espalhasse pelo Canadá. Mesmo assim, por uma questão de conveniência e preço, quase todo o aço necessário para a construção da rede ferroviária era, no início, importado do Reino Unido e a produção canadense ainda era muito pequena. Indústrias e fábricas de implementos agrícolas, têxteis e outras se desenvolveram já nos anos 1850, mas o Canadá era, para usar termos modernos, um país que vivia da exportação de *commodities*, entre as quais se destacava, cada vez mais, o trigo.

A essência da economia canadense naqueles anos: exportadora e focada na produção de produtos primários. Era um sistema que garantia lucros para os exportadores e os comerciantes, mas que gerava, como visto em capítulos anteriores, grandes debates no país. Setores da elite canadense observavam o desenvolvimento da indústria no Reino Unido e nos Estados Unidos, entendiam que ali estava o futuro e pensavam em como adaptar o Canadá a esse futuro. Essa questão gerou debates no país, desembocando em uma nova política econômica a partir de 1879, a chamada *National Policy*.

PROTECIONISMO E FERROVIAS

Para compreender os novos caminhos econômicos trilhados pelos canadenses a partir do final do século XIX, é preciso entender o que ocorria na economia mundial como um todo naquela época. A industrialização havia convertido a Inglaterra na "oficina do mundo" e no país mais poderoso da Terra. A grande pergunta, para todos os outros povos, era se deviam seguir o exemplo inglês e, no caso de desejarem se industrializar, como fazê-lo. Assim, naquele momento, o grande debate mundial, em termos de teoria econômica, girava em torno dos dois autores que mais refletiram sobre o assunto: Adam Smith (1723-1790) e Friedrich List (1789-1846).

Resumindo uma discussão muito intensa, Adam Smith acreditava que o Estado devia intervir o mínimo possível na economia e que a posição de cada nação na economia internacional seria estabelecida pela livre concorrência. Cada país, dessa forma, se especializaria no que era mais capaz de desenvolver e o livre-comércio garantiria que os benefícios dessa especialização atingissem a todos. O Reino Unido era o grande paladino dessa concepção, sua base de pensamento em todo o século XIX, a qual também foi seguida por países satisfeitos com sua posição no mercado global, como o Brasil ou a Argentina. O Sul dos Estados Unidos também compartilhava essa perspectiva (até a guerra com os estados do Norte na década de 1860).

Já Friedrich List afirmava que a posição de cada economia no sistema global nunca seria equivalente, equilibrada, e que os países produtores de manufaturados sempre estariam numa posição melhor do que os que se especializassem em exportar matérias-primas e produtos agrícolas. Segundo esse pensador, o livre-comércio condenaria os países ainda não industrializados a permanecer no mesmo lugar, pois seria impossível enfrentar a concorrência com os já estabelecidos. List propunha então um maciço investimento estatal e medidas protecionistas de forma a garantir a industrialização e o desenvolvimento nacionais. Suas ideias foram seguidas pela Alemanha, pelos Estados Unidos, pelo Japão e pela Itália, entre outros países.

No caso canadense, a disputa ao redor da criação da Confederação, em 1867, teve como referências justamente essas duas concepções. Os seus defensores acreditavam que uma entidade de colônias finalmente unidas – a Confederação – seria capaz de, através de maiores impostos e da união de esforços, canalizar recursos para obras de infraestrutura e apoiar a industrialização. Além disso, preconizava-se a adoção de tarifas alfandegárias altas para produtos industriais importados, de forma que eles ficassem tão caros que os produtores locais seriam beneficiados. Já os seus opositores preferiam seguir o modelo do livre-comércio e baixos impostos e defendiam que, se houvesse industrialização, ela deveria acontecer por "métodos naturais", como teria acontecido no Reino Unido.

A primeira perspectiva venceu; logo depois da formação da Confederação, em 1879, foram adotadas várias medidas protecionistas. Por lei, em vigor, ainda que com emendas e alterações, até a Segunda Guerra Mundial, grandes tarifas passaram a ser aplicadas às importações de produtos industriais, mas não de matérias-primas, o que protegia e estimulava a indústria nacional. Empresas britânicas ou americanas que queriam vender seus produtos no Canadá tinham que abrir subsidiárias locais. Ao mesmo tempo, se investia na construção de ferrovias e na colonização agrícola do oeste com imigrantes vindos da Europa, para ampliar espaços econômicos e o mercado interno. A ideia em vigor era a de que uma indústria própria faria com que o Canadá fosse menos dependente da economia dos Estados Unidos, o fortaleceria como nação e até mesmo militarmente. Assim, essa legislação foi crucial para a entrada do país no mundo moderno, em termos econômicos. A partir dela, ferrovias, imigração/colonização agrícola e tarifas protecionistas (para produtos industriais, mas com livre circulação de capitais e pessoas) passaram a ser o tripé de uma política que marcaria a economia do Canadá por décadas.

A modernidade, em termos econômicos, se resumia, na segunda metade do século XIX, a uma palavra-chave: ferrovias. Para a sua construção, havia uma imensa demanda de capital, mão de obra e, especialmente, produtos siderúrgicos e metalúrgicos, como trilhos, locomotivas, vagões etc. Isso, por si só, já exigia a

A economia canadense | 89

Cartum de 1880 que mostrava o enorme poder de atração dos Estados Unidos e que a incorporação canadense ao vizinho do sul era apenas uma questão de tempo. A *National Policy* era, para o autor da imagem, o único impedimento a que isso acontecesse.

construção de uma base produtiva de siderúrgicas, fábricas e oficinas, além do aumento na exploração de carvão, ferro e outras matérias-primas. Depois de construída, por sua vez, a ferrovia permitia que as trocas entre cidades e regiões se tornassem muito mais baratas e convenientes. O aumento da produtividade crescia exponencialmente e isso demandava mais mercados e matérias-primas, ampliando, por sua vez, a necessidade de novos ramais e trechos ferroviários.

A ferrovia também tinha, obviamente, funções militares e estratégicas de unir as várias partes de um país e mobilizar e concentrar tropas mais facilmente. Não surpreende que todas as grandes guerras do final do século XIX e no XX tenham sido travadas ao redor das redes ferroviárias, como a Guerra Civil Americana (1861-1865), a Franco-Prussiana (1870-1871) ou a Primeira Guerra Mundial (1914-1918). A ferrovia transiberiana russa também foi criada e concebida com esses fins complementares, ou seja, deslocamento de tropas, integração territorial e desenvolvimento econômico.

90 | Os canadenses

Outras indústrias, como a naval, também tinham a função de servir como instrumento de defesa e também de estímulo para a economia, mas a ferroviária era a mais desejada na época. Assim, todos os países que tentaram se desenvolver no século XIX – desde os Estados Unidos até a Alemanha, passando pela Itália, França e Bélgica – investiram e estimularam a sua rede ferroviária, preferencialmente com reserva de mercado interna, para que as indústrias nacionais progredissem.

No mundo colonial, contudo, a situação era diferente. As potências europeias construíram ferrovias em suas colônias, mas seu objetivo não era o desenvolvimento interno, e sim conectar as minas e as áreas de produção agrícola com os portos para facilitar as exportações. O material para a construção e a mão de obra especializada vinham da Europa, então, obviamente não havia desenvolvimento industrial local significativo. Isso aconteceu, por exemplo, na África ou na Índia, mas também no Brasil, onde o grosso das ferrovias foi construído em São Paulo pelos ingleses e essencialmente para escoar a produção cafeeira. Os trilhos, as locomotivas, boa parte do material de construção e até o *design* para as estações eram trazidos da Europa, como ainda hoje se pode ver nas cidades de Campinas e São Paulo.

No caso canadense, a primeira foi inaugurada em 1836, por iniciativa de comerciantes de Montreal, mas foi o *Railway Guarantee Act of 1849* que fez com que a rede se expandisse. Essa lei garantia subsídios do Estado e lucros mínimos para as empresas privadas canadenses que construíam as ferrovias, o que as levou a ampliar sua oferta, mas também criou grandes dívidas a serem pagas pelas províncias e pelo governo central.

A grande companhia ferroviária dessa época – Grand Trunk Railway Company of Canada, fundada em 1852 – acabou por unir boa parte do Canadá e da Nova Inglaterra, de leste a oeste, por mais de dois mil quilômetros. Em 1867, era a mais extensa linha ferroviária do mundo, à qual se uniriam outras.

Contudo, a rede só se expandiu realmente e se consolidou a partir da *National Policy*, que incentivou a construção de grandes ferrovias transcontinentais, fundamentais para que um país tão extenso pudesse funcionar como um conjunto: as mercadorias e as pessoas poderiam então circular do Atlântico ao Pacífico. A Canadian Pacific Railway foi completada em 1885, a Canadian Northern Railway em 1912 e a Grand Trunk Pacific Railway em 1917. Em 1914, havia 15 mil quilômetros de ferrovias no Canadá, uma malha pouco densa perto do tamanho do território do país, mas capaz de impulsionar o crescimento econômico canadense. Mesmo hoje, ela continua importante: com seus 77 mil quilômetros de extensão, é a quarta do mundo e o dobro da brasileira.

A economia canadense | 91

Turistas posam em frente a um vagão da Canadian Pacific Railway, início do século XX. Quando da sua inauguração, em 1885, foi a primeira ferrovia a unir o Canadá do Atlântico ao Pacífico.

O crescimento da malha ferroviária foi bancado pela iniciativa privada canadense, mas com a injeção de imensos recursos públicos. Para fazê-las chegar às pradarias, por exemplo, foi adotado um sistema de financiamento em que áreas públicas eram doadas às companhias, estas construíam a rede e depois vendiam as terras próximas aos trilhos para colonos, os quais, por sua vez, só conseguiam que suas propriedades fossem economicamente viáveis graças à presença das linhas férreas. Sem apoio estatal, essas companhias dificilmente teriam conseguido bancar o empreendimento.

Charles Melville Hays (1856-1912) é um símbolo desse momento efervescente da história canadense. Americano de Rock Island, Illinois, Hays trabalhou por muitos anos no sistema ferroviário dos Estados Unidos até entrar, em 1896, para a equipe da Grand Trunk Railway, da qual ele assumiu a vice-presidência em 1902 e a presidência em 1909. Ele viu na expansão da fronteira agrícola canadense para as pradarias uma grande oportunidade de negócios e convenceu a companhia a construir uma grande ferrovia transcontinental de quase 6 mil quilômetros, de Nova Brunswick até a Colúmbia Britânica. O projeto só pôde ir em frente, contudo, graças ao apoio financeiro de investidores britânicos e do governo do primeiro-ministro canadense Wilfrid Laurier. A construção, no entanto, acabou se revelando mais cara do que o previsto inicialmente e muito menos lucrativa, até porque a competição entre as empresas havia levado à criação de três ferrovias transcontinentais concorrentes nas pradarias canadenses, o que era excessivo. Desesperado para conseguir novos fundos, Hays viajou para Londres e estava numa cabine no Titanic, viajando de volta para a América do Norte, quando o navio naufragou em 1912. Sua morte adiou até 1917 a inauguração da ferrovia por ele sonhada. Contudo, nessa época, o sistema como um todo já estava tendo sérios problemas: havia empresas e linhas ferroviárias demais competindo pelo mercado e novos sistemas de transporte, como os caminhões, estavam atraindo os clientes.

Em 1919, para resolver isso, o governo canadense estatizou e reuniu a maioria das companhias ferroviárias na Canadian National Railway, que ainda hoje é a maior companhia ferroviária canadense. Esse movimento de consolidar e estatizar as companhias privadas em dificuldades foi, aliás, muito comum no século XX, como indicam os exemplos das Ferrovie dello Stato na Itália (1905), da Société Nationale des Chemins de Fer Français na França (1938), da British Railways no Reino Unido (1948), da Rede Ferroviária Federal no Brasil (1957) e até mesmo da Amtrak nos Estados Unidos (1971).

A relativa precocidade canadense em estatizar e revigorar sua rede ferroviária se deve à percepção de que o modelo da *New Policy* ia se esgotando à medida que as terras iam sendo ocupadas, a imigração caía e os lucros das companhias – em boa parte oriundos da venda das terras e do transporte dos imigrantes – desabavam. De qualquer modo, no caso canadense, as ferrovias cumpriram o seu papel ajudando a lançar as bases para uma economia industrial.

MODERNIZAÇÃO INDUSTRIAL

Na virada entre os séculos XIX e XX, as ferrovias e os têxteis começavam a perder importância econômica, e o foco industrial se dirigia agora para a eletricidade, o automóvel e a produção em série, massificada. Novamente, graças ao protecionismo, esses setores industriais começaram a se desenvolver no Canadá. O processamento de carne e madeira, a mineração e os estaleiros também foram modernizados, com a introdução de máquinas para facilitar o trabalho. Para dar conta da nova demanda, foram construídas redes elétricas, refinarias de petróleo e desenvolveram-se as indústrias química e elétrica. O sistema bancário passou a canalizar as economias nacionais para o financiamento industrial. Entre 1896 e 1914, o Canadá teve um dos maiores índices de crescimento econômico do mundo, tanto no setor agrícola como, especialmente, no industrial. O país também foi o primeiro dos Domínios a se industrializar, muito à frente da Austrália ou da Nova Zelândia.

Isso significa que os canadenses já viviam em um país considerado, para o padrão da época, dos mais ricos do mundo. A aposta na industrialização que seus líderes tinham feito nos anos anteriores tinha compensado: em 1913, o PIB *per capita* do Canadá (ou seja, a riqueza total do país dividida pelo número de habitantes) se aproximava dos índices britânicos e americanos e era cinco vezes maior do que o brasileiro.

Em 1904, o primeiro-ministro canadense Wilfrid Laurier chegou a prever com otimismo que "o século XX seria canadense", assim como "o XIX tinha sido americano". Isso era claramente um exagero, pois comparativamente a base do crescimento era pequena e, em 1913, o PIB canadense era um vigésimo do americano e menos de um sétimo do britânico, sendo equivalente ao da Bélgica e pouco maior do que o da Argentina de então.

Além disso, boa parte desse crescimento da economia canadense ainda vinha da exploração de recursos naturais e da agricultura, especialmente do trigo, cultivado em larga escala nas pradarias, ou da produção de insumos usados nessa agricultura. Na passagem do século XIX para o XX, a produção do trigo cresceu exponencialmente e o Canadá logo se tornou um dos maiores exportadores mundiais de trigo de alta qualidade, especialmente, como era de se esperar, para a Grã-Bretanha. O trigo canadense, particularmente, alimentava a população do Reino Unido e de parte da Europa. O imenso sucesso da agricultura nas pradarias canadenses refletia também a plena integração do Canadá no mercado global. A evolução tecnológica (por exemplo, os arados de aço) permitiu a colonização de terras antes impróprias para a agricultura, e os navios a vapor mais modernos barateavam o transporte de volumes imensos de produtos agropecuários. Além disso, a crescente urbanização no Hemisfério Norte nessa época criava um mercado imenso para produtos agrícolas, aumentando a demanda. Os principais fornecedores agrícolas para as potências europeias eram, naquele momento, a Europa Oriental, os pampas argentinos, o sul do Brasil, a Austrália, os Estados Unidos e o Canadá.

A produção e a exportação de produtos agrícolas ou minerais não são algo, em si, problemático a não ser que a economia de um país se concentre *apenas* nesse tipo de atividade, como fez o Brasil com o café, o Chile com os nitratos e a Argentina com a carne. No caso canadense, o foco na agricultura era equilibrado pelo investimento na industrialização, o que ajudou a desenvolver a economia de modo diversificado.

É fato que o Canadá não teria se desenvolvido industrialmente sem maciços investimentos britânicos e americanos. Na virada do século XX, suas fábricas

94 | Os canadenses

estavam dirigidas ao mercado interno, com algumas exceções, ao passo que, nos EUA, a industrialização já estava mais avançada. Basta recordar, a propósito, o setor automobilístico: em 1913, dos 600 mil veículos produzidos no mundo, 485 mil vieram de fábricas americanas, e os poucos produzidos no Canadá vinham de filiais da Ford, da General Motors e de outras companhias estadunidenses que ali se instalaram. Portanto, pode-se dizer que o Canadá entrava sim na era industrial, mas ainda sem grande destaque, quadro que se alteraria apenas com o advento das duas guerras mundiais.

AS GUERRAS MUNDIAIS E O IMPULSO ECONÔMICO

A participação canadense na Primeira Guerra Mundial, entre 1914 e 1918, gerou um *boom* econômico no país. Como detalhado anteriormente, o território canadense não chegou a ser atingido pelos combates e o país se tornou um dos principais produtores de armas e munições para o Império Britânico, além de fornecer grandes quantidades de alimentos para as forças aliadas. O estímulo econômico provocado pela guerra zerou o desemprego e trouxe prosperidade aos canadenses.

Contudo, quando a guerra acabou, a demanda pelos produtos canadenses caiu. Além disso, houve necessidade de pagar o endividamento público contraído para sustentar o esforço de guerra. Tal situação levou a um período duro de ajuste econômico, mas logo, contudo, o Canadá se adaptou e os anos 1920 foram de relativo crescimento, com o país se tornando cada vez mais industrial e urbano. Novos setores econômicos, como a indústria automobilística, cresceram e, em 1921, pela primeira vez na história, a parcela da população canadense que vivia nas cidades superou a rural. No Brasil, em comparação, isso só seria atingido 50 anos depois. Surgiu, então, uma combativa classe operária em várias cidades em rápido crescimento, como Hamilton e Calgary. Montreal (500 mil habitantes) e Toronto (380 mil moradores) se tornaram metrópoles, para o padrão da época.

Essa fase positiva seria interrompida pela Crise de 1929, que afetou o mundo ocidental como um todo. Os canadenses particularmente sofreram muito com ela: em 1930, um terço da população do país estava desempregada e um quinto dependia de ajuda estatal para viver. Nas pradarias, esse número chegava a dois terços. A produção industrial e agrícola canadense se contraiu e os salários e os preços desabaram.

Depois dos Estados Unidos, o Canadá foi o país mais atingido pela crise mundial. Em parte porque seu principal parceiro econômico, os Estados Unidos, eram o epicentro dessa crise. O Canadá, além disso, era um grande exportador de alimentos e matérias-primas, cujos preços caíram pela metade. Houve também

Fila para conseguir comida na Yonge Street, em Toronto, nos anos 1930. Na ausência do Estado, boa parte da assistência aos desempregados vinha das missões religiosas, como a da foto.

grande redução da demanda global, na medida em que vários países, incluindo os Estados Unidos, tentavam cuidar dos seus próprios fazendeiros e industriais com tarifas e medidas protecionistas. Para piorar, as pradarias canadenses foram afetadas pelo mesmo fenômeno climático – o *Dust Bowl*, caracterizado pela erosão da terra, seca e nuvens de poeira, com origem na superexploração ecológica – que atingiu na época as grandes planícies dos EUA. Produtos que haviam trazido prosperidade aos canadenses nos anos anteriores agora os faziam mais vulneráveis.

A resposta do governo canadense à crise foi muito próxima da do americano, assim como os resultados obtidos. Num primeiro momento, as lideranças acreditaram que a crise passaria e, numa perspectiva liberal, que ela se resolveria por si só. Quando ficou claro que isso não aconteceria, os conservadores foram derrotados nas eleições e o novo governo, de Mackenzie King, aumentou a atuação do Estado na economia: ampliou o auxílio estatal para os desempregados e os sem recursos, procurou expandir o comércio internacional dentro do Império Britânico (enquanto mantinham tarifas de importação altas para os outros países) e tentou regular a economia. Contudo, diante das imensas resistências a essas ações (tanto dos conservadores como das províncias), os resultados acabaram sendo menores do que o esperado: houve melhoras nos índices de desemprego e crescimento econômico, mas não suficientes para encerrar a crise. Em última instância, o que caracterizara a Crise de 1929 foi um problema de superprodução, ou seja, produziam-se mais produtos (agrícolas e industriais) do que o salário dos trabalhadores permitia consumir. Isso fica evidente nos casos americano, alemão e também no canadense. Assim, a economia só poderia se recuperar plenamente se houvesse um grande aumento de demanda, ou seja, pessoas que comprassem o que era produzido.

No fim, o que recuperaria de fato a economia canadense seria a Segunda Guerra Mundial, que expandiu a demanda pelos produtos canadenses no mundo. Assim como ocorreu com os Estados Unidos, essa guerra acabou favorecendo a prosperidade no Canadá. Nenhum tiro foi disparado em território canadense e os mortos em combate foram relativamente poucos se comparados aos de outros países. Quase todos os canadenses homens em idade militar se incorporaram às forças armadas, o que, por si só, diminuiu o desemprego e aumentou os salários. A demanda internacional pelos recursos naturais canadenses e pelo seu trigo cresceu novamente, fazendo subir os preços e os lucros dos agricultores e mineradores.

Além disso, como indicado anteriormente, o Canadá foi crucial no esforço de guerra britânico e dos Aliados. A crescente produção de navios, aviões, caminhões, metralhadoras, uniformes e outros equipamentos demandou um controle mais efetivo da economia pelo Estado e também gastos que, poucos anos antes, seriam impensáveis. No ano fiscal 1939-1940, o Estado federal canadense tinha um orçamento de 118 milhões de dólares canadenses, o que foi multiplicado em 38 vezes para o período 1942-1943. Um gasto público dessa monta poderia gerar inflação, mas com a economia administrada pelo Estado e maciços investimentos na construção de fábricas, usinas elétricas e minas, o resultado foi crescimento e prosperidade: nos anos de guerra, o PIB canadense dobrou. Os investimentos também aumentaram a produtividade industrial e deixaram como legado uma infraestrutura permanente. Assim, em 1945, o Canadá já era um dos maiores produtores mundiais de aviões, veículos, produtos químicos, navios e outras máquinas e equipamentos. Era então, em termos econômicos e sociais, um novo Canadá.

Como aconteceu nos EUA, o grande problema, ao final do conflito, era saber como lidar com os débitos acumulados, com o milhão de soldados canadenses que retornavam para casa e com o fim da produção voltada para a guerra. A grande pergunta para a nação era: como manter a prosperidade após o fim dos combates? A resposta foi, como em quase todo o mundo ocidental, a participação no sistema de comércio global montado e liderado pelos Estados Unidos, o qual permitia uma circulação mais ampla, ainda que não totalmente livre, de mercadorias entre Estados e continentes. Pela exportação e importação maciça de produtos, os canadenses então ampliaram a sua prosperidade e a oferta de bens em casa.

Ao mesmo tempo, o governo canadense manteve uma política que combinava intervenção do Estado na economia, investimento público e privado e promoção de emprego e renda para os trabalhadores, mediada pelo Estado. O modelo político-econômico adotado então, o do Estado de Bem-Estar Social, foi eficiente na promoção do crescimento econômico e da qualidade de vida dos canadenses no pós-1945. Nesse modelo, a economia continuava capitalista, regida pelas regras do mercado, mas o Estado tinha um papel importante: investia em infraestruturas como usinas elétricas e estradas, colaborava para a estabilidade social, via negociação, das relações entre patrões e empregados e garantia serviços públicos antes inimagináveis para a maioria dos cidadãos, como escola e saúde públicas, previdência social, habitação subsidiada etc. A lógica adotada era a de que operários e trabalhadores bem pagos e cuidados não se arriscariam a apoiar o comunismo – começara o período da Guerra Fria –, seriam mais produtivos e consumiriam mais, aumentando o lucro das empresas e gerando mais dinheiro de impostos para o Estado. O plano do governo era não permitir que se repetisse a grande crise econômica e social que se seguiu à Primeira Guerra Mundial, e o instrumento óbvio era a "ação do Estado", que já havia se revelado eficiente durante a guerra.

O modelo do Estado de Bem-Estar Social acabou sendo implantado também em quase toda a Europa Ocidental e, de forma parcial, na América Latina e em partes da Ásia. Mesmo nos Estados Unidos, onde ele nunca foi plenamente aplicado, houve algumas iniciativas nesse sentido, como fornecer alimentação aos pobres ou um esboço de serviço público de saúde para os mais necessitados. Em suas inúmeras variantes e com fases de maior ou menor sucesso, o modelo representou a "era de ouro" do capitalismo, quando a economia crescia sem cessar e os benefícios disso se espalhavam pela população.

Para os canadenses não foi diferente e isso ficou claro já em 1944, com a *Veteran Charter*, um programa que financiava moradias, estudos secundários e universitários, além de outros benefícios sociais, para os veteranos, o que se converteria em ascensão social para muitos deles e suas famílias. Pessoas da classe trabalhadora que dificilmente poderiam ambicionar, antes da guerra, uma casa própria ou estudos universitários agora tinham acesso a isso. Algo semelhante foi aplicado, com igual sucesso, nos Estados Unidos, em um contraste notável com o que tinha acontecido em 1918, quando os ex-soldados que retornaram para casa tinham sido dispensados sem receber nenhum apoio para seguir em frente.

98 | Os canadenses

É importante recordar que, se a preocupação com a vida coletiva é um valor importante no Canadá atual, os canadenses nem sempre pensaram em combater a pobreza ou favorecer a igualdade social como fazem nos dias de hoje. Durante o período colonial e mesmo bem depois de instaurada a Confederação, a pobreza era vista, em praticamente todo o mundo, como "um problema de caráter", pois se considerava que só era pobre quem "não se esforçava o suficiente", especialmente numa terra de recursos tão abundantes como o Canadá. Dessa forma, a assistência aos pobres foi por muito tempo vista apenas como um "ato de caridade", normalmente a cargo de igrejas e instituições de beneficência.

Com a urbanização e a industrialização do país, a pobreza urbana aumentou dramaticamente, sobretudo devido aos salários relativamente baixos e ao desemprego agravado em momentos de alta inflação (como durante a Primeira Guerra Mundial) ou de depressão econômica (como os anos 1930). No final do século XIX, um quarto dos recém-nascidos em Montreal morria antes de completar um ano de vida e, em 1933, um terço dos trabalhadores urbanos canadenses estava desempregado e sem recursos para sobreviver, assim como muitos dos fazendeiros das pradarias. O governo forneceu então algum apoio, mas o primeiro programa de assistência social em larga escala para os civis – o *Family Allowance Program* – começaria a funcionar apenas ao final da Segunda Guerra Mundial.

A partir daí, contudo, especialmente nos governos de Lester Pearson e Pierre Trudeau, os benefícios sociais – saúde, educação, moradia, previdência social, crédito subsidiado – foram ampliados com resultados evidentes na economia e na sociedade. Os canadenses passaram a construir e equipar melhor suas casas, a comprar aparelhos telefônicos, rádios, televisores e automóveis, a comer e a se vestir melhor e isso, além de tudo, ampliava as vendas e os lucros das empresas e a arrecadação de impostos. O progresso social, contudo, não foi uniforme – as províncias atlânticas e as das pradarias se beneficiaram menos, assim como os povos originários –, mas, na média, os canadenses melhoraram mais o seu padrão de vida nos 30 anos posteriores à Segunda Guerra Mundial do que nos 300 anteriores.

Entre 1945 e 1980, o Estado canadense forneceu continuadamente benefícios sociais a seus cidadãos e apoiou a construção de um sistema econômico que valorizava os salários. Além disso, construiu estradas por onde circulavam os cada vez mais numerosos automóveis, oleodutos para transportar o combustível que os movia e usinas elétricas para gerar a eletricidade que fazia funcionar os televisores, as máquinas de lavar e outros eletrodomésticos que as pessoas, com renda cada vez maior, podiam adquirir. Os automóveis e a energia elétrica cumpriram, nesse período, a função de dinamizadores da economia que as ferrovias haviam desempenhado nas décadas anteriores.

O Canadá recebeu ainda milhões de imigrantes, e a natalidade do país subiu bastante – como em todo o mundo ocidental –, até porque as pessoas viam as melhoras na qualidade de vida e se animavam a ter filhos, o que, por sua vez, ampliava a força de trabalho e o mercado consumidor. A Expo 1967 em Montreal, comemorando o centenário do Canadá, indicava claramente o otimismo e a esperança do futuro daqueles anos: o Canadá havia conseguido, em cem anos, não apenas sobreviver como nação, mas também criar uma sociedade próspera e democrática.

Para entender como a transformação econômica canadense afetou o dia a dia das pessoas, basta pensar em uma típica família canadense cujas gerações atravessam o século entre a formação do Canadá e o seu centenário. Um homem nascido em 1880 teria trabalhado a terra numa propriedade rural e ganhado algum dinheiro extra como lenhador no inverno, enquanto sua esposa cuidaria da horta e dos animais da fazenda e criaria os muitos filhos do casal. Um deles, nascido em 1910, teria emigrado para a cidade, onde trabalharia em uma fábrica; viveria o desemprego e a pobreza dos anos 1930, os anos da guerra e a prosperidade dos anos 1940 a 1970, aposentando-se com uma pensão estatal, uma casa própria e outros direitos inimagináveis quando ele era jovem. Já o seu filho, nascido em 1950, conheceria uma realidade de oferta de empregos mais bem remunerados, bons serviços públicos, educação universitária e perspectivas otimistas para o futuro.

Parece uma contradição que o Canadá tenha conseguido combinar, de forma bem-sucedida, a economia de livre-mercado capitalista e uma integração profunda no capitalismo globalizado com uma política social-democrata interna, que garantia direitos e renda melhor aos trabalhadores? Essa contradição não existe. Uma economia madura e sofisticada demanda uma população saudável e educada, maciços investimentos em infraestrutura por parte do Estado e um mercado interno que garanta uma base inicial para a competividade das empresas. Sem isso, torna-se difícil vencer no mercado externo, a não ser em nichos (nem sempre seguros), como os de algumas *commodities*. O Canadá entendeu essa situação e, até por isso, conseguiu se adaptar bem ao Acordo de Livre Comércio da América do Norte (Nafta – North American Free Trade Agreement, em inglês), já nos anos 1990.

A MODERNA ECONOMIA CANADENSE E O NAFTA

O modelo do bem-estar social começou a perder força nos anos 1970, com a Crise do Petróleo, que diminuiu o crescimento econômico e levou o Canadá a um déficit público maior, o que se tornou justificativa para muitos no país questionarem o modelo como um todo. Com isso, o Estado de Bem-Estar Social canadense sofreu cortes orçamentários e a perspectiva neoliberal começou a circular com mais intensidade. No entanto, apesar de o modelo ter sido esgarçado, ele não foi atacado a ponto de se tornar inviável no país, o que explica, em boa medida, por que o nível de vida dos canadenses continua tão alto.

No Canadá, o neoliberalismo chegou com força especialmente a partir da eleição de Brian Mulroney, em 1984. A política econômica foi revertida para garantir principalmente o lucro empresarial e não mais o pleno emprego e a renda dos trabalhadores. As taxas de juros foram elevadas, houve cortes nos programas sociais (e dos impostos, especialmente para as grandes empresas) e o papel do Estado como aquele que direcionava a economia foi diminuído. Com isso, houve uma maior concentração da riqueza e a proporção da renda nacional apropriada pelos trabalhadores, após atingir o pico nos anos 1970, caiu a partir de então. O capitalismo canadense também se adaptou totalmente ao papel de secundário frente aos Estados Unidos com a entrada em vigor dos acordos de livre-comércio de 1988 e do Nafta em 1994, como será detalhado mais adiante.

Nos últimos 30 anos, houve mesmo uma reprimarização da economia exportadora canadense: se os produtos manufaturados eram 60% da pauta exportadora em 1980, hoje eles caíram para cerca de um terço. Alguns economistas canadenses afirmam que, após um século de esforços, a economia canadense retornou ao seu modelo de exportador de produtos primário. Em outras palavras, o Canadá não ficou imune à hegemonia do pensamento neoliberal no mundo após os anos 1980.

Mesmo assim, a política neoliberal não atingiu a essência da economia e da sociedade canadense com tanta força como em outros locais. Ainda nos anos 2010, o governo de Stephen Harper estava tentando aprofundar essa política na direção do que Ronald Reagan e Margareth Thatcher já haviam feito anos atrás. Contudo, perto do que aconteceu nos Estados Unidos, no Reino Unido ou no Chile, é possível afirmar que o neoliberalismo no Canadá não avançou tanto quanto teria sido possível. Isso provavelmente ocorreu, em boa medida, em razão do orgulho dos canadenses em geral com relação ao seu Estado de Bem-Estar Social, não aceitando que ele seja destruído, ao menos não completamente. Do mesmo modo, apesar de ter havido, como indicado anteriormente, uma certa reprimarização da economia canadense (ou seja, uma maior dependência da exportação de produtos minerais e agrícolas) nos últimos anos, ela não chegou a transformar o Canadá num país sem indústria e sem diversificação econômica.

Hoje, o Canadá continua a ser um grande exportador de *commodities*. Além do trigo e da madeira (e, a partir de meados do século XX, de papel, do qual o Canadá ainda é um dos maiores produtores mundiais), o país é um grande produtor de níquel, ferro, cobre e outros minerais fundamentais para a economia moderna. Não custa recordar que Toronto é a sede mundial de três quartos dos grandes conglomerados na área de mineração, o que indica a importância do setor.

O petróleo e o gás também adquiriram uma relevância cada vez maior. Quase inexistente antes da Segunda Guerra Mundial, a indústria petrolífera foi, na verdade, a grande regeneradora econômica das pradarias canadenses. Em 1947, as perspectivas econômicas daquelas províncias não eram das melhores, pois haviam sido devastadas pela Depressão dos anos 1930 e ainda eram eminentemente agrícolas. A descoberta do campo petrolífero de Leduc, em 13 de fevereiro de 1947, e os que se seguiram, mudou tudo e Alberta, especialmente, vivenciou um *boom* econômico, se urbanizando e industrializando. Isso obviamente gerou tensões entre o governo federal e as províncias sobre como dividir e aproveitar os recursos petrolíferos.

Mesmo para o país como um todo, o petróleo e o gás são importantes e representam hoje uma parte substancial da pauta exportadora. Os campos canadenses – especialmente em Saskatchewan e Alberta – permitem ao Canadá atender a demanda interna e ser um dos cinco maiores exportadores mundiais, ainda que o país não dependa totalmente dessa renda, como a Arábia Saudita ou o Iraque.

A indústria canadense também é bem desenvolvida, mas tem o diferencial de ser muito voltada ao mercado interno ou, no máximo, àquele da América do Norte. Poucas pessoas no mundo, na verdade, vão se lembrar do nome de alguma multinacional canadense. Isso indica como a sua indústria tem pequena importância, em termos relativos, no mercado internacional. Já no campo dos serviços, as empresas canadenses se destacam, mas, novamente, em associação com o capital americano, com um foco bastante regionalizado e contando com subsídios estatais para manter a competitividade.

Basta pensar, a propósito, na indústria cinematográfica canadense, ou melhor, no seu papel dentro da produção fílmica dos Estados Unidos. Há estúdios em Montreal, Alberta, Toronto e outras cidades, mas é Vancouver, especialmente, o lugar onde inúmeras séries e filmes americanos são filmados. Poucas pessoas no mundo, aliás, sabem que boa parte do que se vê na Netflix ou na Amazon Prime é gravado, ao todo ou em parte, nessa cidade no extremo oeste canadense.

Os estúdios americanos são atraídos pela excelente infraestrutura canadense, semelhança de paisagens (que permitem gravar em Vancouver uma cena que estaria, no filme, em Nova York ou Boston) e pela relativa proximidade com Los Angeles. Acima de tudo, o que os atrai são os custos menores devido aos pagamentos serem em dólar canadense e aos subsídios dados pelo governo do país e em especial da

Colúmbia Britânica. Há, contudo, exigências para esses subsídios – como a de que os técnicos e boa parte dos atores seja canadense ou que os serviços sejam adquiridos preferencialmente no Canadá –, mas não haveria técnicos e atores canadenses para atender a demanda se, por décadas, o Estado canadense não tivesse subsidiado e financiado o cinema nacional. O exemplo do cinema apenas indica como os canadenses ainda defendem, ao menos em alguns momentos e setores, sua economia nacional e que isso vale a pena.

Uma lista das maiores empresas canadenses vai revelar, na verdade, a diversificação da economia do país e, ao mesmo tempo, sua fraqueza relativa. Nas listas publicadas pela revista *Forbes* das maiores corporações globais, nenhuma empresa canadense aparece entre as 250 primeiras. Na faixa abaixo, entre as 500 maiores, aparecem apenas 9 canadenses. No Canadá, as maiores são bancos ou agências de investimento – Manulife, Power Corp., Brookfield, Royal Bank of Canada –, algumas empresas na área de alimentação, como a George Weston, e outras nos ramos de petróleo e gás e automotivo, como Enbridge, Suncor Energy e Magna International, além das do ramo da mineração.

O diferencial canadense, portanto, é que o país não é um mero produtor de produtos primários, como os da América Latina ou da África, nem um país com uma base industrial tradicional que se moderniza continuamente, como a Alemanha. Também não é um polo de tecnologia, como Israel ou alguns países da Ásia, ainda que tenha alguns centros relevantes na área. O Canadá, contudo, tem um pouco de tudo isso e, graças à sua geografia privilegiada, conecta-se ao mercado global essencialmente através dos Estados Unidos, mas mantendo um mercado interno próprio bem desenvolvido.

O Canadá, hoje, é o 10º PIB do mundo em termos nominais e o 16º em paridade de poder de compra. Sua renda *per capita* é muito elevada e, o que talvez seja tão importante quanto, seu *índice de desigualdade de renda* – o índice GINI – é dos menores do mundo. Apesar de tudo o que aconteceu nos últimos 40 anos, um canadense médio pode esperar serviços públicos melhores e uma renda disponível maior do que um cidadão médio nos Estados Unidos ou em alguns países europeus. Os americanos, na verdade, ganham mais que os canadenses na média, mas a distribuição dos ganhos é mais desigual nos EUA e eles gastam muito mais em serviços, que são gratuitos ou subsidiados para os canadenses, como saúde e educação.

De qualquer forma, a diversidade e a maturidade da economia canadense, assim como a manutenção de um sólido mercado interno, explicam também como o Canadá mais se beneficiou do que foi prejudicado pela integração à economia dos Estados Unidos através do Nafta.

Em termos econômicos, o Canadá e os Estados Unidos sempre mantiveram uma relação próxima, mas menor do que o seria razoável esperar dada a proximidade geográfica, especialmente por causa do protecionismo comercial, comum nos dois países em vários momentos. Depois de 1945, com o afastamento canadense do sistema imperial britânico e sua adesão ao livre-comércio, a maior parte das exportações canadenses passou a seguir para os EUA. O Canadá entrou de vez na órbita americana, tanto no campo comercial como no influxo de capitais: a maior parte do comércio e dos investimentos passou a ser feita com os Estados Unidos e não mais com o Reino Unido. Em 1971, quando Richard Nixon decidiu taxar as importações, o Canadá já era tão dependente do mercado americano que foi particularmente afetado.

Para evitar a repetição de crises como essa, nos anos 1980, o governo canadense entrou em negociações com o dos Estados Unidos com o objetivo de criar um "espaço econômico único", envolvendo os dois países, em que não houvesse grandes barreiras ou tarifas para a circulação de produtos e capital entre ambos. Internamente, lideranças canadenses procuravam, com essa proposta, também uma justificativa legal e econômica para aprofundar a implantação de medidas neoliberais no país, já que medidas impopulares poderiam ser justificadas como uma imposição externa. Finalmente, um tratado de livre-comércio foi assinado pelos dois países em 1988, depois de grandes discussões no Canadá sobre a conveniência da proposta. Seis anos depois, em 1994, o Canadá se uniu aos Estados Unidos no Nafta, o qual ampliou ainda mais a integração econômica e incluiu também o México. Mesmo tendo sido submetido a revisões e a críticas, esse acordo continua em vigor até hoje.

O resultado foi um enorme crescimento do comércio entre Canadá e Estados Unidos. Desde a assinatura do tratado, a troca de mercadorias entre os dois países está em cerca de 2 bilhões de dólares por dia. O Canadá é o maior comprador de produtos dos EUA e o terceiro maior entre os seus fornecedores.

Essa relação é de complementariedade, não de total dependência. O tratado com certeza ampliou o papel canadense como fornecedor de recursos naturais aos Estados Unidos e a importância desse setor dentro da economia canadense. Madeira, petróleo, gás natural e minérios fluem continuamente para o sul da fronteira. A rede de transportes e a de energia elétrica dos dois países também se complementam, com os canadenses suprindo mais energia para o vizinho do que o contrário. No entanto, o comércio entre os dois países é muito mais complexo, incluindo máquinas, veículos, equipamentos, plásticos, combustíveis, metais processados e produtos alimentícios já industrializados. Há também trocas contínuas em setores como finanças, seguros e de produção de conteúdo, como mídia e programas de computador.

O notável é que o fluxo é binacional, em cadeias produtivas compartilhadas: ambos os lados fornecem matérias-primas ou produtos industrializados para o outro, sem que um dos lados seja apenas fornecedor de matéria-prima e o outro, de manufaturados. Isso fica evidente, aliás, quando observamos os investimentos de um país no outro, os quais totalizam quase 1 trilhão de dólares. O Canadá é o segundo maior investidor na economia americana e os EUA representam metade dos investimentos estrangeiros no Canadá.

Um dos símbolos do estilo de vida americano, a picape Ford F-150, por exemplo, foi remodelada em 2015 para consumir menos combustível, e o aço teve que ser substituído pelo alumínio, muito mais leve. Ele foi então fornecido, já processado, pela indústria canadense, especialmente a Companhia Rio Tinto.

Outro exemplo interessante é o da empresa IPEX, baseada em Ontário, produtora de tubos de plástico, que tem unidades produtivas nos dois lados da fronteira que funcionam de forma interligada, vendendo seus produtos não apenas na América do Norte, como em todo o mundo.

O Nafta tem sido avaliado de forma diferente em cada um dos três países que o compõem. Nos Estados Unidos, a avaliação mais aceita é a de que o crescimento do comércio beneficiou o país como um todo, ainda que tenha colaborado para a crise de certos setores industriais e agrícolas. Já no México, a avaliação é mais negativa, já que o crescimento econômico e a melhora do nível de vida não foi o que se esperava: o México continua com os mesmos níveis de pobreza de 1994 e acabou por se consolidar na posição pouco invejável de mero fornecedor de mão de obra barata aos Estados Unidos, seja nas indústrias instaladas na fronteira, seja pela emigração.

No caso canadense, a avaliação mais difundida indica que o país teve benefícios com o Nafta. A partir desse acordo, milhões de empregos foram gerados no país, as empresas canadenses se fortaleceram pelo acesso ao mercado americano e o fluxo comercial intenso barateou e melhorou a qualidade dos produtos no próprio Canadá. As empresas de mineração, os bancos e as agências de investimentos canadenses também se fortaleceram e aumentaram o seu protagonismo no cenário mundial a partir da sua base na América do Norte.

É válido levantar duas questões a respeito do desempenho da economia canadense dos anos 1990 em diante e da relação com os EUA. A primeira é sobre as vantagens do livre-comércio e a segunda é como o Canadá pôde ter se saído tão bem na sua associação com os Estados Unidos enquanto o México foi o grande perdedor.

Ambas as questões acabam por se relacionar à história econômica dos dois vizinhos dos EUA. O Canadá, como visto, já era, nos anos 1990, uma potência industrial, com um importante setor agropecuário e de mineração. Dessa forma, quando o país decidiu fortalecer seus laços econômicos com os EUA a partir dos princípios do liberalismo econômico, foi uma associação entre gigantes, ainda que um fosse maior que o outro. Os produtos agrícolas, a madeira, o petróleo e outros minerais são fundamentais na pauta de exportação canadense, mas não são os únicos. Dessa forma, havendo termos de troca favoráveis, o comércio é mutuamente benéfico e o Canadá não se converteu em uma colônia informal dos Estados Unidos, apesar de a dependência deles, como será visto posteriormente, ter aumentado.

Além disso, o Canadá não reduziu significativamente salários nem benefícios sociais para baratear a sua mão de obra e atrair os capitais e as empresas americanas, assim como não abdicou da ação do Estado para fomentar investimentos e atividades. Pelo contrário, ele os manteve e continuou a investir na educação e na formação do seu povo. Dessa forma, as empresas americanas que se dirigiram ao Canadá são as que pagam melhores salários e/ou as que são atraídas por benefícios fiscais ou outras vantagens.

O México, por sua vez, já começou num patamar inferior (em termos de diversidade econômica, educação, instituições e outros elementos relevantes para uma economia moderna) e optou exatamente pela estratégia oposta, de redução de salários e garantias trabalhistas, de forma a diminuir os custos, além de aceitar a sua posição como fornecedor de mão de obra barata e petróleo para a economia americana. O resultado foi apenas o óbvio.

A capacidade do povo canadense em resistir a tentativas de desmonte dos seus direitos sociais adquiridos e do seu Estado de Bem-Estar Social vem de dois elementos. Um é que a ideia do Estado como provedor de serviços essenciais acabou por se tornar parte essencial da própria identidade dos canadenses e, em segundo, que a democracia e a estabilidade políticas canadenses não permitem que medidas impopulares sejam aplicadas sem discussão e resistência.

POLÍTICA, DEMOCRACIA E NACIONALISMOS

São marcas atuais da política canadense a estabilidade e a democracia liberal. O Canadá nunca teve uma ditadura militar ou passou por um regime de exceção, diferentemente da maioria dos países europeus e latino-americanos, e as restrições ao exercício da cidadania sempre foram menores ali do que nos Estados Unidos, por exemplo. Claro que isso não significa que o sistema político e social canadense seja perfeito, até porque no passado a chamada democracia liberal era muito restritiva e no Canadá isso não foi diferente. No decorrer da história, houve restrições a direitos de cidadania de vários grupos por motivos raciais, de gênero ou econômicos e boa parte das terras indígenas foram confiscadas para a colonização branca. Durante as guerras mundiais, por exemplo, grupos étnicos, como os alemães e os japoneses, foram perseguidos. Além disso, a repressão policial sempre atuou sobre o movimento operário e outros que questionaram a ordem vigente. Mesmo assim, o país nunca teve guerras civis e genocídios. E os direitos políticos e sociais adquiridos – com as restrições e os limites típicos de cada época – foram historicamente respeitados.

Em boa medida, essa estabilidade é uma consequência do tipo de colonização que formou o Canadá moderno. Como já indicado em capítulos anteriores, o Canadá foi uma colônia na qual, com a exceção dos povos originários, os habitantes tinham direitos garantidos enquanto súditos britânicos, franceses ou como europeus imigrantes. Eram direitos limitados, obviamente, pelo contexto da época da colonização, entre os séculos XVI e XVIII. Só os detentores de riquezas ou com origem aristocrática, por exemplo, podiam assumir cargos políticos. Mesmo assim, foi uma situação bem diferente das colônias onde, desde o primeiro momento, quase toda a população era desprovida da maior parte dos direitos, como as sociedades escravistas no Brasil ou no Caribe.

Depois da Revolução Americana, além disso, o próprio Estado britânico percebeu que era impossível tentar controlar os colonos da América do Norte com a força,

108 | Os canadenses

já que eles defendiam seus direitos e, se necessário, se revoltariam para mantê-los. Isso permitiu, entre outras coisas, que as colônias britânicas na América do Norte que deram origem ao Canadá fossem adquirindo cada vez mais autonomia, até o ponto da autogestão quase completa, conforme será visto em capítulo posterior. Um processo muito mais suave e pacífico do que o da Independência dos Estados Unidos e os da América hispânica, que demandaram anos de batalhas sangrentas e levaram a conflitos, instabilidades e guerras civis por muitas décadas depois.

Isso não significa afirmar que "os britânicos eram superiores aos ibéricos" e que o Canadá "estava destinado a ser uma democracia pela sua origem britânica ou francesa". Basta observar como, na mesma época, a colonização britânica implantava sistemas brutais de exploração na Jamaica ou no Sul dos Estados Unidos e os franceses faziam o mesmo no Haiti ou na Martinica, sem dar aos escravos, obviamente, os privilégios dos homens livres. Mesmo no Canadá, a escravidão legal existiu até 1834 e negros e indígenas não recebiam o mesmo tratamento, legal e social, reservado aos brancos. Entanto, o fato de o Canadá ter sido concebido e criado a partir de um corpo de leis e direitos avançados se comparado a outras colônias teve certamente o seu papel na construção de uma democracia estável no futuro.

Nos séculos XVII ou XVIII, a política nas colônias era concebida nos termos do Antigo Regime britânico ou francês. Havia direitos, mas pensados de forma coletiva, de grupos e corporações que se relacionavam com o rei ou entre si. Na virada dos séculos XVIII e XIX, novos princípios foram se estabelecendo em boa parte da Europa e nas Américas e o liberalismo se tornou o padrão dominante, no Canadá especialmente após a formação da Confederação em 1867. O Parlamento em Ottawa, e aquele em Londres, se convertem no poder efetivo e a ideia de que "o poder vem do voto dos eleitores" – ainda que muitos fossem privados desse direito – se generalizou. Conceitos como "liberdade", "direitos individuais" e "democracia", associados à firme crença no "progresso", se tornaram a base da discussão política mesmo quando não aplicados integralmente.

Por décadas desde a Confederação, o poder foi passando, aos poucos, dos antigos aristocratas para a ascendente burguesia e membros da classe média, os quais sabiam lidar com as novas demandas da política, como cativar os eleitores, participar de comícios etc. Os políticos dessa época não tinham, em sua maioria, escrúpulos em distribuir favores e benefícios ou se utilizar de métodos escusos para conseguirem o dinheiro necessário para custear a vitória nas eleições: são famosos os escândalos de corrupção ligados às ferrovias. No escândalo de 1873, por exemplo, o primeiro-ministro John A. McDonald (1815-1891), um dos "criadores do Canadá", foi obrigado a renunciar após ficar comprovado que seu partido tinha recebido enormes doações em dinheiro do consórcio de empresas que construía a

Canadian Pacific Railway. George Étienne Cartier (1814-1873), outro dos "pais fundadores" do país, também se envolveu em esquemas semelhantes, assim como outros líderes políticos do século XIX.

O corpo eleitoral era pequeno e o eleitor padrão era do sexo masculino, branco (ainda que tenham existido restrições para eslavos que não falassem inglês), de idade acima de 21 anos e com uma renda mínima: em 1885, 150 dólares anuais para um habitante da zona rural e 300 para a zona urbana. Também havia exigências de residência e propriedade que reduziam ainda mais a quantidade dos que podiam votar.

Com o tempo, as pressões dos mais pobres por direitos políticos cresceram e o próprio Estado começou a perceber que era necessária uma base eleitoral maior para que o regime tivesse legitimidade. Dessa forma, as exigências de renda e propriedade caíram e o voto masculino universal se generalizou, abrindo maiores possibilidades para a participação eleitoral de trabalhadores, operários e pequenos proprietários rurais. Uma trajetória, na verdade, comum à maioria dos países da Europa Ocidental e a alguns da América Latina, como a Argentina. Contudo, ainda seriam necessárias décadas de lutas para que esses direitos se estendessem às mulheres e aos não brancos.

As lutas pela ampliação dos direitos políticos envolveram milhões de pessoas, homens e mulheres, em várias épocas e lugares e com bandeiras diferentes, mas sempre visando mais igualdade e representatividade. Basta recordar, como exemplos, William Lyon Mackenzie (1795-1861) e Louis Joseph Papineau (1816-1871), que lideraram as rebeliões de 1837 e 1838 por mais representatividade política, e Louis Riel (1844-1885), que comandou uma revolta dos *métis* (descendentes de franceses com indígenas) contra o governo central, sendo enforcado por isso em 1885. Ou as *Famous Five*, cinco mulheres de Alberta que lideraram uma luta e conseguiram, no final dos anos 1920, o reconhecimento de que as mulheres eram "pessoas" legalmente, podendo, por isso, ser membros do Senado canadense. Ou ainda Viola Desmond (1914-1965), uma mulher negra que, em 1946, ficou famosa por se recusar a deixar uma área reservada só para brancos em um teatro na Nova Escócia e tornou-se um ícone da luta pela igualdade racial. Não podemos esquecer também os trabalhadores que participaram de tantas greves e movimentos sociais desde o fim do século XIX, como as famosas Greves de Winnipeg em 1919 ou de Windsor em 1945. Sem a ação de gente de carne e osso lutando e se expondo, a democracia canadense não seria o que é hoje.

Nos dias atuais, o Canadá é uma democracia plena, no sentido liberal do termo. No país, as eleições são livres, o Estado de Direito funciona, as liberdades individuais e coletivas são protegidas, a expressão do pensamento e a liberdade religiosa são defendidas e a maioria governa, mas sem oprimir a minoria. Em todos os *rankings* de organizações internacionais, o Canadá aparece entre as nações mais democráticas do mundo, ao lado de Irlanda, Nova Zelândia e dos países escandinavos.

O SISTEMA POLÍTICO

A característica mais evidente do sistema político canadense é o modelo de dois partidos que tendem a dominar o cenário, elegendo a maioria dos representantes no Parlamento e dividindo entre si o comando do Estado. Em nível provincial, isso é um pouco menos evidente, mas, no governo federal, esse sistema tem se mantido há 150 anos, numa influência óbvia da cultura política britânica.

A divisão do poder entre dois grupos políticos predominantes não é uma exclusividade canadense ou da tradição política britânica. Basta recordar como, no período posterior à Segunda Guerra Mundial, os social-democratas, na esquerda, e os democrata-cristãos, na direita, comandaram o cenário político em países tão diferentes como a Áustria, a Itália ou a Alemanha. Ou, ainda, as tradicionais divisões entre *colorados* e *blancos* no Uruguai, entre radicais e peronistas na Argentina ou entre liberais e conservadores por todo o século XIX em boa parte da América hispânica. Na tradição política oriunda do Reino Unido, contudo, a divisão é institucionalizada e favorecida pelo sistema de votação, tanto que as possibilidades de um terceiro partido ou grupo assumir o poder são limitadas. Há variações no modelo – como a importância da Presidência nos Estados Unidos ou a maior chance de independentes conseguirem ao menos alguns assentos no Parlamento em algumas realidades, como na Austrália e no Reino Unido –, mas a sua essência permanece. No próprio Reino Unido, aliás, essa dicotomia se enfraqueceu nos últimos anos, com a emergência dos social-liberais e dos partidos pró-Brexit, mas voltou a se recompor, o que indica a sua força. A sua essência, como indicado, é que dois grupos – normalmente à esquerda e à direita do espectro político – comandam todo o processo político e se alternam no poder. Os exemplos óbvios são os democratas e os republicanos nos Estados Unidos, os nacionalistas/liberais e os trabalhistas na Austrália e os conservadores e os trabalhistas no Reino Unido. Partidos podem nascer e morrer e, internamente, eles podem se mover mais ou menos na direção do centro político (como indica, por exemplo, a caminhada à direita do Partido Republicano nos Estados Unidos nos últimos anos), mas normalmente isso acontece em prazos mais longos do que em sistemas multipartidários e a divisão partido da situação/partido da oposição sempre acaba se mantendo.

A principal desvantagem desse sistema é que ele não permite a emergência de alternativas. Quase todos os debates acontecem dentro dos partidos majoritários e as dissidências são rapidamente metabolizadas dentro deles. Ou seja, se a democracia se caracteriza, em teoria, pela possibilidade da escolha, o sistema de dois partidos a limita grandemente. Ao mesmo tempo, essa é a sua maior vantagem, pois forma-se uma barreira aos radicalismos de direita ou de esquerda, dando uma maior estabilidade ao sistema como um todo.

O Canadá está claramente dentro dessa tradição maior e dois partidos dominam o cenário desde a formação da Confederação: o Conservative Party of Canada, fundado em 1867 e refundado em 2003, e o Liberal Party of Canada, que nasceu em 1859. As principais bandeiras políticas se alteraram no decorrer dos anos e das décadas, mas o modelo de um grande partido de centro-esquerda e um de centro-direita permanece.

Os conservadores – que mudaram o nome do seu partido várias vezes e chegaram a se dividir em partidos separados – comandaram o governo federal em vários momentos, como nos governos de John A. Macdonald (1867-1873 e 1878-1891), Robert Borden (1911-1920), R. B. Bennett (1930-1935), John Diefenbaker (1957-1963), Brian Mulroney (1984-1993) e Stephen Harper (2006-2015). Em geral, eles são mais simpáticos aos interesses de grandes empresários e empresas, ainda que essa simpatia signifique coisas diferentes conforme cada época. Por muito tempo, os conservadores foram os defensores do protecionismo econômico, das ligações mais densas com o Império Britânico e do investimento e apoio do Estado para o desenvolvimento do capitalismo nacional. Em outros momentos, contudo, especialmente após a Segunda Guerra Mundial, eles se aproximaram de uma perspectiva neoliberal, defendendo o "Estado mínimo", pouca regulamentação estatal e vínculos mais fortes com os Estados Unidos.

Mesmo assim, é interessante observar que uma ala dos conservadores canadenses, que beberam na tradição *tory* britânica, sempre foi menos resistente a uma perspectiva comunitária (ou seja, a ideia de que a vida em comunidade tem valor e deve ser apoiada) do que, por exemplo, os dos Estados Unidos. Só no Canadá existiram partidos, grupos e líderes (como MacDonald ou Diefenbaker ou o Progressive Conservative Party) de expressão que defendiam perspectivas conservadoras (como equilíbrio fiscal, ordem, hierarquia e tradição) associadas a uma visão comunitária, ou seja, de que a liberdade é um valor coletivo e que o individualismo excessivo é danoso. São os chamados *red tories,* e sua existência talvez ajude a explicar o maior consenso existente no Canadá no que se refere à implantação de políticas sociais e à rejeição ao modelo individualista dos Estados Unidos.

Já o Liberal Party of Canada tinha, nas suas origens, uma postura mais voltada ao livre-comércio, o que incluía oposição à política de industrialização dos conservadores. Ele também era mais próximo aos franco-canadenses e não aceitava a política dos conservadores em defesa do Império Britânico. Essa perspectiva esteve presente, por exemplo, nos governos de Wilfrid Laurier (1896-1911) e daquele que foi, provavelmente, o mais importante líder canadense do século XX: Mackenzie King (1926-1930 e 1935-1948), que comandou o país nos anos cruciais entre as duas guerras mundiais e durante a Segunda Guerra Mundial.

Depois da Segunda Guerra Mundial, os liberais passaram a ser os principais defensores do investimento público para favorecer o desenvolvimento econômico e os grandes formuladores do Estado de Bem-Estar Social no Canadá. No final do governo de Mackenzie King, foram criados auxílios à maternidade, pensões por velhice e outros benefícios, ampliados no período de Louis St. Laurent (1948-1957). Já no governo de Lester B. Pearson (1963-1968), foi estabelecida a saúde pública gratuita e ampliaram-se os auxílios aos estudantes. No período de Pierre Trudeau (1968-1984), por fim, o progressismo social se estendeu ao campo da cultura, com a adoção oficial do multiculturalismo como uma política de Estado e a abertura do país à imigração de fora da Europa.

William Lyon Mackenzie King (1874-1950) foi o principal líder canadense do século xx, tendo sido primeiro-ministro por 22 anos (1921-1930, 1935-1948). Ele conduziu o Canadá nos anos turbulentos da Grande Depressão, da Segunda Guerra Mundial e do segundo pós-guerra. Na imagem, reunido com o presidente americano Franklin D. Roosevelt e o primeiro-ministro britânico Winston Churchill na cidade de Quebec em agosto de 1943.

Nos anos 1980, numa reversão de posições, os liberais se opuseram aos acordos de livre-comércio com os Estados Unidos, mas, ao assumirem novamente o poder com Jean Chrétien (1993-2003), o aceitaram e acabaram fazendo amplos cortes nos programas sociais existentes para diminuir o déficit público. O filho de Pierre Trudeau, Justin Trudeau, venceu as eleições em 2015 e recuperou em parte a herança do pai. No seu governo, houve uma retomada de investimentos no Estado de Bem-Estar Social, a menina dos olhos dos antigos liberais, mas não o suficiente para compensar os cortes feitos nas últimas décadas. Além disso, os liberais atuais abandonaram a confiança no investimento público, numa perspectiva keynesiana, como grande estimulador da economia. Por outro lado, o jovem Trudeau investiu em medidas progressistas no campo do discurso e dos costumes, como legalizar a maconha (o que foi aprovado em 2018), apresentar um projeto para tornar o Canadá *carbon free* em 2050, se proclamar feminista etc. De qualquer forma, não é toa que o Partido Liberal é chamado de "o partido por excelência do Canadá", já que ele esteve no poder a maior parte do tempo desde 1867.

Nesse cenário de domínio dos dois partidos, a perspectiva de sucesso de grupos de fora é reduzida. Claro que sempre houve partidos e movimentos capazes de atingir as massas, especialmente em nível provincial, como os "verdes" e os ligados à realidade do Quebec, mas não é o caso de elencar cada um deles aqui. Talvez valha a pena, contudo, mencionar dois, pois ajudam a evidenciar algumas características típicas da política canadense: o Cooperative Commonwealth Federation (CCF) e o fascismo canadense de Adrien Arcand.

O CCF surgiu em 1932, na esteira da Crise de 1929. Seus objetivos declarados eram fomentar uma economia cooperativa, na qual a produção e o consumo seriam conduzidos pelo Estado e a posse das fábricas, fazendas e lojas estaria nas mãos de cooperativas de fazendeiros, operários e trabalhadores. Esse partido teve um sucesso limitado, concentrado nas províncias das pradarias. Em 1961, ele se converteria no New Democratic Party (NDP). Sem nunca atingir o poder federal, permanece como a terceira ou quarta força política canadense e, muitas vezes, seus votos são fundamentais para sustentar os liberais ou derrotar os conservadores no Parlamento.

O CCF era socialista, distante obviamente do liberalismo tradicional, mas também do comunismo – pois defendia que a posse dos meios de produção não iria para o Estado, mas para as cooperativas, e era favorável ao Estado democrático. Aproximava-se do socialismo europeu da época, ligação que se tornou ainda mais forte depois da Segunda Guerra Mundial, quando o CCF e seus sucessores diretos se tornaram, essencialmente, uma versão canadense dos partidos social-democratas dominantes na Europa Ocidental de então.

114 | Os canadenses

O que é interessante na experiência do CCF é que ela indica importância da esquerda política no Canadá e de sua aproximação maior com a da Europa do que com a dos Estados Unidos. O CCF e o NDP não cresceram, em termos eleitorais, nos anos posteriores à Segunda Guerra Mundial justamente porque os seus ideais social-democratas tinham sido assumidos no Canadá pelo Partido Liberal.

Ao mesmo tempo, os limites da esquerda canadense ficam evidentes desde o seu início. Na Europa Ocidental, a social-democracia conviveu, após 1945, com fortes Partidos Comunistas, especialmente na França e na Itália. No Canadá, o Partido Comunista, fundado em 1921, nunca teve grande expressão, até porque foi duramente reprimido pelo Estado na maior parte do tempo. Movimentos socialistas, anarquistas e outros radicais também sempre existiram na história canadense, mas raramente conseguiram expressão maior, ao contrário do que aconteceu na Espanha, na Itália, na Alemanha e em outros locais. O Canadá é um país onde os ideais de igualdade e justiça social estão muito presentes, mas dentro de uma perspectiva moderada e sem grandes radicalismos. O mesmo pode ser dito da extrema direita que nunca foi uma força relevante na política canadense. Às vezes, os grupos extremistas eram simples filiais de grupos americanos ou europeus, como a Ku Klux Klan, o partido fascista italiano e o nazista alemão ou, hoje em dia, os neonazistas. No país sempre existiram reacionários católicos, especialmente no Quebec, mas também sem grande expressão.

Basta lembrar aqui a trajetória dos movimentos fascistas canadenses nos anos 1930, entre os quais se destacam os liderados por Adrien Arcand (1890-1967), com o Parti National Social Chrétien (1934) e o National Unity Party of Canada (1938). Inimigos da democracia liberal, do comunismo e do socialismo, eles propunham a criação de um Estado fascista, antissemita e racista no Canadá. Suas reuniões e marchas realizadas em Toronto, Montreal e outras cidades canadenses demonstraram que a política canadense não tinha um anticorpo natural para o radicalismo e que propostas como a de Arcand podiam frutificar em certas condições. O fato, contudo, é que eles nunca conseguiram um apoio popular maciço e nunca foram uma alternativa política crível no Canadá. Em 1939, com a entrada do Canadá na Segunda Guerra Mundial, Arcand foi preso e o seu movimento proibido.

Na mesma época, em todo o mundo, líderes fascistas lutaram para tentar repetir o que Mussolini e Hitler haviam feito e conquistar o poder. Mesmo sem querer uniformizar o acontecido em muitos países, a tendência era que, quando o sistema político se mantinha estável e as elites dirigentes preferiam não optar pelo fascismo, ele não conseguia avançar politicamente. Isso aconteceu em democracias progressistas (como os Estados Unidos de Franklin Roosevelt ou no México de

O futuro luminoso visualizado pelo *Cooperative Commonwealth Federation*: prosperidade, justiça, democracia, unidade, igualdade, liberdade e segurança – objetivos comuns à social democracia europeia da mesma época.

Lázaro Cárdenas) ou conservadoras (como o Reino Unido) e em ditaduras (como a de Getúlio Vargas no Brasil). A questão básica foi o Estado negar apoio aos fascistas e impedir a caminhada deles em direção ao poder. Uma cultura política solidamente democrática e liberal (como na Escandinávia ou na Austrália) também ajudava, obviamente, a diminuir o apelo do fascismo.

No caso canadense, a solidez do sistema democrático liberal e do sistema de dois partidos já nos anos 1930 tornou muito difícil o desenvolvimento do fascismo. O governo conservador de R. B. Bennett chegou a apoiar financeiramente Arcand, imaginando que os fascistas poderiam ser uma "reserva" a ser convocada no caso de riscos maiores à ordem social tradicional. Como isso não aconteceu, os conservadores perderam o interesse nos fascistas e pararam de apoiá-los. Isso apenas indica que membros da elite política canadense podiam apelar ao fascismo se necessário fosse para manter a ordem social – como ocorreu na Itália e na Alemanha –, mas a estabilidade do sistema político canadense fez com que não seguissem esse caminho.

Outra explicação para o fracasso de Arcand é típica do universo anglo-saxão e, também, específica do Canadá. Para os britânicos, australianos ou americanos,

116 | Os canadenses

a Alemanha havia sido a inimiga da última guerra mundial e, provavelmente, o seria novamente na próxima. Aliar-se ostensivamente à Alemanha fazia os fascistas naturalmente menos populares nos países de fala inglesa.

No Canadá, além disso, havia um problema ligado à identidade nacional. Arcand era um defensor de uma nacionalidade canadense dentro de uma imperial, ou seja, sempre fiel à Monarquia britânica. Ao mesmo tempo, reconhecia aos francófonos uma identidade particular, numa tentativa de agradar a todos, mas que conseguiu, ao final, o efeito contrário. Os francófonos e os que defendiam uma nacionalidade canadense mais independente não viam com bons olhos sua lealdade à Monarquia; ao passo que os leais a ela desconfiavam das suas ligações com a Alemanha e com os nacionalistas do Quebec. Não funcionou.

Os exemplos do CCF e do fascismo canadense deixam claro que o radicalismo político *não* é um elemento-chave da política canadense, a qual se caracteriza justamente pela moderação e pela tentativa de conciliar conflitos, e não exacerbá-los.

Enfim, o sistema político canadense é um reflexo da cultura política do Canadá e da própria essência do país. Ela enfatiza a moderação, a tolerância e os direitos individuais e proclama atitudes liberais com relação a assuntos de comportamento. Também é legalista, com ênfase no Estado de Direito, nas leis estabelecidas e, especialmente, na Constituição. Curiosamente, a Constituição canadense é recente, de 1982, mas o corpo legal do país é muito anterior, vindo desde os atos de 1867 e mesmo antes.

Essa abordagem moderada e a ênfase nos valores cívicos na construção da identidade ajudam a entender como o país consegue se manter unido mesmo sendo tão multicultural e, especialmente, tendo que lidar com as diferenças entre os franco e os anglo-canadenses.

O QUEBEC E AS IDENTIDADES

Desde a conquista do Quebec em 1763, o problema central do Canadá, em termos políticos e de formação do Estado, era como dar conta daquela província na qual a maioria dos habitantes falava francês, era católica, não tinha lealdade prévia ao rei da Inglaterra e se pautava por interesses específicos distintos das outras.

Esse dilema de 250 anos, em certa medida, ainda ronda Montreal ou a cidade de Quebec. De tempos em tempos, pode ser esquecido ou recordado, negligenciado ou enfatizado, mas está sempre lá.

Claro que a questão da relação entre o todo e as partes não é nem uma exclusividade canadense, nem do Quebec. Estados federados – como Brasil, Estados

Unidos, Argentina e outros – convivem historicamente com tensões entre o governo central e as províncias ou os estados. E mais, as províncias canadenses do Atlântico ou das pradarias sempre demonstraram ter interesses particulares, muitas vezes dando voz a líderes ou partidos políticos que capturavam a insatisfação, real ou imaginária, com relação ao governo central. Isso para não mencionar Terra Nova, cujos anos como Domínio ou como dependência britânica superam o seu tempo como província canadense. A especificidade do Quebec, contudo, é que a eventual insatisfação com relação às diretrizes do governo central tinha uma base identitária forte e isso podia justificar, em último caso, a tentativa de independência da província. O fato de a província do Quebec ter sido levada para dentro da América do Norte britânica pela conquista também deixou o problema mais agudo.

Ao mesmo tempo, a posição geográfica, a população e os recursos do Quebec tornavam a sua permanência no Canadá fundamental para que o novo país fosse viável política e economicamente. Sem Terra Nova ou Labrador, o Canadá ainda poderia existir. Sem o Quebec, provavelmente não. Além disso, sem uma parte "francesa", a atração das outras províncias pela união com os Estados Unidos não se tornaria maior? Assim, se o Canadá queria permanecer viável, deixar o Quebec fora da Confederação era simplesmente impensável.

Dessa forma, um problema com que o sistema político canadense teve que lidar foi articular as demandas de franco e anglo-canadenses. A partir do século XIX, num momento em que a política se articulava em termos de Estado e Nação, o Canadá tinha em si "duas nações". Pensar uma política nacional nesse cenário era mais complexo do que em Estados mais homogêneos. A única alternativa para superar esse problema foi estabelecer um equilíbrio pelo qual o líder federal tinha que contar com parceiros fortes nas províncias, especialmente em Quebec. Dessa forma, por exemplo, John A. MacDonald, a figura-chave nas primeiras décadas da Confederação (tendo sido o primeiro-ministro entre 1867 e 1873 e entre 1878 e 1891) conseguiu articular a formação do novo Estado e governá-lo por tantos anos a partir de uma aliança com lideranças do Quebec. Quando essa aliança não acontecia, a tensão política aumentava, no que é quase um padrão na política canadense.

A grande questão entre as elites quebequenses era o que fazer frente ao fato de a província ser uma ilha francófona num oceano anglo-saxão? As respostas possíveis iam desde a busca pela independência até a aceitação plena do Quebec como parte do Canadá. No meio do caminho, a busca de "autonomia", o que significou coisas diferentes em cada época. Além disso, uma questão associada à anterior também tinha que ser considerada: se era para a cultura franco-canadense sobreviver, os quebequenses estariam melhor sozinhos, ilhados nos meio de uma América do Norte anglo-saxã, ou dentro de um país (Canadá) que respeitasse a sua individualidade e os protegesse? Os quebequenses, em seus debates, flertaram com todas essas alternativas nos últimos 250 anos.

É verdade que a tal dicotomia anglo-francesa clara e perfeita nunca existiu, pois boa parte da elite que comandou o Quebec depois de 1763 era de origem britânica (especialmente nos campos comercial e econômico) e os próprios quebequenses de origem francesa sempre foram muito influenciados por hábitos e costumes anglo-saxões. Além disso, sempre houve muitos falantes de francês fora da província e de inglês dentro dela, especialmente nas grandes cidades e em certos espaços culturais.

Além disso, apesar de o Quebec compor a sua identidade a partir da "língua francesa", a língua francesa como falada no Quebec é muito particular: embora seja mutuamente compreensível com o francês padrão, a gramática, o vocabulário e a pronúncia do francês quebequense são diferentes, arcaicos, com relação ao francês moderno. Isso se deu, segundo os estudiosos, devido à perda de contatos mais sólidos com a França há séculos e à influência do inglês. Além disso, em outras partes do Canadá, há outras formas de falar o francês, como a dos *métis*.

O "catolicismo", lembrado como algo que distingue os quebequenses dos demais canadenses, também tem, no Quebec, especificidades locais por causa do isolamento, ainda que mantenha ligações com o catolicismo francês e, especial-mente, com a sede da Igreja em Roma. O Vaticano, aliás, sempre pensou o Quebec como um baluarte essencial para a sobrevivência do catolicismo numa América do Norte protestante, mas nunca teve muito sucesso em apoiá-lo além de reconhecer que a Igreja da província era particular, justamente por estar envolvida pelo pro-testantismo anglo-saxão por todos os lados.

Enfim, está claro que a situação era historicamente mais complexa do que parece e não se resumiu a duas nações puras, francesa e britânica, brigando entre si por questões como língua e religião. De qualquer forma, o francês e o catolicismo forneceram a matéria-prima para a criação e manutenção de uma identidade à parte da maioria e o problema de como lidar com isso foi uma constante na vida política canadense.

Logo após a conquista do Quebec, a questão nacional ainda não tinha os contornos nacionalistas dos séculos XIX ou XX e a Monarquia Britânica optou por uma solução moderada que, na verdade, prossegue até hoje: cooptar os habitantes da nova província permitindo a eles autonomia cultural (os governos provinciais administrariam a cultura e a educação) e integrar as suas elites no sistema político e econômico nacional (no caso do Quebec, as elites de língua francesa continua-riam a comandar a política na sua província), com a esperança de que um dia, os

Política, democracia e nacionalismos | 119

Basílica de Sainte-Anne-de-Beaupré, perto da cidade de Quebec. Consagrada oficialmente em 1876, o local da Basílica já abrigava uma capela construída por colonos franceses em 1658. É um importante símbolo da presença católica no Quebec.

120 | Os canadenses

quebequenses resolvessem se adaptar à cultura que os ingleses consideravam superior, a própria. Mesmo assim, esse modelo sempre enfrentou resistências de lado a lado, e, dessa forma, uma tensão de fundo sempre acabou existindo.

Quando da formação da Confederação, o líder do Quebec George-Étienne Cartier pensava em termos de dualidade: a "sua nação", a francesa, colaboraria com a "outra nação", a anglo-saxã, para formar uma entidade que seria conveniente para ambas, o Canadá. Os quebequenses não esperavam, e até temiam, uma unidade típica dos Estados-nação da época. A empreitada que uniria as duas nações seria econômica e de expansão territorial, avançando as ferrovias, anexando terrenos e conseguindo lucros através da expansão territorial. Essas considerações facilitaram a adesão do Quebec à Confederação e seu apoio seria essencial para que o governo central pudesse funcionar.

Isso não significou ausência de conflitos, obviamente. A expansão para o oeste, por exemplo, aumentou a esfera de influência dos anglo-canadenses e a repressão à revolta dos *métis* de língua francesa em 1885 pelo governo central exacerbou os ânimos em Quebec.

Na própria província houve atritos entre a toda poderosa Igreja Católica, alinhada com os conservadores, e grupos anticlericais, mais próximos dos liberais. Por outro lado, de 1896 a 1911, o Canadá foi governado justamente por um primeiro-ministro francófono, Wilfrid Laurier, o qual geriu esses conflitos de forma bem-sucedida, através de inúmeros compromissos.

Durante as guerras mundiais, as tensões cresceram novamente com acusações de pouco comprometimento dos franco-canadenses com o país em tempo de guerra. O Canadá continuou, contudo, unido e os sonhos do regime conservador de Vichy na França (1940-1945) de canalizar o descontentamento dos quebequenses num movimento contra os Aliados eram evidentemente sem fundamento, ainda que muitos na província admirassem os valores conservadores daquele regime.

A partir dos anos 1960, o Quebec se transformou de província católica e conservadora em uma potência econômica, na qual valores conservadores passaram a ser questionados e a Igreja Católica perdeu poder. Esse período foi chamado de *Révolution Tranquille* e, apesar de ainda haver um considerável debate sobre o que ela significou, fica evidente que a província se tornou mais liberal e progressista, se enriquecendo e modernizando.

Como não poderia deixar de ser, os termos do nacionalismo quebequense também se redefiniram. Nesse momento, ao invés de se ver como o lado pobre do Canadá, lutando para, ao menos, preservar a sua cultura, o Quebec adquiriu a autoconfiança que apenas o progresso econômico e social pode dar. Com uma forte economia e um Estado de Bem-Estar Social próprio, a província começou a pensar mais alto e o seu nacionalismo deixou de ser defensivo para se tornar mais incisivo. O Quebec iniciou uma política externa independente, abrindo uma representação em Paris e participando de forma autônoma de encontros dos países de língua francesa, o que irritou Ottawa. O clima então era tenso como demonstra a repercussão do discurso do presidente francês Charles de Gaulle na cidade de Quebec em 24 de julho de 1967, com a famosa frase *Vive le Québec libre!,* que revoltou o governo canadense e provocou um grande debate a respeito em todo o Canadá. Surgiram propostas para a criação de uma federação entre o Quebec e o Canadá na qual o primeiro teria uma autonomia quase total. Alguns chegaram a sugerir mesmo uma separação, com o Quebec se convertendo num novo país. Certos grupos chegaram até a defender a luta armada pela independência, no modelo dos movimentos de libertação nacional típicos dos anos 1960. O mais importante desses grupos foi o Front de Libération du Québec, que cometeu centenas de atos terroristas, com meia dúzia de mortes, nesse período. Contudo, sem grande apoio popular e reprimidos, os separatistas cessaram suas atividades em 1971.

Com o tempo, mais uma vez, a moderação venceu e procurou-se novamente a via da negociação. O governo do primeiro-ministro Pierre Trudeau lançou uma política oficial de bilinguismo pela qual o governo federal reconheceu o inglês e o francês como línguas oficiais do Canadá e reforçou o aparato legal que garantia direitos das províncias. O Quebec, especialmente, foi contemplado com uma autonomia muito grande, reforçada em legislação posterior, ainda que não a soberania completa, como alguns grupos e movimentos desejam ainda hoje.

O grande problema é que essas concessões ao Quebec acabaram por causar muita tensão com as outras províncias, que consideravam que o Quebec recebia privilégios excessivos, enquanto alguns quebequenses consideravam justamente que as concessões eram insuficientes. Acordos costurados entre o governo central e o Quebec acabariam sendo questionados tanto no próprio Quebec como nas outras províncias, o que gerou novas tensões.

Em 1980, o Partido Quebequense, fundado em 1968, organizou um referendo para saber se os habitantes da província queriam de fato a independência. Em 1995, esse partido, com o apoio do Bloco Quebequense, fundado em 1991, repetiu a iniciativa. Nos dois casos, a proposta foi rejeitada, mas, em 1995, por uma margem bem pequena. Além disso, em 1995, enquanto 95% dos habitantes falantes de inglês votaram "não", 60% dos francófonos votaram "sim" e 40% deles escolheram o "não", indicando importantes divisões internas no próprio Quebec. O primeiro-ministro canadense à época era justamente um quebequense, Jean Chrétien, o que é simbólico da complexidade da questão do Quebec, que continua em aberto.

Bandeiras do Canadá e do Quebec. Regularmente, há questionamentos, na província, sobre qual bandeira deve ser colocada em destaque.

Na verdade, nunca existiu um consenso sobre se os quebequenses estariam melhor ou pior fora do Canadá nem sobre qual o tipo de país que se poderia construir com a independência. George-Étienne Cartier, Wilfrid Laurier, Jean Chrétien, Pierre e Justin Trudeau e outros nomes já mencionados consideraram que o melhor para o Quebec era fazer parte do Canadá e participar do governo central. Outros, como Henri Bourassa (1868-1952) e o padre Lionel Grouxl (1878-1967), optaram por defender a autonomia dos franco-canadenses que garantisse a existência de um Quebec católico, conservador e afastado do Império Britânico, mas mesmo eles tinham divergências sobre o que essas palavras significavam. Já Maurice Duplessis (1890-1959), figura política dominante no Quebec entre 1936 e 1959, enfatizou o desenvolvimento econômico e se estabeleceu como uma força política autônoma frente à Igreja Católica e ao governo federal, mas sem pensar em independência.

A permanência ou não do Quebec no Canadá é, como sempre foi, a questão política central do país e o futuro é incerto. É relevante observar, contudo, a maneira com que os canadenses têm lidado com essa questão já há tanto tempo. Conflitos nacionalistas provocaram muito sangue na Europa, na Ásia e na África nos últimos séculos e, quase sempre, processos de independência e tensões entre comunidades étnicas e culturais obrigadas a conviver levam a guerras e conflitos. No Canadá, isso foi equacionado a partir de muita negociação e cessões de parte a parte que podem irritar algumas pessoas, mas têm funcionado para manter o país unido e sem violência, com a pequena exceção do terrorismo dos anos 1970.

*

A força da democracia liberal no Canadá não é um dado absoluto, algo inscrito na genética dos canadenses e imune a qualquer tentação autoritária. A democracia canadense sofre dos mesmos limites de qualquer outra, como o seu controle pelos mais ricos, a ligação entre público e privado cada vez mais intensa e que beneficia as grandes corporações etc. Problemas como corrupção também não são incomuns, em todas as esferas de governo.

A corrupção, na verdade, é uma questão eterna e não há praticamente nenhuma sociedade humana que a ela seja imune. O Canadá não é exceção. Escândalos de corrupção começaram já antes da Confederação e atravessaram praticamente toda a história canadense, normalmente ligados a grandes obras públicas, como ferrovias, usinas elétricas, fábricas de aviões etc. A evasão fiscal por grandes empresas também é praticada sempre que possível, usando métodos legais e ilegais. Também não são incomuns os atos de "pequena corrupção", como médicos que inflam os custos de seus procedimentos ao cobrar o Estado, pessoas que não declaram ganhos ao imposto de renda e outros semelhantes. Mesmo assim, o Canadá é considerado, pelos órgãos internacionais, um dos países menos corruptos do mundo, e os canadenses normalmente não são obrigados a lidar com a "corrupção do dia a dia" – como pagar para não ser multado ou para obter um documento –, tão comum em outros países.

É, portanto, fato que a democracia liberal é um elemento constitutivo da vida dos canadenses. Nas avaliações de órgãos internacionais, o país é sempre considerado uma democracia plena e seu "índice democrático", como mencionado, é dos maiores do mundo, atrás apenas dos países do norte da Europa.

O país é muito mais tolerante e menos inclinado a resolver os conflitos sociais pela força e pela repressão do que, por exemplo, os países da América Latina. Basta recordar, novamente, que o Canadá nunca teve uma ditadura ou um regime autoritário nem guerras civis.

A democracia criou raízes no Canadá, em boa medida, pelo fato de que, desde o início da formação nacional, as diferenças sociais não eram tão acentuadas que demandassem um Estado repressor para controlar os insatisfeitos. A economia sólida, mesmo com seus altos e baixos, também colaborou e colabora para que o sistema democrático se mantenha, pois pobreza e desigualdade são terreno fértil para crises políticas e radicalismos. E, como num Estado democrático é mais difícil sufocar toda e qualquer reivindicação ou movimento social pela força, acaba havendo uma melhor distribuição de renda e maiores oportunidades para o sucesso econômico. Enfim, é a combinação de liberdade política e sucesso econômico o que atrai, há tanto tempo, ondas e ondas de imigrantes para o Canadá.

O POVO CANADENSE

A população canadense foi formada, num primeiro momento, pelos povos originários e pelos colonos britânicos e franceses que foram chegando. Ainda no período colonial, a população de origem europeia se ampliou em razão de duas ondas migratórias significativas. A primeira, após a Independência dos Estados Unidos, trouxe cerca de 70 mil colonos leais ao monarca britânico que atravessaram a fronteira temendo perseguições ou grandes mudanças em seu estilo de vida. A segunda, ocorrida entre 1815 e 1850, foi estimulada pelo próprio governo colonial com os objetivos de tornar minoritária a população de língua francesa e de aumentar a população da colônia. Assim, cerca de 800 mil ingleses, escoceses e irlandeses (além de grupos menores de alemães e escandinavos) chegaram ao Canadá nesse período, ajudando a multiplicar por cinco a população – de 0,5 milhão em 1812 para 2,5 milhões em 1850 – do país.

Quando o Canadá se tornou uma entidade política própria, em 1867, sua população era de 3,4 milhões de pessoas. Esse número era considerado muito pequeno para um território tão vasto e insuficiente para expandir a economia. Basta lembrar, a propósito, que a Grã-Bretanha tinha então 30 milhões de habitantes e os Estados Unidos, mesmo após a Guerra Civil, 35 milhões e em crescimento rápido.

Ao final do século XIX, quase toda a Europa e a América do Norte passaram por um processo de queda da mortalidade devido a melhoras na higiene e no controle das doenças infecciosas. A natalidade também caiu um pouco nessa época, mas ainda estava em um patamar elevado. No Canadá, em média, cada mulher tinha entre cinco e seis filhos e isso garantia o aumento populacional contínuo. Mas ele ainda era menor do que se desejava, tendo em vista as necessidades de expansão econômica do país e de lucros das companhias de navegação e ferroviárias. Além disso, ele era inferior ao americano, o que causava ansiedade entre as elites canadenses sobre a viabilidade do país. A solução encontrada foi importar novos habitantes, incentivar a vinda de imigrantes.

O cenário entre a segunda metade do século XIX e a primeira do XX era favorável a isso. Na Europa, a Revolução Industrial se espalhava pelo Reino Unido, pelo norte

126 | Os canadenses

da Europa e, aos poucos, para o sul do continente. Com isso, a produtividade da economia aumentou, assim como a população. Mas houve piora nas condições de vida dos trabalhadores, no campo e nas cidades. Tanto que multidões de europeus decidiram emigrar. Queriam fugir da pobreza, da exploração que sofriam no campo e nas cidades, dos riscos constantes de guerra ou de perseguição política ou, pura e simplesmente, da fome. E, graças à revolução nos transportes, emigrar a longas distâncias se tornava cada vez mais seguro, rápido e barato.

Nas Américas, a situação era outra. A economia industrial dos Estados Unidos crescia em ritmo acelerado e pagava salários melhores do que na Europa, o que levou dezenas de milhões de europeus a se transferirem para lá. No Brasil, a demanda por mão de obra barata para o café e para a colonização agrícola também levou à imigração de massa, que se repetiu, em escala ainda maior, na rica Argentina. Em toda a América Latina, além disso, havia demanda por imigrantes europeus, vistos como racial e culturalmente superiores aos povos nativos e aos negros e que poderiam, nos termos da época, "civilizar e desenvolver" o continente. Os europeus também emigravam para a Austrália, a Nova Zelândia, a Sibéria e para as possessões coloniais europeias na África e na Ásia, como a Argélia, a África do Sul e outras. Havia, portanto, um mercado internacional de mão de obra conectando boa parte do mundo e através do qual uns 70 milhões de europeus emigraram (ainda que muitos tenham retornado para casa) entre 1850 e 1930.

Para atrair uma parte desses imigrantes, o Canadá tinha alguns problemas a serem resolvidos, mas também algumas vantagens que podiam ser exploradas. Um dos problemas era que o governo do Domínio dava preferência a britânicos. Em teoria, isso não deveria ter sido relevante, já que a emigração do Reino Unido (incluindo a hoje Irlanda) foi uma das mais intensas no período: 2 milhões de pessoas haviam deixado as Ilhas Britânicas para o Canadá, a Austrália, os Estados Unidos e outros locais entre os séculos XVI e XVIII e, entre 1815 e 1915, com a Revolução Industrial, cerca de 10 milhões de pessoas saíram definitivamente do Reino Unido. Os britânicos, contudo, tinham muitas opções de escolha ao emigrar: podiam seguir para a África do Sul, para a Austrália, para a Nova Zelândia e para outras partes do Império. Além disso, os Estados Unidos – onde as oportunidades de progresso econômico eram imensas e a integração dos que falavam inglês era rápida (com a exceção temporária dos irlandeses católicos) – funcionavam como um ímã para os imigrantes britânicos, atraindo pelo menos a metade dos que deixavam o Reino Unido.

Só a partir do início do século XX é que o governo de Londres conseguiu, através de uma série de leis e auxílios, desviar uma parte maior da emigração britânica para os territórios imperiais, o que, na perspectiva da época, serviria para manter os vínculos entre as suas partes e o seu centro. Com isso, apenas na primeira década do século XX, chegaram cerca de 200 mil emigrantes britânicos ao Canadá. Outros viriam após as guerras mundiais. Mesmo hoje, o Canadá é um destino preferencial para os emigrantes do Reino Unido.

Essa emigração ocorreu essencialmente por motivos econômicos, pelo desejo de melhorar de vida no outro lado do oceano. No Canadá, os imigrantes britânicos encaminharam-se para o trabalho nas fábricas e nas cidades ou, em menor escala, para instalar fazendas nas pradarias canadenses. Houve, contudo, também movimentos muito particulares, como o das 100 mil crianças órfãs ou pobres que deixaram o Reino Unido entre 1870 e 1940 para serem adotadas no Canadá. De qualquer forma, a imigração britânica sempre foi importante na história do Canadá, ao contrário da francesa, que, após a era colonial, passou a ser muito pequena.

Ainda assim, essa imigração britânica não foi considerada suficiente para ampliar como se queria a população do país nem potenciar o seu desenvolvimento econômico, especialmente a colonização agrícola nas pradarias. No final do século XIX, as companhias de navegação e ferroviárias pressionavam por mais imigrantes, mas, para piorar o quadro, os Estados Unidos atraíam não apenas os que vinham da Europa, como também europeus que já tinham se instalado no Canadá e mesmo canadenses. Nos anos 1870 e 1880, mais pessoas saíram do que entraram no Canadá.

A solução foi modificar as leis para tornar a imigração para o Canadá mais atraente, o que ocorreu especialmente no período em que Clifford Sifton foi ministro do Interior, entre 1896 e1905. A partir daquele momento, além de continuar a doar terras nas pradarias para os que se dispusessem a cultivá-las (o que acontecia desde 1872), foram criadas facilidades para o transporte dos imigrantes e para a colonização. Promoveu-se uma propaganda agressiva para divulgar as vantagens da emigração para as pradarias. Foi também assinado um convênio com os Estados Unidos (1894) para tentar impedir que os imigrantes europeus usassem o Canadá apenas como trampolim para chegar aos EUA. Aceitou-se, por fim, que os recém-chegados não britânicos se instalassem em comunidades fechadas, onde poderiam manter seus costumes e língua até que acabassem, como era esperado, se anglicizando. O governo canadense seguia, para selecionar os imigrantes, uma escala racial ou étnica parecida com a seguida nos Estados Unidos: os britânicos, preferencialmente protestantes, eram a prioridade (até para garantir aos anglo-canadenses que eles continuariam sendo a maioria da população); seguiam-se os alemães, os escandinavos, os holandeses

128 | Os canadenses

e outros povos do Norte da Europa. Os eslavos eram os próximos na escala, seguidos pelos italianos do sul, pelos balcânicos e pelos povos do Oriente Médio, sendo excluídos da lista de potenciais imigrantes os negros e os asiáticos. Para a colonização agrícola das pradarias canadenses, contudo, os britânicos não se destacaram, porque preferiam emigrar para as cidades e também porque dentre eles eram poucos os agricultores vindos das Ilhas Britânicas naqueles anos. A política de Sifton trouxe novidades, dando preferência a imigrantes agricultores americanos brancos, já acostumados ao trabalho nas pradarias dos EUA, seguidos por alemães e escandinavos. Além disso, imigrantes do Leste Europeu, especialmente da Ucrânia russa e, acima de tudo, da Galícia austríaca também passaram a ser considerados muito apropriados para a colonização das pradarias, já que estariam acostumados ao cultivo da terra num clima muito frio.

Uma combinação de interesses econômicos e de um racismo típico do século XIX moldou a política de Sifton e de outros dirigentes canadenses. Essa visão racista levou, inclusive, às primeiras leis canadenses que proibiam a imigração de grupos específicos. Os chineses foram os primeiros alvos. Desde o final do século XIX, dezenas de milhares deles haviam participado, como mão de obra barata, na construção de ferrovias nas pradarias e na Colúmbia Britânica e se espalhado por várias partes do país, criando as famosas Chinatowns, bairros onde os chineses se concentravam. Contudo, eram discriminados por sua "raça" e também em razão de estereótipos como o de serem traficantes de ópio ou portadores de doenças. Para impedir a chegada de novos imigrantes vindos da China, foram promulgadas diversas leis, as quais também limitavam os direitos dos chineses em território canadense. As principais são as dos anos 1887 e 1923. O preconceito contra os chineses no Canadá de então era tão grande que chegou a haver um violento ataque organizado contra chineses em Vancouver em 1907.

Nessa terceira onda imigratória (1890-1914), chegaram, além dos britânicos, imigrantes vindos da Alemanha, da Itália, da Escandinávia. Também entraram no país 1 milhão de americanos, muitos dos quais originalmente imigrantes escandinavos ou alemães, além de mórmons e menonitas, em busca de novas terras. O Canadá recebeu, inclusive, praticamente toda a população que emigrou da pequena Islândia. Mas relativamente poucos franceses – uns 20 mil – optaram por viver no Canadá, mesmo porque a França não era então um país de forte emigração. A maior fonte de imigrantes nessa época, contudo, foi a Europa Oriental, especialmente Rússia, a Polônia e a Ucrânia. Hoje, mais de um milhão e meio de canadenses têm origem ucraniana, formando a maior coletividade de origem ucraniana fora da Ucrânia, com a exceção da Rússia.

Uma antiga imagem de imigrantes ucranianos, com seus trajes típicos, chegando ao Canadá, provavelmente no porto ou em uma estação ferroviária, a caminho das pradarias.

Para os camponeses ucranianos, por exemplo, a mudança para o Canadá significava maior liberdade religiosa e política e, acima de tudo, o acesso à terra. Não levavam, contudo, uma vida fácil. Ao chegar, cada família recebia 160 acres de terra que tinha que ser transformada em uma fazenda capaz de alimentar a todos. Como não eram dadas condições para comprar ferramentas, os homens da família comumente se deslocavam para outros locais em busca de trabalhos temporários no corte da madeira ou nas minas, de forma a conseguir dinheiro, deixando mulheres e crianças desprotegidas aguardando sua volta. Anos de trabalho duro eram necessários para que a família de fato melhorasse de vida e habitasse uma casa confortável.

Os números indicam bem a aceleração da imigração para o Canadá. Entre 1851 e 1880, chegaram, segundo as estatísticas oficiais, 720.400 imigrantes, ou seja, 24 mil por ano. Nas duas décadas seguintes, entre 1881 e 1900, foram 60 mil por ano, totalizando 1,2 milhão de pessoas e, entre 1901 e 1914, 220 mil por ano, totalizando

130 | Os canadenses

2,9 milhões. No total, 5,4 milhões de estrangeiros entraram no Canadá no período entre 1815 e 1914. É verdade que muitos, cerca de 2,5 milhões, acabaram emigrando posteriormente para os Estados Unidos ou, decepcionados, voltaram para suas terras de origem. Mesmo assim, um número substancial ficou no Canadá.

Como resultado da chegada de tantos imigrantes, a proporção de estrangeiros na população canadense, que era de 13% em 1901, subiu para 20% antes da Primeira Guerra Mundial. Em Quebec e nas províncias marítimas, a proporção de estrangeiros era menor e a de Ontário estava na média nacional. Já nas pradarias e na Colúmbia Britânica, o impacto dessa migração maciça foi imenso. A população de Saskatchewan, por exemplo, cresceu 1124,77% entre 1891 e 1911. Em 1911, metade da população das pradarias tinha nascido no exterior, proporção que chegava a 57% na Colúmbia Britânica, sem contar os filhos de estrangeiros nascidos no Canadá.

O período entre 1914 e 1945 foi marcado por guerras mundiais e crises econômicas que levaram a uma diminuição da imigração, para apenas 1,6 milhão em todo o período. Foi também um período em que cresceram os preconceitos contra os estrangeiros, especialmente contra alemães, eslavos, italianos e asiáticos. Em 1914-1915, houve perseguições a ucranianos e alemães e, entre 1939-1945, a alemães, japoneses e italianos. Na época da Segunda Guerra Mundial, os japoneses foram especialmente afetados, com a maior parte da comunidade, incluindo os nascidos no Canadá, sendo enviada a campos de prisioneiros localizados longe do litoral (como também aconteceu, aliás, nos Estados Unidos e, em menor escala, no Brasil).

De qualquer forma, o resultado de décadas de imigração é que o Canadá era, em 1940, um país muito mais diversificado étnica e culturalmente, ainda que esmagadoramente branco. No censo daquele ano, metade da população de 11,5 milhões tinha origem britânica; um terço, francesa; 4% alemã; 2,7% ucraniana; e 10% outros europeus. Os asiáticos e os negros eram menos de 1% da população.

Após a Segunda Guerra Mundial, uma economia canadense em crescimento e demandando mão de obra e uma Europa destruída e empobrecida favoreceram uma nova onda emigratória, a chamada quarta onda. Essa quarta onda totalizou cerca de 3 milhões de pessoas, dos quais meio milhão de britânicos, o mesmo número de italianos, 400 mil pessoas de língua alemã, centenas de milhares de irlandeses, poloneses, ucranianos e gregos e cento e 50 mil portugueses, além de holandeses, húngaros e outros em menor número. A maioria desses imigrantes chegou pelo terminal portuário chamado Pier 21, em Halifax, que funcionou de 1928 a 1971, uma espécie de "Ellis Island canadense". Esses imigrantes diversificaram ainda mais o panorama populacional canadense, mas ainda essencialmente de origem europeia. Em 1971, 96,3% dos canadenses declararam ter ascendência europeia.

O CANADÁ MULTICULTURAL

A última onda de emigração, talvez a mais importante, foi a que mudou completamente o Canadá e redefiniu o perfil do "canadense". Podemos dizer que desde os anos 1970, o Canadá está, em termos demográficos, em contínua mutação, num ritmo inimaginável na maioria dos países do mundo.

A partir do final dos anos 1960 e, especialmente, nos anos 1970, de forma similar ao que aconteceu nos Estados Unidos, as leis de imigração canadense foram modificadas. A economia, em contínuo crescimento, demandava mais mão de obra e a fonte tradicional dela, a Europa, já não tinha um excesso de população a ser exportado. A sociedade canadense, além disso, começou a ver de outra forma a questão étnica e houve um esforço para rejeitar o racismo e a antiga discriminação contra os não europeus. Dessa forma, antigas restrições foram abolidas e as origens étnicas e nacionais ou a cor da pele dos candidatos passaram a não importar mais, ao menos formalmente, para a seleção dos imigrantes, enquanto restrições de renda, escolaridade e competência linguística (em inglês ou francês) foram introduzidas, ao mesmo tempo em que se valorizavam os candidatos já com família no Canadá. As leis – e, especialmente, o *Immigration Act* de 1976 – também passaram a facilitar a imigração de refugiados e a promover a diversidade. Se, antes, a prioridade era garantir uma maioria populacional britânica ou, no mínimo, europeia, o foco se alterou para o aumento da população para atender às necessidades econômicas e construir uma diversidade étnica e cultural que era vista cada vez mais como um valor positivo.

Entre o início dos anos 1970 e os dias de hoje, cerca de 9 milhões de imigrantes entraram no Canadá, sendo a média atual em torno de 250 mil pessoas. Os europeus continuam a chegar, mas cada vez mais os imigrantes se originam, essencialmente, de locais como América Latina, Caribe, África, Oriente Médio e, acima de tudo, Ásia Oriental e do Sul. Chineses, filipinos e oriundos da península indiana formam, hoje, a maioria dos imigrantes. Enfim, os imigrantes vêm de praticamente todo o mundo.

Para entender o impacto desse movimento, basta mencionar alguns números. A comunidade de asiáticos vindos da península indiana passou de 67 mil pessoas em 1971 para cerca de 2 milhões hoje, enquanto os negros (de origem caribenha ou africana) passaram de 35 mil para 1,2 milhão. Os chineses (imigrantes e descendentes) passaram de 0,6% para 5,1% da população do Canadá e os latino-americanos são, em 2020, 1,3% dos canadenses. Nessa comunidade se inserem, aliás, os brasileiros. Já os filipinos são quase 900 mil, formando uma comunidade que, em termos proporcionais, é duas vezes maior do que a que reside nos Estados Unidos, sua antiga metrópole colonial. Por outro lado, algumas comunidades envelhecem rapidamente, como a italiana e a portuguesa, e a proporção de descendentes de franceses e britânicos na população geral diminui rapidamente.

Relatos de imigrantes são amplamente difundidos na mídia canadense, com histórias particulares que retratam dificuldades, fracassos, decepções, mas também sucessos na nova realidade. Contudo, apesar das especificidades de cada percurso humano, podem ser identificados aspectos comuns. A trajetória de Aimee Beboso, por exemplo, não é muito diferente da de tantos outros. Nascida nas Filipinas em 1980, Aimee chegou ao Canadá em 1993. Tios e primos já estavam no país desde a década de 1970, aproveitando-se da nova legislação. À medida que se adaptavam, convenciam outros membros da família a vir para o Canadá; em 1993, foi a vez de chamarem Aimee e seus parentes próximos. De uma região quente, com canaviais e usinas de açúcar, Aimee e seus familiares se transferiram para uma pequena e fria cidade em Ontário. Lá, ela teve oportunidade de estudar (era a única filipina em sua escola). Adulta, mudou-se para Ottawa, onde trabalha em uma associação que auxilia imigrantes filipinos. Agora, é a sua vez de enviar dinheiro e presentes para os parentes que ainda vivem nas Filipinas e, quem sabe, preparar a vinda deles para o Canadá. Nesse sentido, a experiência de Aimee é típica da chamada "imigração familiar" que traz novos habitantes ao Canadá e transfere dinheiro para o país de origem: só em 2017, os imigrantes filipinos enviaram mais de um bilhão de dólares canadenses para parentes e conhecidos nas Filipinas.

Como vivem esses imigrantes? A política imigratória canadense dos últimos 50 anos dá grande importância ao respeito à diversidade e mesmo a estimula. Os imigrantes têm liberdade para viver a vida da maneira que acharem melhor e muitos o fazem. É comum a existência, nas cidades canadenses, de bairros étnicos onde indianos, filipinos ou mexicanos vivem de forma mais ou menos isolada, falando suas línguas, comendo seus pratos típicos e se casando entre si. Isso não é visto de forma negativa pelo governo canadense, que considera positivo que as pessoas explorem e vivam a sua "herança". O socialmente exigido é que essas pessoas adotem os "valores canadenses" de tolerância e liberdade individual no trato com os outros. Uma mulher muçulmana, dessa forma, pode, se quiser, usar véu no dia a dia, mas não se permite obrigar alguém a utilizá-lo.

Na verdade, diariamente os canadenses se perguntam: qual a fronteira entre respeito a cultura do outro e as normas mínimas de convivência que têm que servir para todos em uma sociedade? Permitir que cada comunidade viva segundo costumes próprios não enfraquece a coesão social? Ao mesmo tempo, a diversidade étnica e cultural é tamanha que seria complicado, no mínimo, exigir que todos pensem e ajam da mesma forma. A adesão aos "valores canadenses" é, por enquanto, a cola que mantém o Canadá unido e nada choca mais os canadenses do que quando esse pacto é quebrado e um grupo tenta impor suas normas a outro.

De qualquer forma, é inegável que, como resultado dessa quinta onda migratória e da maior juventude e fecundidade dos imigrantes, o quadro cultural do país mudou profundamente. Cerca de 74% da população é de origem europeia, predominantemente de origem britânica e francesa e com imensas comunidades italianas, portuguesas, alemãs, ucranianas e de outras partes da Europa. Os não caucasianos, chamados de *visible minorities* (literalmente, minorias visíveis), são cerca de 21% da população (quase todos imigrantes ou filhos de) e seus principais grupos, como já mencionado, são os chineses, os indianos e os filipinos, assim como africanos, caribenhos, latino-americanos e do Oriente Médio. O termo *visible minorities* foi escolhido pelas autoridades canadenses para diferenciar os chegados mais recentemente dos povos originários (indígenas), também não caucasianos, e das antigas "minorias", como os católicos e os de língua francesa.

Monumento em homenagem aos imigrantes italianos em Toronto, inaugurado em 1998. Meio milhão de italianos se dirigiram ao Canadá, principalmente para Ontário e Quebec, especialmente depois da Segunda Guerra Mundial.

Os povos originários formam um quadro à parte, sendo diferenciados legalmente de uma forma tipicamente canadense. Em 2016, eles compunham 4,9% da população do país: 0,2% de inuit (também chamados de esquimós, ainda que esse termo seja considerado, hoje em dia, pejorativo), habitantes do Círculo Polar Ártico; 1,7% de *métis* (descendentes dos antigos mercadores europeus e dos povos indígenas); e 3% de membros das *First Nations*, que reúnem centenas de grupos que habitam ao sul do Ártico. Entre eles, há vários *status* legais. Os *métis* e os *non-status Indian*s, por exemplo, não são legalmente índios, enquanto os que descendem das tribos que assinaram tratados com a Coroa britânica o são (o que lhes abre as portas para direitos e programas de apoio especiais). Já os inuit conseguiram, especialmente nas últimas décadas, que os territórios do norte onde eles são maioria recebessem uma autonomia maior.

A situação dos povos originários do Canadá pode ser vista conforme a ótica do copo meio cheio ou meio vazio. De um lado, eles têm um padrão de vida muito abaixo da média nacional. Suas condições de moradia, saúde, educação, emprego e renda são insatisfatórias para os padrões canadenses. Seus índices de desemprego, alcoolismo, encarceramento e suicídios são dos mais altos do país. Por outro lado, suas condições de vida melhoraram nas últimas décadas, tanto que eles têm se recuperado demograficamente. Além disso, há todo um esforço das universidades e do governo para recuperar a história desses grupos, incorporando-os à História nacional. O governo federal também transfere fundos para as comunidades indígenas para financiar programas educacionais, de saúde e para a própria manutenção delas; e algumas comunidades têm facilidades para abrir negócios (como casinos), vender terras ou negociar direitos de mineração diretamente com empresas privadas, o que também produz renda.

A imensa diversidade cultural e étnica do Canadá se desdobra, evidentemente, em uma multiplicidade de cenários particulares, provinciais e regionais. Os povos originários estão mais presentes no extremo norte e nas pradarias, enquanto os chineses, apesar de espalhados por quase todo o país, se concentram em Toronto e, acima de tudo, em Vancouver, onde são um terço da população. Italianos e portugueses são mais facilmente encontrados em Ontário e Quebec, sobretudo nas grandes cidades, enquanto as zonas rurais das pradarias ainda são dominadas por sobrenomes alemães ou ucranianos. Os árabes se dividem entre Ontário e Quebec, sendo que os árabes cristãos e que falam francês preferem o Quebec, enquanto os muçulmanos que falam inglês se dirigem preferencialmente a Ontário. O mesmo, em boa medida, acontece com os de origem caribenha.

A nova realidade canadense também é um fenômeno das grandes metrópoles. Nas zonas rurais e nas pequenas cidades, a população ainda é essencialmente branca, enquanto as grandes zonas metropolitanas – como Montreal, Alberta, Ottawa, Vancouver e outras – absorvem a quase totalidade dos novos imigrantes. Claro que há também diferenças substanciais de cidade para cidade e dentro de cada província. No Quebec, por exemplo, Montreal é uma cidade onde a porcentagem de pessoas pertencentes às *visible minorities* é elevada, enquanto a da cidade de Quebec está bem abaixo da média nacional.

Dentro desse contexto, Toronto ocupa um lugar especial. De uma pequena cidade da época colonial, ela evoluiu para uma metrópole com cerca de seis milhões de pessoas hoje. Metade da sua população não nasceu no Canadá e, numa cidade com cerca de duzentos grupos étnicos, são falados cento e quarenta idiomas. Além dos bairros étnicos típicos (como Chinatown, Greektown, Little Poland, Little Italy, Little Portugal e Little India), há uma multiplicidade de bairros, ruas e até áreas inteiras da cidade identificadas com uma ou outra etnia em particular. Assim, caminhar pelas ruas ou pegar o metrô em Toronto é realmente uma experiência única, com rostos europeus, asiáticos, africanos e de toda a parte do mundo se sucedendo na paisagem humana. Em um único dia em Toronto, é possível tomar um capucino italiano, ser atendido em uma biblioteca por uma funcionária jamaicana e em uma loja por um rapaz eritreu, almoçar bacalhau em um restaurante português e terminar o dia num cinema onde o atendente é russo, auxiliado por um hondurenho. Várias cidades do mundo – como Nova York, Londres, Paris e outras – oferecem essa experiência, mas Toronto é um caso à parte. Não à toa, a cidade foi considerada a mais multicultural do mundo em 2016 pela BBC. Seus habitantes gostam de ressaltar como essa multiplicidade de culturas faz de Toronto um lugar especial, vibrante.

Claro que existem outras perspectivas sobre a cidade. Algumas pessoas vão afirmar que o excesso de população faz de Toronto um lugar horrível para se viver: superpovoado, caro e poluído. Outros ironizam dizendo que, mesmo com tantas culturas vivendo lado a lado, a cidade continua provinciana e até mesmo chata. Toronto seria uma cidade fria (em termos climáticos e nos relacionamentos humanos) e com poucas atrações que não demandam pagamento. Aliás, falar mal de Toronto parece ser um "esporte nacional" para muitos canadenses que vivem em outros locais e mesmo para alguns de seus habitantes.

Além disso, o modelo de integração de Toronto tem o seu lado menos apresentável. Há uma considerável segregação espacial: quanto mais rico o bairro ou a região, mais alta a proporção de brancos e de canadenses natos. Isso talvez diminua com o tempo, à medida que os novos imigrantes melhorem de vida, mas também pode ser uma tendência duradoura, como já acontece em tantas cidades

O *skyline* da cidade de Toronto, a partir do lago Ontário. O destaque é a CN Tower, inaugurada em 1976. Com seus 553 m de altura, é um dos principais símbolos de Toronto, atraindo 2 milhões de visitantes por ano.

dos Estados Unidos, do Brasil e da Europa. Do mesmo modo, colocar milhões de pessoas de centenas de etnias, religiões e culturas num mesmo lugar causa problemas de convivência, o que abre fraturas na questão do multiculturalismo, como será visto posteriormente.

De qualquer forma, Toronto é o símbolo do "novo Canadá" e, talvez, do que o Canadá urbano deseja ser: vibrante, energizado por ondas de imigrantes jovens e com várias culturas vivendo lado a lado. Um lugar onde todos vivem em harmonia, respeitando os direitos uns dos outros e progredindo em paz. Uma metrópole capaz de competir com Nova York, Chicago ou Londres.

Enfim, o Canadá é hoje um país de imigrantes (e, ao mesmo tempo, como será visto adiante, de forte emigração), assim como de uma diversidade étnica e cultural crescente. Algumas estatísticas dizem que, sem a imigração desde 1850, a população do Canadá seria de apenas 9,8 milhões de habitantes frente aos 35 milhões que lá vivem hoje. Até 2036, a população canadense deve crescer para 44 milhões e, como a natalidade do país é muito baixa desde os anos 1960, todo esse crescimento virá da imigração.

Hoje em dia, os canadenses continuam a receber imigrantes, numa média anual de 300 mil, média essa que pode ser ampliada ou diminuída um pouco no futuro. Todos os anos desde os anos 1970, os canadenses recebem o equivalente a 1% da sua população como imigrantes, aumentando ainda mais a diversidade cultural. Um efeito de uma política de Estado de dois séculos, que, com as alterações já mencionadas, continua em vigor até hoje.

A POLÍTICA MIGRATÓRIA

Para selecionar os imigrantes nos dias de hoje, o Canadá tem um sofisticado sistema federal, ao qual se somam os programas provinciais, criados para atender as demandas específicas de cada região. Por esses programas, cada província pode patrocinar, junto ao governo federal, a vinda e a instalação de um tipo específico de imigrante que atenda às suas necessidades demográficas ou de mercado de trabalho. O Quebec tem ainda mais autonomia para selecionar imigrantes e, além dos requisitos mencionados, também valoriza os falantes da língua francesa.

O governo federal, além de gerir a entrada e a saída dos trabalhadores temporários – admitidos para trabalhos específicos e por tempo determinado –, seleciona os que poderão se converter em residentes permanentes (autorizados a viver no país, mas não cidadãos) através de uma série de mecanismos burocráticos e legais.

O primeiro é o econômico, através de um sistema de pontos. Quanto mais experiência profissional, nível educacional e domínio de um dos idiomas nacionais (francês ou inglês), mais o potencial candidato ganha pontos. Caso ele tenha nível superior e habilidades em engenharia, computação ou outras áreas de alta demanda, suas chances aumentam ainda mais. Empresários e pessoas que queiram começar uma empresa no Canadá, trazendo seu próprio capital, também são bem-vindos. Cerca de dois terços dos imigrantes se encaixam nessa categoria. O segundo é a reunificação familiar, ou seja, canadenses ou imigrantes já estabelecidos no Canadá podem patrocinar a vinda ao país de parentes, o que totaliza mais 20% dos que chegam. Por fim, há um programa de admissão de refugiados, os quais correspondem a uns 10% dos imigrantes.

O modelo de imigração canadense é único e suas características particulares provavelmente ajudam a explicar por que o Canadá não tem passado, ao menos no presente momento, pelo chamado *liberal doom loop* (ciclo de colapso liberal), conceito cunhado pelo jornalista americano Derek Thompson.

Por esse termo, entende-se um processo histórico que marca, nos dias de hoje, as sociedades democráticas e avançadas do Ocidente. O ciclo seguiria – já levando em consideração que há diferenças expressivas entre os Estados Unidos e a Europa e entre os vários países europeus – passos mais ou menos definidos. Por contingências históricas e sociais, certas sociedades atingiram um patamar elevado em termos econômicos (indústria e serviços tecnológicos, normalmente conectados ao mundo globalizado), políticos (democracia liberal), sociais (maior igualdade e oportunidades garantidas pelo Estado de Bem-Estar Social) e culturais (tolerância nos costumes e pela diversidade). Um efeito desse sucesso seria a queda expressiva

138 | Os canadenses

da natalidade e o aumento da esperança de vida, o que diminui a quantidade de trabalhadores para manter a economia funcionando. Ao mesmo tempo, o diferencial de bem-estar com relação a outras regiões do mundo se torna muito elevado e o aperfeiçoamento dos transportes e das comunicações diminui as distâncias e proporciona deslocamentos simples e baratos.

O resultado é a capacidade de atrair uma imigração maciça de outros continentes para a Europa e a América do Norte. Isso diminui os problemas de mão de obra e de envelhecimento excessivo, mas gera outros. A maior parte dos imigrantes não pertence ao mesmo universo cultural, religioso e étnico dos países receptores (o que gera conflitos e receios), eles acabam por competir, em algum nível, por empregos e recursos sociais como escolas e hospitais e, por fim, são identificados por muitos, de forma preconceituosa, como criminosos, violentos, portadores de doenças, superdependentes da ajuda estatal etc.

O resultado seria o fortalecimento de uma direita populista que prega a volta à tradição e ao nacional como forma de defesa. Protegendo o mercado interno (ou como prometia Donald Trump em 2016, "trazer as fábricas de volta"), procurando garantir os direitos dos antigos habitantes sobre os novos e, acima de tudo, lançando medidas para conter ou reverter a onda imigratória, essa direita populista inverteria o ciclo liberal: a solidariedade social seria abandonada, a democracia questionada (já que havia permitido aquela situação) e medidas de força – ao revés do Estado de Direito – seriam adotadas para garantir uma imigração menor e uma maior homogeneidade cultural. Donald Trump, Boris Johnson e os atuais governos na Hungria e na Polônia seriam bons exemplos desse "ciclo do colapso liberal", que não eliminaria, necessariamente, a democracia liberal, mas a esgarçaria ao máximo. O modelo, contudo, se replica atualmente em quase toda a Europa, como na Itália, na Alemanha, na Espanha etc.

Há de se tomar cuidado com esse tipo de análise, normalmente proclamada por setores do liberalismo progressista dos Estados Unidos, como a revista *The Atlantic*. Afinal, o que realmente está destruindo os avanços sociais e políticos do pós-1945 e alimentando a direita populista é o colapso da velha esquerda social-democrata, o crescimento das Igrejas evangélicas (no caso latino-americano) e, acima de tudo, o neoliberalismo, que enriquece uma parte da população, mas empobrece e destrói as perspectivas e sonhos da grande maioria, num clima de "salve-se quem puder". Não se pode esquecer, aliás, que um traço interessante nessa direita populista (com a exceção notável de Bolsonaro no Brasil) é que, ao menos no discurso, ela é uma inimiga do neoliberalismo.

Mesmo com esse "porém", essa teoria é interessante por se centrar no maior argumento mobilizador, de ordem emocional e cultural, da direita populista nos

Estados Unidos e na Europa hoje, ou seja, a ameaça de que os brancos se tornarão minoria nos Estados Unidos e na Europa, sendo suplantados pelos imigrantes.

A única exceção a esse modelo, no mundo desenvolvido, parece ser o Canadá. Ele sempre foi um país aberto à imigração, por motivos óbvios. O país é tão vasto e tão pouco povoado que a única forma de suprir sua carência de mão de obra era e é pela imigração. Essa perspectiva permitiu a entrada no país dos agricultores necessários para colonizar as pradarias, dos técnicos e engenheiros para atender a demanda da indústria e dos serviços e, cada vez mais, para impedir um desequilíbrio na relação entre trabalhadores e aposentados e um envelhecimento exagerado da população. Um padrão comum, portanto, a vários outros países desenvolvidos.

Contudo, ao contrário de tantos países europeus e do seu vizinho ao sul, o *liberal doom loop* não parece estar acontecendo no Canadá. Claro que há pessoas no Canadá que se sentem ansiosas com a transformação rápida do país e se incomodam com o número cada vez maior de rostos não brancos nas ruas. Ainda hoje, aliás, apenas 1 em cada 20 casamentos é entre pessoas de etnias diferentes. Pesquisas recentes indicam que muitos canadenses começam a avaliar que o número de imigrantes está indo além do que o país pode suportar e tímidos movimentos contra a imigração estão aparecendo. Porém, esses questionamentos não são quase nada frente ao que acontece na Europa e nos Estados Unidos, onde a proporção de estrangeiros na população é de apenas 15%, frente a 22% no Canadá, ou seja, bem menor.

A verdade é que a maioria esmagadora dos canadenses ainda avalia a imigração como algo positivo para o país, e o fato de os canadenses brancos poderem se tornar uma minoria em algumas décadas não parece ser uma questão importante no Canadá, enquanto mobiliza multidões na Europa e nos Estados Unidos, algo espantoso para os canadenses.

Para entender a especificidade canadense, é preciso entrar nos meandros do seu sistema imigratório. À primeira vista, o Canadá parece um oásis para a imigração, um país que aceita todos os que batem às suas portas. A realidade, contudo, é que o Estado canadense seleciona e organiza criteriosamente os imigrantes e isso tem efeitos favoráveis na coesão social.

Em primeiro lugar, no país quase não há imigração ilegal. É quase impossível chegar ao Canadá ilegalmente por mar e muito menos pelo Ártico. A única possibilidade seria pela fronteira dos Estados Unidos, mas historicamente foram poucos os ilegais que, tendo conseguido chegar ao solo americano, se arriscaram a ir mais para o norte. Apenas após a chegada de Donald Trump ao poder nos EUA em 2016 é que houve um aumento considerável de imigrantes ilegais, preocupados com a chance de deportação, se dirigindo ao norte da fronteira, o que, aliás, preocupou muito as autoridades canadenses e gerou sentimentos negativos na população do Canadá, desacostumada a lidar com imigrantes não convidados a se integrar ao país. Fora essa exceção, a imigração para o Canadá é sempre legal, o que diminui as ansiedades populares, pois é um processo ordenado, que não provoca grandes distúrbios (como os que acontecem na fronteira entre Estados Unidos e México ou no Mediterrâneo) e que segue números estabelecidos *a priori*.

Outra questão é que o Canadá seleciona com extremo cuidado os que poderão entrar como imigrantes. A figura do imigrante que chega ilegalmente e daí pede para ficar é quase inexistente no país, até porque viajar ao Canadá, mesmo que para simples turismo, demanda um visto e a submissão a um controle prévio. Assim, são aceitos apenas os imigrantes avaliados com potencial de colaborar e trazer benefícios ao país, enquanto os que precisam de ajuda e provavelmente dariam despesas são deixados de fora.

Os imigrantes com vínculos familiares com pessoas que já habitam o Canadá, por exemplo, são recebidos no país por membros suas famílias que se responsabilizam por cuidar deles, inscrevê-los na escola e ajudá-los a conseguir um emprego.

Já os refugiados chegam, na maioria dos casos, com patrocínio de organizações religiosas ou laicas de apoio, que também se comprometem a fornecer uma infraestrutura básica de acolhimento.

No caso dos chamados "imigrantes econômicos" aceitos pelas autoridades canadenses, a situação fica ainda mais clara. Eles são relativamente jovens, quase sempre casados e com filhos pequenos, escolarizados e, quase sempre, trazendo dinheiro do seu país de origem. Eles logo começam a trabalhar, atendendo às necessidades da economia nacional, e, por serem jovens e saudáveis, ainda demandam poucos serviços médicos ou previdenciários. São considerados um acréscimo bem-vindo a uma economia em crescimento contínuo há décadas e ajudam, por sua vez, esse crescimento.

A sociedade canadense valoriza os imigrantes bem-sucedidos. A revista *Canadian Immigrant,* por exemplo, seleciona todos os anos, desde 2004, 25 imigrantes para serem homenageados por suas conquistas profissionais, pelos seus êxitos na cultura e nas artes ou pelos seus serviços à comunidade. Incluem-se aqui cirurgiões, engenheiros, empresários no setor de tecnologia, executivos, atores, esportistas, professores universitários e outros. De fato, é difícil não ver a imigração com bons olhos quando os imigrantes bem-sucedidos ficam em exposição e os que não o foram permanecem na obscuridade. Outro amortizador que permite uma visão mais positiva da imigração por parte dos canadenses é que, no Canadá, diferentemente de outros países, o Estado de Bem-Estar Social não sofreu cortes tão profundos que inviabilizassem sua existência. Os novos moradores aumentam,

Pista de patinação no gelo em Toronto. Canadenses de vários grupos étnicos se divertem juntos, mas um imigrante recente apenas observa. Integração em andamento ou enfrentando dificuldades?

sim, a demanda por serviços sociais, mas não a ponto de dificultar em excesso a vida dos moradores originais.

Por fim, para explicar a maior tolerância dos canadenses para com a imigração, mais dois elementos devem ser recordados. Um é que o Canadá não construiu a sua identidade nacional a partir de um critério étnico-linguístico excludente. Na Europa, na Ásia ou no Oriente Médio, as percepções de quem são os membros do corpo nacional e os que não o são estão cristalizadas já há muito. Por isso é que é tão difícil para um italiano ver em um árabe muçulmano um "novo italiano" ou um chinês entender a demanda de um estrangeiro que quer se tornar cidadão da China. Isso provavelmente vai mudar com o tempo, pois, para essas sociedades funcionarem, será necessário retornar ao modelo de identificação nacional vigente no início do século XIX, o qual identificava nacionalidade com direitos de cidadania e valores compartilhados. A vantagem canadense é que sua concepção de nacionalidade já é essa há um bom tempo.

Claro que, para muitos canadenses, é difícil aceitar que um indiano ou um filipino (ou, no passado, um ucraniano ou um italiano) seja realmente um membro da comunidade nacional. O Canadá nunca pensou seu povo, contudo, como uma entidade homogênea em termos étnicos, culturais e religiosos, até porque a presença do Quebec francês impedia que isso ocorresse. O país foi binacional desde o início e isso facilitou a sua transformação em trinacional a partir dos anos 1960 (quando os indígenas foram reconhecidos como a nação original ou as nações originais) e em multinacional nos dias de hoje.

O segundo elemento é a "política do multiculturalismo", que acaba por facilitar a integração de tantas pessoas. O Canadá quer integrar os imigrantes, ou seja, fazer com que todos vivam de forma harmoniosa com os nascidos no país e se sintam parte da sociedade, mas não exige a sua assimilação cultural completa. Como vimos, o que é demandado dos imigrantes é a adesão aos "valores canadenses": respeito ao outro, à democracia e aos valores comunitários. Os imigrantes, dessa forma, alteram a sociedade canadense, trazendo novos costumes, hábitos e perspectivas, mas se espera que se adaptem à maneira canadense de ser.

Se conseguir manter essa política, o Canadá pode ser converter num símbolo de uma nova era, de integração pacífica de povos, etnias e culturas. Por outro lado, caso esse sistema pare de funcionar – a partir de uma grande crise econômica, de um colapso do Estado de Bem-Estar Social ou da perspectiva multicultural –, os sentimentos anti-imigração podem se converter em um problema político, talvez aproximando o Canadá do modelo conflitivo e restritivo em vigor na maior parte da Europa e nos Estados Unidos.

A VIDA NO CANADÁ

Escrever sobre como vive o canadense é fazer um exercício, em boa medida, teórico, pois significa reduzir a vida de dezenas de milhões de pessoas a algo único e simplista, o que não é real. Há canadenses de todas as classes sociais, de múltiplas origens étnicas e culturais, de gêneros e idades diferentes e que vivem em ambientes geográficos diferenciados. Obviamente, a experiência de vida de todos eles não é a mesma, assim como a sua relação com a cultura nacional (e os valores nacionais) como um todo. Do mesmo modo, nem todos os aspectos da vida de um canadense podem ser recuperados, sendo necessário fazer escolhas e selecionar os que parecem mais relevantes. Contudo, alguns parâmetros podem ser indicados e algumas generalizações são possíveis para entender melhor o habitante do Canadá.

Neste livro, já foram mencionadas a relação especial dos canadenses com o frio e com o meio ambiente e a questão de constituírem uma sociedade multicultural e "politicamente correta". Há ainda outros aspectos da vida do Canadá que merecem ser abordados. Eles podem ser agrupados em três grandes blocos: a qualidade de vida, especialmente nos grandes centros onde a maioria dos canadenses vive hoje em dia; os códigos para a convivência social; e certos hábitos e elementos culturais próprios dos canadenses, com destaque para os esportes mais populares e as comidas típicas.

QUALIDADE DE VIDA

Por todos os parâmetros internacionais, o Canadá é um país com um dos melhores padrões de vida no mundo. Os *rankings* variam de ano para ano, mas o Canadá raramente sai das primeiras posições (junto com os países do norte da Europa e a Nova Zelândia) e, muitas vezes, é colocado na primeira, ou seja, é avaliado como o melhor lugar para se viver no mundo.

Para um brasileiro, especialmente, acostumado a viver numa sociedade muito violenta e com serviços públicos de baixa qualidade, há duas características da vida no Canadá que chamam a atenção: a baixa violência e o bom funcionamento do Estado de Bem-Estar Social.

No Canadá, há sim crime e violência, sendo relativamente comuns o furto em residências, o roubo de automóveis e demais crimes contra a propriedade. Segundo as estatísticas internacionais, o índice geral de crimes no Canadá é alto perto da maioria dos países europeus e da Ásia. Contudo, é inferior ao dos Estados Unidos e muito menor do que o de países realmente violentos, como Brasil, Honduras ou Venezuela.

Um diferencial canadense é que o crime violento – como assaltos à mão armada, estupros – está pouco presente no cotidiano das pessoas. Eles ocorrem no Canadá em escala menor do que em outros países, se aproximando dos índices dos países europeus e do Japão. As comparações estatísticas são sempre complicadas nestes casos, pois os países computam crimes de formas diversas, mas a estatística de homicídios é mais transparente e reveladora: no Canadá, apesar de um recente crescimento no número de vítimas (normalmente por causa de disputas entre gangues e tráfico de drogas), foram assassinadas, em 2017, 1,7 pessoa por 100 mil habitantes, número superior a vários países europeus e asiáticos, mas muito inferior ao país mais violento do mundo, El Salvador, onde o índice foi 82, e de países como Brasil (30) e Estados Unidos (5,3).

A segurança pública no Canadá não se baseia em um viés repressivo ou punitivo. Isso pode ser comprovado pela não existência de pena de morte (abolida em 1976) e pela quantidade relativamente pequena de pessoas na prisão: os Estados Unidos encarceram 655 de seus cidadãos a cada 100 mil habitantes, a Rússia 363 e o Brasil 348, enquanto o Canadá apenas 107. Além disso, o número de policiais no país é relativamente baixo: 188 para cada 100 mil habitantes. O Brasil tem 211, a Rússia, 623 e os Estados Unidos, 298, e com índices de violência maiores que os canadenses.

Em parte, esse índice menor se origina, obviamente, da menor desigualdade social e das maiores oportunidades econômicas que o país oferece a seus habitantes. O maior controle da posse de armas também colabora para diminuir os crimes violentos e as mortes por armas de fogo. A posse de armas no Canadá, em realidade, é relativamente comum (34 armas por cada 100 habitantes), mas é apenas um quarto da existente nos Estados Unidos (120 armas por 100 habitantes). Comparado com os EUA, no Canadá há não apenas muito mais controle para aquisição e posse, como as armas automáticas são proibidas aos cidadãos comuns. O sistema policial e de justiça canadense também funciona de forma mais adequada em comparação com outros países (o que não significa afirmar que seja perfeito) e isso ajuda a diminuir a criminalidade.

Um canadense médio pode esperar, assim, ser vítima de furto ou de tentativa de fraude durante a sua vida, mas suas chances de ser morto em um assalto ou por bala perdida são pequenas. Isso se reflete na sua qualidade de vida. O tema da criminalidade não é obsessão nacional (apesar de sempre vir à tona quando há uma piora de algum índice) como no Brasil ou nos Estados Unidos, e o canadense se sente tranquilo para caminhar nas ruas, mesmo durante a noite, e para ficar em casa. Ele também confia na sua polícia, ainda que essa confiança seja menor em grupos minoritários ou nas periferias. Essa confiança transparece no fato que a Real Polícia Montada do Canadá (RCMP) é um dos símbolos nacionais, como será visto no próximo capítulo. A cultura canadense, além disso, tende a ver no crime um problema a ser resolvido coletivamente, através de políticas sociais públicas, e não a manifestação individual do mal, o que também diminui a ansiedade social frente ao tema.

O maior orgulho do canadense, contudo, é o seu Estado de Bem-Estar Social. Como já indicado anteriormente, ele é uma criação do mundo ocidental pós-Segunda Guerra Mundial e, no caso canadense, mesmo com cortes e questionamentos nas décadas recentes, é parte fundamental da identidade nacional e da vida cotidiana de cada cidadão.

O primeiro e maior programa, que faz a diferença no dia a dia dos canadenses, é o da assistência médica gratuita. Cada província tem o seu programa próprio, com especificidades, mas o governo federal estabelece as normas gerais e praticamente todos os canadenses estão cobertos por um programa de saúde. Certos serviços, como odontologia, não estão incluídos, e os remédios são fornecidos de graça apenas em algumas províncias e situações, mas as necessidades fundamentais são atendidas sem custo. Não é um sistema totalmente público, como na Europa, nem quase totalmente privado, como nos Estados Unidos. É um modelo de financiamento público de entidades privadas, como hospitais (normalmente instituições que não visam ao lucro) e clínicas particulares. Ele tem suas falhas, e os cortes no seu financiamento têm levado a atrasos em procedimentos e outras dificuldades, como qualquer canadense se queixará numa conversa informal. Mesmo assim, permite que os canadenses tenham acesso à saúde de uma forma mais ampla do que, por exemplo, nos Estados Unidos, gastando metade do valor em termos *per capita*.

A educação pública também é um elemento fundamental para a boa qualidade de vida no Canadá. Em geral, as crianças frequentam o *Kindergarten* (pré-escola) entre os 2 e os 5 anos, dependendo da província. Dos 6 aos 11, a *Elementary* e, dos 11 aos 18, a *High School,* dividida em *Junior* e *High*. A educação é de período integral, começando às 8h30 e terminando às 14h30 ou 15h30, seguindo-se cursos extracurriculares, como música e esportes. Na *High School,* inicia-se a diferenciação entre os que irão seguir para a universidade e os que se encaminharão para uma formação profissional mais imediata, técnica,

146 | Os canadenses

com escolhas diferentes de disciplinas eletivas, ou seja, aquelas fora do núcleo comum a todos os alunos. Nessa etapa, o currículo é, portanto, relativamente flexível para atender a várias demandas e perspectivas. As províncias também estabelecem regras próprias e fazem adaptações. No Quebec, por exemplo, a língua francesa é ensinada ao lado da inglesa e a maioria dos que frequentam as escolas da província se tornam bilíngues.

Em relatos e vídeos de estudantes canadenses sobre o seu dia a dia na escola, há muita coisa em comum com o cotidiano dos adolescentes brasileiros – como o encontro com os amigos, a alegria quando o sinal encerra as aulas etc. –, enquanto outras são apenas um sonho para a maioria dos nossos alunos – como salas limpas e bem equipadas, bibliotecas ricas e espaçosas (onde é comum se estudar uma parte do dia), quadras de esportes adequadas e bem conservadas. Como a maior parte dos estudantes canadenses almoça na escola e fica por lá quase o dia todo, os refeitórios, os espaços de convivência e os *lockers* (armários para guardar parte do material escolar) também são mencionados e aparecem nos vídeos feitos por eles. Na grande maioria desses registros, os professores surgem bem vestidos e com fisionomias relaxadas: eles trabalham em ambientes tranquilos, na sua maioria, e são, na média, bem pagos e valorizados socialmente.

Além disso, há um esforço nacional para que todas as escolas tenham padrões de qualidade semelhantes e para melhorar o aproveitamento dos alunos em dificuldades. Em escolas como as canadenses, não espanta que os retornos obtidos sejam muito bons. Os canadenses têm ótimos resultados nos exames internacionais, como o Pisa, em matemática, em ciências e, especialmente, em leitura.

É claro que o sistema tem suas falhas e que há escolas abaixo da média, especialmente em regiões mais pobres. Mesmo assim, a oportunidade de estudar em escolas públicas e gratuitas contempla a todos, e o analfabetismo é praticamente zero no Canadá. Para o canadense, usufruir desse sistema é um direito fundamental adquirido e garantido de cidadania, além de uma vantagem imensa, até econômica: ao invés de gastar valores imensos para pagar uma escola privada para seus filhos, os pais canadenses têm certeza que, nas escolas públicas, eles terão uma excelente educação, sem custo nenhum.

As universidades canadenses também estão entre as melhores do mundo. Há cerca de 100 universidades no país – além de inúmeros *colleges* menores e independentes –, entre as quais várias se destacam, como as Universidades de Toronto, McGill, Montréal e York.

O Canadá é considerado "o país mais bem educado do mundo" pelas agências internacionais que medem os índices educacionais, pois mais da metade dos

Fundada em 1821, a Universidade de McGill é uma das melhores universidades do Canadá e do mundo: 12 Prêmios Nobel estudaram ou trabalharam nela. Uma de suas particularidades é que ela foi instituída como um centro de ensino em língua inglesa, mas no coração da principal cidade francófona do Canadá, Montreal.

habitantes do país entre 25 e 64 anos recebeu educação superior. Na faixa etária de 25-34 anos, quase dois terços das pessoas estão na universidade. Claro que esses índices oscilam levemente de ano para ano, mas é um fato que o Canadá é uma potência universitária e científica.

No Canadá há algumas universidades privadas, mas a maioria delas é pública, ainda que os estudantes normalmente tenham que pagar uma taxa – que varia segundo a província e a situação particular de cada um – para frequentá-las. Nos últimos anos, essas taxas têm aumentado, embora algumas províncias tenham montado esquemas para que os estudantes de menor renda paguem valores menores. De qualquer forma, ensino superior público e totalmente gratuito, como no Brasil, por exemplo, não existe por lá e estudantes estrangeiros pagam taxas mais altas que os locais.

O aumento das taxas tem levado a crescentes problemas de débito estudantil por parte de estudantes que têm que emprestar dinheiro para pagá-las e para se sustentar durante o curso. Assim, no Canadá de hoje, muitos jovens não

148 | Os canadenses

conseguem quitar suas dívidas e enfrentam imensas dificuldades financeiras. Esse problema tem gerado imensos debates, com exigências para que o Estado atue para minorá-lo. Contudo, no Canadá ele não tem a mesma dimensão e dramaticidade dos Estados Unidos, onde dezenas de milhões de jovens estão condenados a viver em débito.

A questão da universidade paga, portanto, parece um ponto fora da curva no Estado de Bem-Estar Social canadense.

Outro aspecto não contemplado satisfatoriamente pelo sistema de bem-estar social canadense é a questão da aposentadoria. A aposentadoria básica é garantida pelo Estado, mas se espera que o cidadão economize o suficiente para manter o seu padrão de vida até o final. Contudo, mesmo num país rico como o Canadá, a maioria não consegue isso e, quando para de trabalhar, passa a depender de uma pensão pública relativamente pequena, sendo obrigada a se adaptar. As ajudas sociais (seguro-desemprego, apoio aos doentes e inválidos etc.) também são cruciais para manter a qualidade de vida no país, impedindo a pobreza, mas têm valores normalmente insuficientes para uma vida despreocupada.

Como sempre, a questão pode ser vista de vários ângulos. Para um africano ou um latino-americano, o Canadá tem um sistema social muito generoso. Mesmo muitos americanos consideram que vale a pena se transferir para o Canadá por conta disso. Já um francês ou um alemão o considerariam limitado e pouco atraente. Os dados internacionais a respeito traduzem, na frieza dos números, essa situação. O Canadá gasta 17% do seu PIB em auxílios diretos aos desfavorecidos (sem contar saúde e educação), enquanto a França gasta 31% e o México 7%, ao mesmo tempo em que os impostos sobre a renda, o outro lado da moeda, são de apenas 33% no Canadá, abaixo da média de 39% da União Europeia e dos 45% da França. Um país igualitário, mas não o mais igualitário do mundo.

A cereja do bolo, no Canadá, são a saúde e a educação básica gratuitas. A previdência e outros apoios sociais garantem uma boa qualidade de vida aos canadenses, mas não são tão generosos como em outros países. O mesmo poderia ser dito dos salários médios e dos custos para viver no Canadá. Quando se comparam os valores recebidos e os custos para viver, fica claro como o padrão de renda da maioria dos canadenses é alto, mas menor do que em outros países.

Na média, segundo as estatísticas oficiais, um canadense ganha cerca de 52 mil dólares canadenses por ano. Um número apenas indicativo, pois há enormes diferenças em termos geográficos, por profissão e nível educacional e não representa as situações individuais. Em resumo, esses 52 mil dólares são apenas a média: uma grande maioria ganha muito menos e uma pequena maioria recebe muito mais. O Canadá, além disso, é o país mais igualitário do continente americano (ainda que a desigualdade esteja a aumentar), mas, novamente, está atrás da maioria dos países da Europa Ocidental. Seus trabalhadores temporários, por exemplo, estão numa situação econômica muito pior do que em outros países de Primeiro Mundo.

A vantagem do canadense, como já indicado, é que ele pode contar com saúde e educação gratuitas, além de uma ótima segurança pública e diversos tipos de apoios do Estado que lhe dão a segurança de que nunca na vida estará na miséria. A disponibilidade de empregos é ampla, o que também dá alguma segurança que dificilmente se ficará desempregado, mesmo que o emprego não seja um tão bem remunerado. No Canadá há também abundantes espaços públicos de lazer que são acessíveis à população.

Por outro lado, há uma grande pressão para se poupar individualmente para a velhice, e os custos de moradia são extremamente elevados, sobretudo nas grandes cidades. Um apartamento simples em uma área razoável, não a mais cara, em Toronto, custa em média 2.500 dólares por mês, ou 30 mil por ano, metade da renda média do canadense, ainda que ela seja mais elevada em Toronto. Do mesmo modo, certos custos relacionados ao clima – como roupas adequadas e, acima de tudo, a despesa com gás ou eletricidade para aquecimento – são assustadoramente altos, em especial para quem vem de países quentes e não está acostumado a incluí-los no orçamento doméstico.

Pesquisas realizadas pela Canadian Broadcast Corporation e por jornais canadenses em 2019 e 2020 evidenciaram que metade da população tem dificuldades para fazer o salário durar até o fim do mês e que a maioria tem poucas reservas para a aposentadoria ou uma emergência, como o desemprego, ou para manter os filhos na universidade. Muitos também têm dívidas com os bancos ou com as empresas de cartões de crédito. Em 2020, a epidemia de Covid-19 dificultou ainda mais as coisas e, os relatos na mídia mostraram que mais da metade dos canadenses teve queda na renda, já que muitas pessoas perderam o emprego ou suas fontes de rendimento, o que tornou quase insuportável a pressão das contas e dos débitos. O Estado lançou várias iniciativas para dar apoio financeiro a estudantes, indígenas, desempregados, e também para as empresas, mas é óbvio que o Canadá e os canadenses não passaram imunes pela pandemia.

O banco Credit Canada fez, no final de 2019, uma interessante estimativa dos gastos do canadense médio. Dos cerca de 4 mil dólares canadenses mensais que ele recebe, apenas 3.150 entram na sua conta depois dos impostos. Desse valor, 1.100 dólares pagam aluguel ou o financiamento da sua casa ou apartamento. Outros 400 iriam para supermercado, 470 para financiamento e manutenção de um automóvel ou tickets de transporte público, e outros 315 para gás, eletricidade, internet e celular. O mesmo valor seria destinado para pagar débitos estudantis ou bancários, juros de cartão de crédito e outros, enquanto roupas e serviços médicos não cobertos pelo serviço público somariam 160 dólares. Sobrariam apenas 160 dólares ao mês para diversão e lazer e outro tanto de poupança para os afortunados que conseguem guardar algo.

Essa é, obviamente, uma estimativa geral e que não leva em conta as questões individuais. Um casal em que cada um ganhe a média nacional pode dividir os valores do aluguel, por exemplo, enquanto filhos trazem uma renda extra na forma de um subsídio do Estado, mas também muitas despesas novas. Enfim, os canadenses têm, em geral, uma vida confortável e que seria um sonho para a maioria das pessoas do mundo, mas não sem percalços e problemas e perfeitamente dentro de um padrão geral do Ocidente contemporâneo.

Existem, obviamente, pobres no Canadá. O governo canadense considera pobre uma pessoa que não é capaz de adquirir uma cesta básica de produtos e serviços e cerca de 10% da população canadense entra nessa classificação, especialmente imigrantes, minorias, indígenas, mães solteiras e habitantes de regiões rurais. Pelos padrões internacionais, contudo, que consideram pobres os que vivem com menos de 5,5 dólares americanos por dia, essa proporção cai para apenas 1% da população canadense, um índice igual ao do Japão ou da Suécia e 20 vezes menor do que o brasileiro. O grande diferencial canadense é que as disparidades brutais de renda como as que existem, por exemplo, na América Latina ou nos Estados Unidos, não existem no Canadá.

Dessa forma, um canadense pode não ter dinheiro sobrando, mas pode caminhar num parque público e comer um lanche que trouxe de casa sem medo de ser roubado. Ele pode não ter dinheiro para viver no melhor bairro da cidade, mas tem acesso a um serviço de ônibus e metrô que lhe permite morar um pouco mais longe do trabalho e dos serviços sem prejuízo da sua qualidade de vida. Ele pode se preocupar com o orçamento que não fecha ou com as dívidas que eventualmente contraiu, mas está seguro de que seus filhos irão para a escola, de que será tratado num hospital em qualquer circunstância e que não será jogado na sarjeta se perder o emprego. Isso dá ao canadense uma tranquilidade maior frente à vida. Nunca absoluta ou perfeita, mas talvez ela ajude a explicar por que o povo canadense é considerado "um dos povos mais felizes da Terra".

Parque Lac aux Castors, Montreal. Os espaços públicos bem cuidados são uma parte essencial da vida no Canadá.

UMA VIDA URBANA

A memória do Canadá continua relacionada à vida em vastos espaços e florestas frias e à solidão do lenhador capaz de passar semanas isolado numa cabana. Contudo, a realidade da maioria dos canadenses, hoje, é a vida urbana. De fato, os canadenses vivem cada vez mais nas cidades, especialmente nas grandes cidades, aglomerados em pequenos espaços.

Em 1867, quando a Confederação foi fundada, 84% dos canadenses viviam no campo e 16% nas cidades. Hoje, a proporção se inverteu e, em províncias como Ontário, apenas um em cada dez habitantes vive no campo ou em cidades pequenas. Em 1921, apenas seis cidades canadenses tinham mais de 100 mil habitantes, enquanto hoje as cidades e aglomerados urbanos reúnem parte substancial da população canadense. Apenas as áreas metropolitanas de Toronto, Ottawa, Montreal, Calgary e Vancouver já abrigam metade dos habitantes do Canadá.

As grandes cidades canadenses, como quaisquer outras no mundo, têm bairros de alto padrão, onde vivem os ricos, e outros pobres, com serviços deficientes, maior insegurança e uma oferta comercial limitada. Nessas cidades também encontramos aqui e ali ruas ou casas decadentes ou abandonadas. Contudo, não há áreas inteiras degradadas, como em Detroit e outras cidades americanas, e muito menos favelas, como nas grandes cidades brasileiras.

152 | Os canadenses

Há décadas o fenômeno dos subúrbios se desenvolveu no Canadá: à medida em que a população das grandes metrópoles ia crescendo e os custos de moradia nos centros históricos se tornavam altos, muitas pessoas passaram a morar nas periferias, onde formavam novas comunidades, chamadas subúrbios. Com os centros urbanos perdendo em população e importância, o comércio se transferia para outros locais, mais próximos às moradias; então bancos e centros empresariais passavam a ocupar o cenário dos antigos centros urbanos. Muitos imóveis ficaram vazios, mas não mais atraíam as pessoas com boas condições financeiras. Para dar conta da mobilidade, o transporte público foi ampliado, mas também as grandes rodovias que conectam os subúrbios com as áreas centrais.

A vida nos subúrbios pode ser agradável ou extremamente aborrecida, conforme as expectativas de quem vive ali. Como também acontece nos EUA, quase sempre quem pode pagar por uma casa de alto padrão em um subúrbio e arcar com custos maiores de transporte são os que têm melhores empregos e condições de vida, ou seja, normalmente pessoas brancas de classe média ou alta. Os centros urbanos acabaram habitados principalmente por imigrantes recém-chegados ou minorias. Algumas cidades canadenses que vivenciaram esse processo têm centros históricos degradados. Contudo, lutam para recuperar esses espaços e torná-los mais atraentes.

Os *subúrbios* canadenses não se confundem com a *periferia* das grandes cidades do Terceiro Mundo. Os subúrbios têm, normalmente, boa infraestrutura, com parques, escolas e outros equipamentos públicos. Para o dia a dia do canadense que ali vive, eles implicam duas necessidades básicas: o carro e o shopping center.

Mesmo contando com um sistema de transporte público que funciona muito bem em quase todos os grandes centros urbanos, os canadenses em geral são muito dependentes dos seus automóveis e a indústria automobilística é muito importante no país. Em parte, isso se deve às grandes distâncias a percorrer. Em algumas regiões cercadas por grandes espaços vazios, poder contar com um automóvel é considerado fundamental. Mas também o fato de as cidades canadenses serem muito amplas faz com que a posse de um veículo seja vista como algo muito conveniente. Além disso, os canadenses sofrem a influência da cultura americana, que dá um valor enorme aos automóveis. Ainda que menos evidente do que nos Estados Unidos, a importância conferida pelos canadenses aos carros pode ser percebida pela enorme demanda por vias expressas, estacionamentos e tudo o que se relaciona a automóveis. Para se locomover por longas ou curtas distâncias, boa parte dos canadenses (com condições de comprar um carro) prefere dirigir todos os dias. E, o que talvez seja ainda mais relevante, os canadenses parecem adorar seus carros, pois gastam muito dinheiro com eles e sonham constantemente com sua próxima aquisição. Como

A vida no Canadá | 153

Com suas 200 lojas e equipamentos de lazer e diversão, o Eaton Center é um dos principais shopping centers do mundo; recebe 50 milhões de visitantes ao ano, sendo a principal atração turística da cidade de Toronto.

os americanos, os canadenses preferem carros grandes e vistosos, diferentemente dos europeus, que preferem os automóveis pequenos e práticos, levando em conta principalmente as necessidades do dia a dia. Já os esportivos, todos adoram.

O shopping center (chamado de *mall* no Canadá), uma invenção americana que chegou ao país nos anos 1950, é apreciado por concentrar lojas e serviços num espaço fechado (o que, no Canadá, é ainda mais atraente, dado o clima e as dificuldades que apresenta). Os shoppings canadenses são instalados nas periferias das cidades, o que os torna acessíveis aos habitantes dos subúrbios. Dispõem de amplos espaços para estacionamento, reforçando ainda mais a locomoção por automóvel. Alguns dos maiores shopping centers do mundo estão no Canadá, muitos dos quais contam também com instalações esportivas, piscinas etc.

Ao participar da "cultura do automóvel e do shopping Center", que nunca foi tão presente, por exemplo, na Europa, o Canadá se aproxima dos Estados Unidos. Nos últimos anos, contudo, a situação está mudando. A "civilização do shopping" vive uma certa decadência, tanto nos Estados Unidos como no Canadá, onde, nos últimos 20 anos, mais unidades fecharam do que foram abertas, sendo substituídas por outros tipos de arranjos comerciais, como lojas ao ar livre e o comércio on-line. Por sua vez, o "culto ao automóvel" está perdendo força em vários locais do mundo em favor da preferência, sobretudo dos jovens, pelo transporte público ou pelas bicicletas, mais ecológicos ou saudáveis, por exemplo. E o Canadá não é exceção. De qualquer forma, os canadenses continuam majoritariamente urbanos e tal traço deve se acentuar nos próximos anos, já que as cidades continuam a crescer no país.

RELACIONAMENTOS, FAMÍLIA, AMIGOS

As mulheres canadenses são ciosas da igualdade de gênero conquistada no país. A melhor receita para deixar uma má impressão entre elas é agir de forma agressiva ou machista. No entanto, muitas delas se queixam hoje que os homens flertam pouco ou são excessivamente tímidos na aproximação. Em parte, isso pode ser um efeito indesejado dos excessos do "politicamente correto", tão presente na vida dos canadenses. Em parte, contudo, é um sinal do avanço dos direitos das mulheres no país.

Algumas regras não escritas são difíceis de entender para os brasileiros. Não é comum que as pessoas flertem em locais de trabalho ou em um ônibus, por exemplo. Se uma mulher canadense perceber um homem olhando para ela no metrô, o mais provável é que ela se afaste rapidamente ou até peça ajuda a alguém. Mesmo no latino Quebec, onde as coisas são um pouco menos rígidas, as regras não escritas são tão complexas que o governo de Montreal patrocinou, em 2018, um simpósio para tentar ensinar aos desconcertados imigrantes (especialmente os da América Latina, mas também da Itália e da França) como se comportar. As dicas dadas aos homens eram, por exemplo, não falar em casamento e filhos no primeiro encontro, estar sempre disposto a dividir a conta e jamais invadir o espaço pessoal da mulher tocando-a sem consentimento. Para as mulheres, a dica principal era que esperar um homem canadense tomar a iniciativa é perda de tempo.

Ao mesmo tempo, os canadenses se soltam nos bares, bebendo muito, nos fins de semana, e os relacionamentos acontecem, como em qualquer lugar do mundo.

No Canadá, contudo, não é de bom tom comentar o acontecido no dia seguinte. Para um brasileiro ou um italiano, deixar de falar sobre as conquistas amorosas ou as proezas sexuais parece algo incompreensível e até chato, mas não seguir essa regra no Canadá é má ideia quando se quer uma companhia local.

Apesar da influência do "politicamente correto" e do avanço da agenda dos direitos da mulher, provavelmente a questão central que influencia as pessoas no tocante aos relacionamentos é a valorização da discrição e o respeito pelo espaço alheio que marcam a cultura canadense. Isso tanto é verdade que também as relações com colegas, amigos e familiares seguem esse mesmo padrão.

Os canadenses tratam colegas de trabalho, companheiros de equipes esportivas etc. de forma polida e amigável. Mesmo os que acabaram de chegar ao país não têm dificuldades em conversar com os moradores e trocar impressões sobre diversos assuntos, mas política e religião são temas que não devem ser discutidos em público. Sinais de racismo e sexismo são execrados e falar abertamente de sexo

Plage au Pied-du-Courant, com a Pont Jacques-Cartier ao fundo, em Montreal. É um espaço que funciona durante o verão, numa praia artificial. Sempre que o tempo permite, os canadenses preferem se relacionar em espaços abertos.

156 | Os canadenses

é tabu. A pontualidade é venerada. O famoso colega de escritório que conta piadas maldosas e de duplo sentido, figura mítica das festas empresariais brasileiras, não seria bem-vindo numa reunião social canadense.

Os amigos são poucos e mesmo eles tendem a manter uma distância polida e respeitosa uns dos outros. São ainda mais raros os amigos íntimos, aqueles com os quais se pode discutir questões pessoais ou procurar conselho para a resolução de problemas mais graves.

Com os parentes, não é muito diferente. Num país multicultural como o Canadá há vários tipos de família, com diferentes papéis familiares, distinto número de filhos etc. As famílias com cônjuges do mesmo gênero ou com apenas um dos pais também são cada vez mais aceitas e comuns. O padrão, contudo, é bem definido: família nuclear, com um ou dois filhos, vivendo apartada dos parentes da família mais ampla e, como é típico da América do Norte e diferente do que ocorre no Brasil, muitas vezes com grandes distâncias entre tios, primos e avós.

Mesmo quando os familiares residem próximos, os canadenses não costumam ter parentes se metendo na vida uns dos outros e que discutem sem parar, como, por exemplo, na Itália. Mas também não contam com o apoio da rede familiar (ou de avós, padrinhos, tios) em caso de necessidade econômica ou afetiva, como costuma ocorrer com os italianos e os brasileiros, por exemplo.

Os canadenses têm uma vida familiar, na média, muito mais reservada. Isso não significa dizer que eles não amem seus filhos, pais ou cônjuges, mas as manifestações de carinho são discretas, especialmente em público. Na família canadense, os idosos são respeitados e as crianças são estimuladas a ter opinião e uma vida independente desde cedo, enquanto a sociedade incentiva que as relações entre maridos e esposas sejam as mais igualitárias possíveis. Manifestações públicas de carinho ou brigas ostensivas, comuns em outras culturas, são consideradas de mau gosto no Canadá. Não pega bem ser muito expansivo, nem com as pessoas do seu convívio.

Além da discrição e do respeito à privacidade do outro, a polidez e a cordialidade são valorizadas. Há uma piada no Canadá que diz que apenas um canadense é alguém capaz de trombar com um objeto inanimado (como uma porta ou um armário) e pedir desculpas. Um absurdo, evidentemente, mas indicativo das relações sociais naquele país, onde o "*I am sorry*" é muito mais usado do que nos Estados Unidos ou mesmo na Inglaterra.

O canadense médio (mesmo o mais extrovertido franco-canadense) raramente vai entrar em uma discussão muito animada com alguém, a não ser que seja do seu círculo íntimo. Os vívidos bate-bocas dos italianos ou dos espanhóis nos bares não são o padrão local, e um canadense que testemunha um deles na Itália ou na

Espanha fica, provavelmente, chocado. Claro que há canadenses mais brincalhões e desembaraçados do que outros, mas o entorno social não os valoriza.

Exibições óbvias de riqueza, piadas preconceituosas ou qualquer coisa que seja considerada "invasão de privacidade" também são muito malvistas nas relações com os amigos, na família ou com colegas de trabalho.

Alguns estrangeiros avaliam esses comportamentos como provas de que os canadenses são aborrecidos, de que eles apenas disfarçam suas verdadeiras opiniões (certos observadores afirmam que a polidez excessiva é uma forma de desprezar o outro) ou de que eles são muito civilizados. Do ponto de vista canadense, obviamente, a terceira opção é considerada a verdadeira, é motivo de orgulho e serve, inclusive, para definir a sua identidade nacional contemporânea.

ESPORTES

No mundo contemporâneo, a prática de esportes é uma ótima forma de entender um país e uma cultura, e o Canadá não é exceção. Seja praticando alguma atividade física, seja consumindo o espetáculo esportivo na televisão, os canadenses estão bastante inseridos na cultura esportiva mundial que se desenvolveu desde o século XIX e se completou no seguinte, em todas as suas fases: criação de regras e desenvolvimento de uma cultura da prática esportiva, expansão do esporte para as classes populares e sua conversão em elemento de identidade local e nacional e, por fim, sua transformação em um grande negócio.

No caso canadense, o grande diferencial são os tipos de esportes comumente praticados no país. Alguns – como ciclismo, natação, vôlei ou atletismo – são comuns a outros povos, enquanto outras modalidades – como o cricket e o rúgbi – são compartilhadas apenas com outros países de tradição britânica. Por fim, são populares entre os canadenses esportes que também fazem muito sucesso nos Estados Unidos, como o "futebol americano" (que, no Canadá, contudo, segue outras regras e é chamado *Canadian football*), o beisebol e o basquete.

O futebol (*soccer*), nesse contexto, é um caso particular. É o esporte com o maior número de praticantes no país, mas não tem a visibilidade e nem o número de fãs do segundo mais praticado, o hóquei no gelo. Poucas pessoas no mundo – e talvez nem no próprio Canadá – se recordarão de grandes jogadores ou de alguma seleção de futebol canadense, até porque eles pouco participaram das Copas do Mundo, as quais, aliás, não param o país como na América Latina e na Europa.

Como seria de se esperar, os esportes de inverno são muito mais populares no Canadá do que em outros países. Certas modalidades esportivas quase desconhecidas

158 | Os canadenses

Estádio da Universidade McGill, sede da equipe de futebol Les Alouettes, fundada em 1946, que participa da Divisão Leste da Canadian Football League da cidade de Montreal.

em países quentes, como patinação no gelo, *curling*, esqui ou corrida de trenó, têm muitos praticantes e fãs no Canadá. Não espanta que, das três Olimpíadas que tiveram sede no Canadá – 1976 (Montreal), 1988 (Calgary) e 2010 (Vancouver) –, duas foram de Inverno, que os canadenses ganhem muito mais medalhas nelas e que suas transmissões atraiam mais público do que as de Verão.

As grandes competições esportivas internacionais se tornaram arenas fundamentais para reforçar a identidade nacional canadense. No caso de um país tão diverso em termos populacionais e com tão pouco apreço por glórias militares ou patrióticas como o Canadá, tais competições são um dos poucos momentos em que a comunhão nacional pode se manifestar e multidões vestindo vermelho e branco torcem de forma entusiasmada pelo seu país.

Os canadenses torcem por seus times em todas as modalidades esportivas, mas os esportes considerados oficialmente como os nacionais são o lacrosse (verão) e o hóquei no gelo (inverno). O lacrosse é um tipo de jogo com bastões com redes nas pontas que se originou justamente no Canadá, entre os indígenas, para depois ser introduzido na Inglaterra e em outros países de língua inglesa. Era o esporte mais popular no Canadá no século XIX, para depois perder praticantes, não conseguindo inclusive se profissionalizar. Mesmo assim, ainda é muito popular.

Nenhum esporte, contudo, está mais identificado com o Canadá e tem mais fãs do que o hóquei no gelo. Nas suas partidas, jogadores calçados com patins de gelo tentam, com bastões nas mãos, jogar um disco de borracha no gol adversário. Ele deve ser praticado em superfícies de gelo, obviamente, mas elas podem ser naturais, ao ar livre, ou artificiais, em ambientes fechados. É um esporte com muitos adeptos em muitos países frios, mas no Canadá ele é parte integrante da vida cotidiana. Times como Montréal Canadiens, Vancouver Canucks, Toronto Maple Leafs e outros são muito populares, e milhões acompanham suas partidas na TV, compram suas camisetas e bonés ou conversam animadamente a respeito dos jogadores, táticas etc.

Fica, ao final, a pergunta do porquê de os canadenses terem escolhido, para esporte nacional, uma modalidade (ou modalidades, se incluirmos o lacrosse) que, no resto do mundo, é apenas uma a mais, até desimportante. Segundo o historiador Robin Anderson, isso poderia significar o desejo canadense de evitar conflitos com outros povos ou que os canadenses preferiram um esporte no qual eles podem se sentir únicos sem maiores dificuldades, especialmente frente aos americanos. Ou, talvez, tenha sido simplesmente uma questão de acaso, já que o hóquei no gelo surgiu no próprio Canadá, e praticá-lo é muito fácil num lugar onde pistas de gelo se formam naturalmente em espaços abertos. De qualquer forma, o hóquei no gelo é parte importante do dia a dia dos canadenses e uma marca particular deles frente ao mundo.

COMIDAS

Além do esporte, a alimentação também é um excelente canal para entender como vive e pensa um povo. Os canadenses, obviamente, não comem todos a mesma coisa todos os dias. Há variações geográficas importantes – como a presença maior do peixe nas áreas litorâneas ou de carne bovina nas pradarias –, assim como culturais. Nas pradarias, são comuns os pratos oriundos do Leste Europeu, como o *pierogi* (pastéis de massa cozidos e depois fritos); o Quebec é famoso por sua sopa de ervilha e seu *bagel*, um pão, de origem judaica, em forma de anel, comum na América do Norte e que, naquela província, é mais denso e doce do que em Nova York.

Num país com tantos imigrantes, além disso, a disponibilidade de alimentos originários de todos os cantos do mundo é real. Em Toronto, por exemplo, uma pessoa pode optar por comer todos os dias em um restaurante étnico diferente e, provavelmente, poderá ficar meses sem repetir um prato, tendo a oportunidade de

160 | Os canadenses

escolher entre restaurantes gregos, persas, russos, italianos, eritreus e muitos outros. O autor deste livro chegou a frequentar um que se especializara em comida russa, mas com decoração da era soviética.

Mesmo assim, alguns padrões alimentares gerais sempre existem. O canadense médio está inserido no padrão alimentar do mundo ocidental contemporâneo das três refeições diárias (café da manhã, almoço e jantar), mas a correria da vida moderna muitas vezes o faz pular a primeira e fazer apenas um lanche como almoço. O jantar, em casa, acaba por ser a mais importante refeição do dia, a qual usualmente conta com algum tipo de carne, um cereal (pasta, arroz ou pão) e vegetais ou legumes. Do mesmo modo, em conformidade com a maioria dos povos urbanos hoje em dia, os canadenses cozinham cada vez menos em casa e recorrem a produtos congelados rápidos para se alimentar.

A alimentação canadense segue de perto os padrões alimentares dos Estados Unidos e, em menor escala, do Reino Unido. Consome-se muito pão, derivados de trigo e de milho, carne e batatas e, no café da manhã, são comuns os ovos com bacon. O ketchup é um tempero onipresente nas mesas. Os canadenses também são grandes consumidores de hambúrgueres, cachorros-quentes, pizzas e outros produtos de *fast-food*. Eles preferem café ao chá e consomem muito refrigerante, mas bem menos que os americanos. A cerveja é preferida no lugar do vinho, mas o vinho também tem boa saída. Ou seja, um estrangeiro que venha dos Estados Unidos, da Europa ou mesmo de parte da América Latina não vai achar grandes novidades na alimentação canadense.

Claro que há pequenos detalhes que, para um canadense, fazem toda a diferença. A pizza, por exemplo, tradição importada da Itália, é um alimento comum nas grandes cidades, consumido em uma pizzaria ou entregue em casa. Além dos sabores tradicionais, há uma pizza com recheio tipicamente canadense que leva molho de tomate, muçarela, cogumelos, pedaços de bacon e pepperoni. Não deixa de ser saborosa, mas só faz sucesso mesmo no Canadá. A "pizza havaiana" (que reúne lombo canadense ou presunto e abacaxi), apesar do nome, também foi inventada no Canadá.

O bacon, tão comum na alimentação nos Estados Unidos, no Reino Unido e em outros países de língua inglesa, também tem especificidades canadenses. O bacon é retirado tanto da barriga do porco, como nos Estados Unidos, como também do quadril, o que o torna menos gorduroso. Ele é consumido em sanduíches ou com ovos mexidos no café da manhã (em casa ou em uma cafeteria), como em tantos outros lugares, mas também é condimentado com produtos tipicamente canadenses, como o *maple syrup*.

O café costuma ser consumido no estilo da América do Norte, ou seja, no modelo *take away:* pede-se o café no balcão e se sai com ele nas mãos, em um copo descartável, caminhando sem sentar-se a uma mesa, como gostam de fazer as pessoas na maior parte da Europa e na América Latina. No Canadá, o café é quase sempre fraco, no estilo americano, para ser bebido em canecas cheias, várias vezes ao dia. Um italiano o achará ruim e em quantidade excessiva, mas um americano o aprovará.

Um diferencial com relação aos americanos é que os canadenses contam com uma rede própria que vende café, chá, donuts e outros produtos semelhantes, chamada Tim Hortons, que não atua em outros países. Aparentemente, suas lojas e produtos não são muito distintos dos de outras redes, como McDonald´s e Starbucks. A empresa associou-se ao Burger King em 2015 e sua controladora atual é o grupo brasileiro 3G Capital. Mesmo assim, é uma rede claramente identificada com a paisagem urbana específica do Canadá.

Se o que se come no dia a dia é, em geral, comum a outros povos, há pratos típicos ou "nacionais" exclusivos, ou quase, do Canadá. Na lista, incluem-se sobremesas como a *butter tart* (um pastel doce no qual não se utiliza farinha e que pode, ou não, levar frutas secas em seu recheio, um tema que divide opiniões) e o *nanaimo bars* (um doce com camadas de chocolate, *wafer* e creme), e pratos salgados

Um mercado em Ottawa, propriedade de um imigrante, apresenta inúmeros produtos étnicos e também os típicos canadenses, como o onipresente *maple syrup*.

como o salmão defumado, normalmente consumido em canapés e sanduíches e também muito comum em outros países frios, como os escandinavos.

Um prato significativo é o *poutine*. Originário do Quebec, é constituído basicamente de batatas fritas com queijo coalho e um molho chamado *gravy*, obtido a partir do cozimento de algumas carnes (normalmente frango), ainda que muitas variações sejam possíveis, colocando muçarela no lugar do queijo coalho ou acrescentando bacon ou pedaços de frango. Pesquisas de opinião indicam que essa iguaria é considerada, pelos canadenses, "o principal símbolo gastronômico nacional". No entanto, alguns argumentam que poucos canadenses realmente o comem ou que não há nada muito particular em *french fries* (batatas fritas), tão comuns em tantos lugares.

A mesma dúvida emerge com relação ao famoso *maple syrup*. Ele é um xarope feito da resina extraída das árvores da família do bordo (*maple*), o que acontece normalmente ao final do inverno. Os povos indígenas já o utilizavam para açucarar os pratos séculos atrás e é um ingrediente comum – especialmente para acompanhar panquecas e *waffles* – no café da manhã nos Estados Unidos e no Canadá. Por muito tempo, os americanos foram responsáveis pela maior parte da sua produção, mas os canadenses (com o Quebec à frente) abastecem atualmente 80% do mercado mundial.

Faz sentido que esse xarope seja um símbolo da identidade canadense, até porque a árvore que o produz é a mesma cuja folha é um símbolo nacional. Mesmo assim, ele não é exatamente algo que se encontre facilmente nas mesas das pessoas fora da América do Norte, ou seja, não é muito popular no restante do mundo. Os italianos têm a pizza e a *pasta*, os mexicanos os tacos e os espanhóis a *paella*, todos pratos globais, com fãs por todo lugar. Já os canadenses têm como seu prato mais conhecido fora do país um xarope doce feito de seiva de árvore, o que indica os limites da cozinha canadense em termos globais.

A IDENTIDADE CANADENSE

Quem é, afinal de contas, o canadense? Quem pode ser considerado, e se considerar, canadense? Como esse povo se vê e pensa a si mesmo frente aos outros? Se a identidade nacional pressupõe a identificação de uma fronteira entre "nós" e "eles", como os habitantes do Canadá o fazem quando a origem histórica, as ondas migratórias e a conexão do país com realidades maiores (britânica, europeia, norte-americana) tornam tudo tão fluido? Para começar a responder é preciso compreender a questão da cidadania.

A CONSTRUÇÃO DA NACIONALIDADE E DA CIDADANIA

Ser cidadão de um país é ser considerado membro de uma comunidade política, com direitos e deveres frente a um Estado. Os critérios para receber a cidadania canadense mudaram no decorrer da História, assim como os direitos e deveres atribuídos ao cidadão. O tema em geral é sempre complexo e cheio de ambiguidades jurídicas; no caso canadense, pela formação histórica peculiar do país, ainda mais.

Cidadania não é sinônimo de nacionalidade. Nos Estados modernos, a nacionalidade (obtida pelo nascimento, pela naturalização ou por transmissão familiar) normalmente pressupõe a cidadania, mas é possível receber a cidadania de um determinado Estado sem ser membro da nacionalidade correspondente, ou ser nacional de um país sem ter direitos de cidadania. Tudo depende dos critérios de cada Estado. No passado, as mulheres, por exemplo, eram consideradas nacionais de um país, mas não cidadãs plenas. Mesmo hoje, os nativos das ilhas Samoa, por exemplo, são considerados de nacionalidade americana, mas não cidadãos americanos, enquanto os de Porto Rico têm a cidadania americana, mas que só se torna plena quando eles passam a residir em um dos 50 estados americanos. No caso canadense, contudo, nacionalidade e cidadania se confundem. Assim, é perfeitamente possível saber quem faz parte do povo canadense apenas pensando nos critérios para ser considerado um cidadão daquele país.

164 | Os canadenses

Recordo-me de ter sido abordado, anos atrás, por um aluno que queria estudar as relações comerciais entre o Brasil e o Canadá na cidade de São Paulo no início do século XX e não conseguia encontrar os registros do Consulado canadense a esse respeito. Minha resposta foi que o Canadá não tinha representação externa naquela época e que, provavelmente, seria necessário olhar os registros do Consulado britânico em São Paulo, afinal, em termos jurídicos, os canadenses eram meramente súditos britânicos que viviam na América do Norte.

De fato, até 1867, as relações internacionais do Canadá eram geridas pelo Reino Unido. Depois da Confederação, o Canadá enviou representantes não oficiais ao Parlamento em Londres, mas também para os Estados Unidos, a França e a Austrália. Em 1909, o Canadá estabeleceu um Department of External Affairs, mas a palavra final continuava a ser, como sempre, do poder central, Londres.

Nos anos 1920, o Canadá abriu representações diplomáticas em diversos países, agiu como entidade individual na Liga das Nações e, em 1923, assinou, pela primeira vez, um tratado sem o aval britânico, com os EUA. Após a Conferência Imperial de 1926 e o Estatuto de Westminster de 1931, o governo britânico reconheceu a quase total independência de seus Domínios, que passaram a ter autonomia legislativa e a comandar suas políticas externas, ainda que em contato permanente com Londres. Os canadenses no exterior continuavam a ser atendidos pela rede consular britânica.

Depois da Segunda Guerra Mundial, o Canadá tornou-se plenamente independente em suas relações exteriores e na condução dos seus assuntos, mas só foi considerado um Estado soberano, em termos jurídicos, com o *Canada Act* de 1982. Essa lei removeu os poderes remanescentes que Londres mantinha sob o Canadá, mas a Monarquia permaneceu: a Rainha da Inglaterra reina no Canadá, como chefe de Estado, mas, desde 1937, com um título específico, o de Rainha do Canadá.

Nessa conjuntura, mesmo após 1867, todos os canadenses eram simplesmente súditos britânicos, com os mesmos direitos e deveres dos súditos britânicos na Europa ou em outras partes do Império. Em 1910, surgiu pela primeira vez o conceito de "cidadão canadense" para denominar as pessoas nascidas no Canadá ou os súditos britânicos que ali residissem no mínimo três anos. A cidadania canadense não era, contudo, algo legalmente importante, já que apenas significava que o seu detentor não precisava passar por controles imigratórios ao chegar ao Canadá. Em 1921 e 1937, a legislação mudou os termos da lei de 1910, mas, em essência, a cidadania canadense continuou a ser associada a uma maior, imperial. Em 1947, isso se alterou e, através do *Canadian Citizenship Act,* foi estabelecida juridicamente a cidadania canadense, independente da britânica. Mesmo assim, o documento, quando abordava a questão dos imigrantes, dava prioridade aos súditos britânicos para a aquisição da cidadania canadense, um privilégio que só foi revogado em 1977. Ou seja, uma cidadania canadense só se constituiu juridicamente 80 anos após a criação da Confederação.

Vale, nesse ponto, inserir a história do Canadá no quadro mais amplo do nacionalismo no mundo ocidental contemporâneo. Entre o final do século XVIII e a primeira metade do século XIX, o nacionalismo se tornou uma força fundamental na política europeia e nas Américas, mas o sentido de nacionalismo naquele momento era muito particular. A nação era um espaço geográfico no qual se poderia construir uma economia e uma sociedade modernas, livres dos preconceitos, privilégios e travas do passado medieval e do Antigo Regime. Era também um espaço político no qual os que fossem considerados merecedores seriam cidadãos, capazes de usufruir de direitos e cumprir seus deveres para com o Estado. Nesse modelo, era conveniente que todos falassem a mesma língua, até para a vida política e social se dar, mas não era um imperativo absoluto. Havia também a ideia de que as nações poderiam se integrar, de forma pacífica, em uma comunidade maior compartilhando valores comuns (democráticos e liberais). Esse foi o sonho de Garibaldi, de Mazzini, de Ernest Renan e outros.

Mais para o final do século XIX, outra perspectiva tomou conta: a étnico-linguística. Dentro dessa perspectiva, cada nação deveria ter o seu Estado e o Estado-nação resultante da fusão dos dois deveria ser o mais homogêneo possível: a mesma língua, a mesma cultura, as mesmas tradições, a mesma História e, de preferência, a mesma religião e a mesma "raça". O Exército e a escola primária eram os grandes locais onde essa homogeneidade iria se desenvolver e uma única, e grandiosa, História nacional seria escrita para evidenciar essa identidade. Os símbolos nacionais – a bandeira, os grandes vultos pátrios, as glórias militares – também foram mobilizados para garantir essa unidade. A nacionalidade e a cidadania só eram atribuídas dentro desses critérios.

Praticamente todos os países ocidentais – como Itália, Alemanha, França etc. – procuraram criar essa homogeneidade, com variados graus de sucesso. Um subproduto dessa visão de nacionalismo foram as guerras alimentadas por um chauvinismo agressivo, a violência, as perseguições, a expulsão de populações, tudo para tentar garantir a homogeneidade dentro do Estado.

No caso dos países mais novos da América, os termos da questão nacional eram um pouco diferentes, até porque uma homogeneidade absoluta era evidentemente impossível e eram terras de imigração. Todos os nascidos em território argentino ou americano, por exemplo, sempre foram considerados nacionais desses países e podiam receber a cidadania, desde que não estivessem dentro das inúmeras exceções de cada época, como as que excluíam pobres, mulheres, analfabetos e certos grupos étnicos (indígenas, negros, asiáticos).

166 | Os canadenses

Mesmo assim, os Estados tentaram, dentro dos limites, garantir o máximo de homogeneidade possível. Na Argentina e nos Estados Unidos, por exemplo, sempre foi dada grande ênfase ao ensino obrigatório no idioma nacional (espanhol e inglês respectivamente) e à "educação patriótica" dos filhos dos imigrantes, que deveriam ter como referência George Washington ou Domingo Sarmiento e não as figuras históricas emblemáticas dos países de onde seus pais haviam vindo.

No caso canadense, até fins do século XIX, as elites puderam pensar seu país seguindo o modelo de Nação como espaço para o exercício da cidadania: o Canadá era um agrupamento de pessoas, de cidadãos, que se uniam ao redor de objetivos comuns, ou seja, a expansão do território, a prosperidade econômica e a construção de um Estado que fizesse frente aos EUA. A existência dessa comunidade política não implicava um rompimento com a identidade britânica (ou franco-canadense) e nem na necessidade de unificação de língua, "raça" e cultura. Buscava-se a *união*, não a *unificação*.

Quando entramos na "era dos nacionalismos" a partir do final do século XIX, época em que a tendência geral era a busca de homogeneidade em torno da mesma língua ou cultura, o Canadá se viu em uma situação no mínimo complexa. Com a afirmação da perspectiva étnico-linguística, como ficaria o Estado nacional canadense? E mais: como construir uma identidade própria se os símbolos nacionais dos canadenses eram símbolos compartilhados com outros povos? Como se sentir diferente dos australianos ou dos britânicos se a língua era a mesma e as tradições e costumes semelhantes? Como marcar a diferença frente ao Reino Unido se o Canadá não nasceu de uma revolta contra a Metrópole, como na Índia, ou de uma revolução, como nos Estados Unidos, mas a partir de acordos e negociações? Criar um Estado-nação no modelo étnico-linguístico era uma tarefa difícil no Canadá, a não ser por um banho de sangue, o que claramente não se mostrou uma opção em um país de tradições tão liberais.

*

A tensão entre o "ser nacional, canadense" e o "ser imperial, britânico" foi realmente marcante na história do país, como já indicado em capítulos anteriores. Na época colonial, os canadenses, com exceção dos de língua francesa, eram súditos britânicos e se viam como parte da Pátria maior. Mesmo depois da Confederação, a maioria se sentia confortável em viver sob as leis e os costumes britânicos, incluindo a fidelidade à Monarquia. Mas sempre houve discussões entre os que viam o Canadá como uma simples parte do Império Britânico, como uma entidade que deveria ser independente ou como nação com potencial de se tornar tão poderosa que teria que ter sua própria agenda imperial (se expandindo para o norte e para o oeste e até para o Caribe).

Já em 1868, aliás, formou-se um grupo chamado Canadian First, muito simbólico do espírito daquele tempo – uma combinação de nacionalismo, racismo e crença no determinismo geográfico –, aqui pensado em termos canadenses. Segundo o historiador Carl Berger, esse grupo afirmava que os canadenses estavam "imbuídos do espírito do Norte": força, energia e pureza derivados do frio e da resistência a ele. Em oposição a ele, o "espírito do Sul", das regiões de calor, induziria ao fracasso e à decadência. Por essa razão, seus adeptos defendiam que "apenas os brancos poderiam viver no Canadá" e que "os canadenses acabariam por superar os americanos". As ideias desse grupo não se tornaram dominantes, mas a sua existência é um indício da complexidade da tarefa que qualquer um que quisesse criar um Estado-nação aos moldes europeus enfrentaria no Canadá, um país cindido por tantas lealdades, identidades e maneiras de se autocontemplar como nação.

A solução canadense, como será detalhado adiante, foi retornar a uma perspectiva de nacionalidade como uma reunião de pessoas que compartilham valores. Hoje, para se tornar cidadão canadense (sem ter nascido no Canadá), é necessário cumprir uma série de regras, como ser residente permanente, ter pagado impostos e residido fisicamente no país por alguns anos. Também é necessário passar em um teste de idioma (inglês ou francês) e um outro no qual o candidato a cidadão tem que demonstrar que sabe o suficiente sobre a cultura e a sociedade canadenses, sobre os valores do país e os direitos e deveres implícitos na cidadania. Não se imagina uma total homogeneidade entre novos e velhos cidadãos, mas é claro que, mesmo assim, o Estado e a sociedade canadenses procuram difundir uma História e símbolos nacionais comuns.

SÍMBOLOS E MITOS NACIONAIS

Tentar escrever uma História única e oficial também era uma tarefa complexa. Como proclamar um passado comum quando ele havia sido de conflito e quando várias províncias olhavam com desconfiança para Ontário e Quebec, como se elas pretendessem dominar as províncias menores? Como defender que todos falassem uma língua única e tivessem a mesma religião quando os falantes do inglês e do

168 | Os canadenses

francês defendiam ardorosamente os seus idiomas e a sua fé? Como glorificar James Wolfe sem melindrar os admiradores do general Montcalm?

Basta lembrar, aqui, o curioso caso das estátuas de Nelson e de Jean Vauquelin em Montreal. Em 1809, a comunidade de fala inglesa da cidade decidiu erigir uma coluna em homenagem ao almirante Nelson, morto na Batalha naval de Trafalgar, em 1805, quando a frota francesa foi destruída. Mesmo representando uma vitória inglesa sobre os franceses, boa parte da elite francófona da cidade apoiou a ideia, pois desaprovava os ideais da Revolução Francesa. Mesmo assim, em 1890, alguns independentistas do Quebec pensaram em explodir a estátua, ainda que não tenham colocado o plano em prática. E, em 1930, foi erigida, na mesma praça, uma estátua do almirante francês Jean Vauquelin, que lutara contra os ingleses no Canadá no século XVIII.

Em minha primeira visita à cidade, quando tirava fotos do local, um morador comentou comigo que os dois almirantes em pedra se encaravam já há décadas, e que eles simbolizavam a convivência das duas comunidades na cidade: eles podiam se olhar com indiferença ou até hostilidade, mas não saíam nunca de seus pedestais para lutar.

Esse é um bom exemplo da dificuldade em definir uma identidade nacional a partir de interesses e visões tão heterogêneas. As guerras e os combates em 1812, em 1917 (Vimy) e em 1942 (Dieppe) propiciaram narrativas de heroísmo e bravura, mas, mesmo assim, não foi fácil superar a dificuldade para criar um passado compartilhado, do qual todos pudessem se orgulhar ou com o qual ao menos pudessem se identificar. Ao final, mesmo com tantas dificuldades, esse passado comum foi "criado", mas o que se destaca nele são, mais uma vez, os valores. É obviamente um passado idealizado, mas ele favorece a sensação de que todos os canadenses – do passado, do presente e do futuro – têm um destino comum. Assim, na escola, um jovem canadense vai aprender menos sobre as glórias militares do país e mais sobre o quanto os canadenses do passado defenderam a liberdade, os valores comunitários e o respeito ao outro. Os alunos também vão estudar temas como a conquista das terras indígenas durante a colonização ou a discriminação aos imigrantes chineses no século XIX.

*

E os símbolos nacionais? Todos os Estados têm uma bandeira nacional, o símbolo máximo da identidade, que reflete algo de sua história. A brasileira, por

A identidade canadense | 169

Praça Vauquelin, em Montreal. Os almirantes Nelson e Vauquelin se encaram a partir dos seus pedestais de pedra. Um toque especial nessa praça dedicada a dois homens do mar é que em seu centro há uma fonte que homenageia Netuno, o deus dos oceanos.

170 | Os canadenses

exemplo, herdou o verde da coroa portuguesa e o amarelo da Casa de Habsburgo, a qual a República acrescentou um globo azul e uma frase de inspiração positivista. A da Arábia Saudita traz a cor do Islã, verde, com uma inscrição religiosa, refletindo a origem do Estado saudita. A bandeira tricolor francesa lembra os ideais da Revolução Francesa: liberdade, igualdade, fraternidade.

No caso canadense, não houve uma bandeira nacional até 1965, quase 100 anos depois da criação da Confederação. Por muitos anos, utilizou-se por lá a chamada *Canadian Red Ensign*, uma bandeira vermelha com a *Union Jack* britânica no canto superior esquerdo e os símbolos das várias províncias ao redor. Em 1921, esses símbolos foram substituídos pelo brasão de armas canadense, que adotou as cores vermelha e branca, representando a Inglaterra e a França, como cores nacionais. No mesmo brasão, foram colocadas várias folhas de uma árvore típica do Canadá, o bordo. Essa folha, a *maple leaf*, era utilizada como símbolo não oficial do Canadá desde o século XIX e adornava moedas, insígnias militares e outros objetos. Fazia todo o sentido que ela fosse acrescentada, de forma indireta, na bandeira nacional. Mesmo assim, até 1965 a bandeira britânica também era usada comumente em prédios públicos ou em cerimônias oficiais canadenses.

A decisão de criar uma nova bandeira para o país veio de Lester Person, primeiro-ministro de 1963 a 1968. Consta que ele ficou chocado quando, na Crise de Suez de 1956, os egípcios recusaram a presença de tropas de paz canadenses porque sua bandeira era parecida demais com a do Reino Unido, um dos países em guerra. Esse pode ter sido um gatilho para a mudança, mas é provável que também tenha influído a constatação da necessidade de um novo símbolo nacional para um país que se afirmava cada vez mais como nação independente. Além disso, a imigração em massa de não britânicos estava se iniciando e seria conveniente mudar o símbolo da nação para dar conta disso.

Pearson lançou o debate, o qual se estendeu ao Parlamento e à opinião pública. A ideia de adotar a *maple leaf* não causava grande rejeição, mas a eliminação da *Union Jack* sim, até porque Austrália e Nova Zelândia não viam problema em mantê-la em suas bandeiras. Houve na época milhares de sugestões, incluindo a de acrescentar à bandeira uma flor-de-lis francesa "para equilibrar". Ao final, a bandeira vermelha e branca com a *maple leaf* foi a escolhida e adotada a partir de 1965; ela é muito bem vista pelos canadenses até hoje.

Contudo, o fato de o país ter demorado tanto para ter seu hino nacional específico (O canto *O Canada* foi adotado como hino nacional apenas em 1980) e sua bandeira própria (com uma imagem central a mais neutra possível, uma folha de árvore) evidencia com clareza os problemas identitários históricos do Canadá.

Outro dos símbolos nacionais do Canadá são os policiais da Real Polícia Montada. A figura do policial (*Mountie*) vestido de vermelho, com o chapéu característico, se tornou popular em filmes e na cultura popular canadense (e, através de Hollywood, no mundo) desde a criação do corpo em 1920. A imagem é sempre a do policial incorruptível, cumpridor das leis e, ao mesmo tempo, polido e disposto a ajudar, ou seja, um personagem que incorpora valores que os canadenses gostam de incensar. Não importa se a realidade corresponde ou não à imagem, mas sim que ela seja tão forte na cultura canadense. Outros povos valorizam alguns de seus corpos policiais como parte da sua identidade – como os *carabinieri,* entre os italianos, ou os *Texas Rangers*, entre os texanos –, mas os canadenses foram os únicos

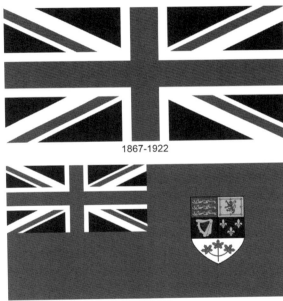

As várias bandeiras do Canadá. É interessante observar como a Union Jack britânica vai perdendo espaço até desaparecer, em 1965, o que indica a crescente identidade nacional canadense.

A Polícia Montada, com seu típico uniforme vermelho (chamado de "Red Serge") e chapéu redondo, é um símbolo nacional do Canadá. No dia a dia, contudo, os policiais utilizam uniformes mais simples e menos chamativos.

que fizeram disso um tema central. Além disso, a polícia montada canadense faz uma contraposição muito nítida com uma figura mítica americana, o caubói. Ao invés de se espelharem em caubóis (que, acompanhados de um revólver, enfrentam os índios, conquistam a terra e resolvem desavenças em duelos), os canadenses preferem se identificar (e ser identificados) com os seus policiais de uniforme vermelho, incorruptíveis e corteses.

Enfim, a identidade canadense baseou-se sempre muito mais em valores do que na busca de uma homogeneidade étnica ou de tradições culturais. Ser canadense, portanto, não implica ter uma origem x ou y ou professar uma religião específica. Os canadenses acreditam que o que permite que alguém seja aceito em sua comunidade é o fato de compartilhar os valores nacionais. Nesse sentido, no Canadá segue-se um modelo parecido, ainda que não igual, ao da França (a defesa dos ideais republicanos) e ao dos Estados Unidos (o "sonho americano", com destaque para as oportunidades de sucesso pessoal e prosperidade).

Obviamente, era (e ainda é) muito mais simples para um britânico ou um europeu cristão ser aceito naquela comunidade do que um chinês ou um jamaicano. Além disso, o Estado canadense também se utilizou (e se utiliza) de instrumentos (como a escola e as festas nacionais) para "criar um passado", ou seja, identificar uma herança que permita aos canadenses se sentirem parte de um todo. Durante o século XIX, muitos anglo-canadenses tiveram a esperança e a expectativa de que os franco-canadenses fossem aprender inglês e esquecer o catolicismo, garantindo uma maior homogeneidade cultural e étnica no país. Isso não ocorreu, e outras formas de unir os canadenses tiveram que ser empregadas.

Mas mesmo com essas dificuldades, "pertencer ao Canadá" é, especialmente nos dias de hoje, muito mais simples para um estrangeiro do que, por exemplo,

Como parte das comemorações do seu 375° aniversário, Montreal hospedou, em 2017, o maior evento de arte de rua da América do Norte: o Festival À Nous la Rue! Quando o clima permite, os canadenses preferem que as atividades recreativas e culturais aconteçam nos espaços públicos, ao ar livre.

174 | Os canadenses

tentar se tornar um coreano, um alemão ou um iraniano. Para esses grupos, o que importa são os referenciais étnico-linguísticos e, se a pessoa não os têm, ela pode ser até tolerada e autorizada a viver entre eles, mas nunca será vista como realmente pertencente ao mesmo povo.

Assim, o Canadá parece ter permanecido mais próximo da visão de nacionalidade do início do século XIX do que da versão que predominou no final desse século e por todo o século XX. Nessa perspectiva, em que valores e cultura cívica são mais importantes do que uma origem comum, compreende-se a capacidade do país de assimilar novos habitantes (imigrantes) e de resolver problemas internos sem as paixões muitas vezes homicidas que o nacionalismo exacerbado traz.

O filósofo canadense Charles Blattberg argumenta, com razão, que o Canadá é "uma comunidade cívica acima de tudo", a qual permite a existência, no seu interior, de outras comunidades: étnicas, religiosas, nacionais. Outros autores, como Pierre Ouellet, consideram que a identidade canadense envolve um desejo dos habitantes do Canadá de viverem juntos fundado em maneiras compartilhadas de encarar o presente e o passado.

VALORES CANADENSES

A grande pergunta, evidentemente, é que valores seriam esses.

Toda sociedade tem os seus princípios fundadores, aqueles que se forjaram no seu processo de construção histórica e que servem de base para que, em cada época, se transmutem em políticas, interesses compartilhados e modos de vida. No coração da identidade americana, por exemplo, estão, entre outros princípios, o liberalismo e o individualismo, a crença que o indivíduo faz a sua história e que deve haver o mínimo de obstáculos coletivos para o seu crescimento. Isso pode significar a revolta contra a ordem tradicional aristocrática no século XVIII ou a resistência a um sistema público de saúde no XXI, mas é um valor permanente naquela sociedade.

No caso canadense, os princípios fundamentais parecem ter se originado da vastidão do país, do seu clima inclemente e do tipo de colonização que ali foi aplicado. Há uma tendência, por exemplo, a valorizar os direitos individuais, mas também a cooperação, a igualdade e o apoio mútuo em caso de emergência. A moderação, a busca do compromisso, a tolerância, o respeito ao outro e o diálogo também são valores perenes no Canadá, na política e também fora dela. Os canadenses sempre se pensaram como diferentes dos americanos e mais ligados aos valores europeus. Até por isso, sua maneira de ver o mundo é menos individualista que a que vigora nos Estados Unidos, e os canadenses são mais propensos a aceitar a ação do Estado na economia e na vida social em benefício de todos.

Esses valores, contudo, significam coisas diferentes em cada época. Em 1910, por exemplo, ninguém pensaria em criar um Estado de Bem-Estar Social aos moldes atuais. No século XIX, outro exemplo, poucas pessoas aceitariam de bom grado conceder às mulheres direito de voto. Para os canadenses, ser diferente dos americanos podia significar reforçar os vínculos com o mundo britânico (no século XIX) ou ser "mais civilizado" (no XXI). As bandeiras mudam, enquanto os valores tendem a permanecer.

Como qualquer outro país ocidental, o Canadá sempre teve movimentos conservadores no campo dos costumes. Entre eles, podemos citar os que defendiam a eugenia, especialmente em meados do século XX, os que queriam a proibição do consumo do álcool no início do século XX ou os opositores à revolução sexual e à contracultura nos anos 1960 e 1970. Isso sem contar o tradicional conservadorismo de muitas Igrejas protestantes e da Igreja Católica do Quebec. Em alguns períodos do século XX, como na época de Roosevelt, os americanos pareciam ser, inclusive, mais progressistas do que os canadenses.

Ao mesmo tempo, o Canadá também foi palco constante para a agitação social de tons progressistas, além de, obviamente, ter tido um forte movimento operário e dos trabalhadores. Movimentos de mulheres, ativismo pelos direitos dos indígenas e dos homossexuais, grupos ecológicos ou pró reformas sociais foram comuns em muitos períodos. O embate entre as duas perspectivas, conservadora e progressista, é uma constante na história do país, e continua. Nos dias de hoje, contudo, a perspectiva progressista é vitoriosa.

Essa vitória pode ser apreendida no documento fundamental, em termos jurídicos, do país, ou seja, a sua Constituição. Ela estabelece, a princípio, direitos comuns à maior parte dos países democráticos: votar e ser votado, liberdade de reunião religiosa e de opinião, direito a um julgamento justo etc. O notável no caso canadense é que, na sua Constituição, há artigos muito particulares, como os que detalham os direitos dos povos indígenas, que permitem a educação em inglês ou francês ou que enfatizam que cada cidadão tem o direito de preservar, desenvolver e compartilhar sua herança linguística e cultural. No campo dos deveres, enfatiza-se o respeito ao bilinguismo, ao multiculturalismo e os direitos dos outros, sem distinção de gênero, etnia ou origem. Por fim, ressalta-se a importância da proteção ambiental e encoraja-se o serviço voluntário na comunidade e em defesa da democracia.

Os canadenses confiam no Estado como promotor da justiça social, valorizam a saúde e a educação públicas e não se importam em taxar os mais os ricos para

176 | Os canadenses

Manifestação contra as agressões sexuais sofridas por mulheres em Montreal, em 2020. O movimento feminista e a luta pelos direitos iguais são particularmente fortes no Canadá.

financiar isso. No Canadá, há uma visão mais positiva da imigração do que nos Estados Unidos e na maior parte da Europa, especialmente se a comparação for feita nos últimos anos. Os canadenses também preferem, nas relações internacionais, a negociação e o compromisso ao conflito, especialmente o armado.

Os canadenses têm uma tolerância maior do que os seus vizinhos do sul com o uso recreativo de drogas ou o casamento entre pessoas do mesmo sexo e muito menor frente ao porte de armas, ao sexismo ou à pobreza extremas. A discriminação racial, sexual ou de outros tipos continua a acontecer, mas é vista com maus olhos pela sociedade. A correção política e o multiculturalismo são onipresentes no Canadá de hoje.

A correção política, ou o "politicamente correto", é o esforço para evitar o uso de palavras ou de linguagem que possam ofender grupos particulares dentro da sociedade. Ela começou nos ambientes universitários dos Estados Unidos nos anos 1980 e se espalhou para boa parte do mundo ocidental desde então. Seus defensores afirmam que é uma maneira de diminuir a opressão e o sentimento de inferioridade de grupos tradicionalmente marginalizados, enquanto seus opositores

A identidade canadense | 177

respondem que seus excessos impedem o debate franco de ideias e acabam por reforçar os rótulos e os preconceitos.

Não é o caso de discutir, aqui, os prós e os contras da correção política. O que vale recordar é que, enquanto muita gente nos Estados Unidos e na Europa – no campo conservador, mas também em setores de esquerda críticos do identitarismo – debate a sua validade, no Canadá a correção política é ainda dominante. Na academia, na mídia, na política e nas relações pessoais, há de se ter sempre cuidado com as palavras, para evitar problemas e críticas, mesmo quando quem as pronuncia nunca havia pensado que poderia ofender alguém. Esse é um traço forte na cultura canadense nos dias de hoje, que pode permanecer, ser suavizado ou mesmo reforçado no futuro.

Outra questão fundamental, em termos de valores, é a ênfase no multiculturalismo. Vários países aceitam e comemoram a presença de múltiplas culturas, línguas, nacionalidades, etnias e religiões dentro do seu território. Poucos, contudo, fazem disso uma política de Estado como o Canadá. Há um Ministério e várias agências governamentais, em muitos níveis de governo, para garantir e apoiar o florescimento cultural dos vários grupos presentes no país e a pluralidade é celebrada dia a dia. Claro que há críticos dentro do Canadá que se perguntam se essa política é desejável ou passível de continuar eternamente. O relevante, contudo, é que, enquanto o viés multicultural vem sendo criticado em vários países do mundo ocidental – como os Estados Unidos, a França e a Alemanha –, ele permanece um paradigma fundamental da sociedade canadense.

Em termos de valores, na verdade, o Canadá poderia tranquilamente aderir à União Europeia ou formar uma associação com os países escandinavos. Geografia à parte, ninguém notaria a diferença, o que novamente indica, aliás, a importância da herança europeia na construção do Canadá.

Na realidade, contudo, essa visão é radical e pouco nuançada e, se a levarmos às últimas consequências, tenderíamos a ver os americanos como "quase bárbaros" e os canadenses como "o povo mais indulgente e correto da Terra". Isso não corresponde ao mundo real, pois o país não é nem de longe imune ao racismo, à xenofobia, ao machismo e muito menos aos ataques privatistas contínuos por parte do neoliberalismo. A imagem de país "civilizado", porém, é essencial para a identidade canadense hoje e, como toda imagem, tem um fundo de verdade.

Esses valores moldaram o país de tal forma que são passíveis de identificação nos mais variados pontos do caleidoscópio canadense, até nos menos evidentes. Basta pensar em três elementos aparentemente desconexos: o humor canadense, especialmente na televisão, os seriados policiais e as pesquisas sobre os maiores orgulhos nacionais.

178 | Os canadenses

O humor é um canal privilegiado para se entender uma sociedade. Claro que há todos os tipos de humor – piadas, chistes, caricaturas, ironias etc. – e ele sofre variações no tempo e conforme o grupo social, o meio de divulgação (escrito, televisivo, falado, virtual), mas existe uma cultura compartilhada que faz uma piada ser compreendida num contexto e não em outro, horrorizar os ouvintes num lugar e levar às gargalhadas em outro.

O humor brasileiro, por exemplo, tende a confundir o público e o privado e a tratar tudo de forma emocional, para tornar mais palatáveis as enormes diferenças sociais do país. Com alguma frequência, ele também deprecia pessoas e grupos: quase sempre o objeto do riso é o pobre, o negro, o homossexual, o nordestino e a mulher, muitas vezes colocados em situações humilhantes ou embaraçosas. Nas famosas "pegadinhas", por exemplo, o usual é que alguma pessoa seja colocada em situação embaraçosa e, constrangida, reaja com ameaça de violência contra o autor do constrangimento, normalmente outra pessoa facilmente identificada como das classes trabalhadoras, como atendente de lanchonete ou vendedor ambulante. Em geral, figuras simbólicas de autoridade ou privilégio, como homens brancos de terno e gravata, não são vítimas. Há também um tom muito sexualizado, com mulheres seminuas criando situações constrangedoras, especialmente frente a casais e a outras mulheres.

O humor canadense é exatamente o oposto disso. Claro que muitos canadenses devem contar piadas mais pesadas e com tons depreciativos em ambientes fechados, mas o *mainstream* do humor é muito mais próximo do politicamente correto, girando quase sempre ao redor da ironia leve, da sátira política, do sarcasmo e da paródia.Um bom exemplo é o programa *Just for laughs: Gags*, produzido desde 2000 e um dos maiores sucessos do humor canadense, exportado para mais de 100 países, sendo muito comum a sua transmissão em aeroportos, áreas comuns de hotéis etc. O programa foca na reação das pessoas, filmadas por uma câmera escondida, a situações inusitadas, como é a praxe nesse tipo de humor. O seu sucesso internacional deriva do fato de não ter diálogos (não sendo necessárias, portanto, dublagens), mas também, provavelmente, do fato de ele nunca ofender ninguém. Extraterrestres ou tocadores de gaita de fole que surgem do nada, pessoas que pedem auxílio e desaparecem ou pequenos embaraços são a tônica.

Não é à toa que, para um brasileiro, o humor canadense é considerado sem graça, insípido. Os americanos, apesar de importarem comediantes canadenses para a sua indústria cultural, também consideram o humor canadense pouco engraçado, politicamente correto em excesso. No humor canadense, transparece a cordialidade e o respeito ao próximo, além de um contínuo esforço para não criar polêmicas ou problemas. Os canadenses ironizam, acima de tudo, a si próprios, sem, geralmente, depreciar os outros. Mesmo os americanos, vítimas preferenciais das piadas canadenses, são tratados de uma forma muito mais suave do que nas piadas americanas sobre os canadenses. Alguns exemplos:

"– Como se chama um americano educado e sofisticado?
– Canadense."

"– Qual a diferença entre um americano e um canadense?
– O canadense não só tem senso de humor, como é capaz de soletrar a palavra 'humor'."

"– Como você sabe se seu vizinho é americano ou canadense?
– Pise no pé dele. Se ele for canadense, ele vai lhe pedir desculpas.
– E se for americano?
– Ele vai atirar em você."

Nota-se como essas piadas quase sempre refletem um desejo de os canadenses se apresentarem como melhores do que americanos.

Nos seriados policiais, também é possível observar traços culturais característicos. Os seriados criminais americanos refletem, obviamente, a sua cultura: uma grande confiança na tecnologia para encontrar o culpado, uma certa obsessão com crimes sexuais e violentos, como se houvesse um pedófilo e um estuprador em cada esquina, e a tendência a resolver tudo com tiros e explosões. Na maioria deles, além disso, há um tom negativo frente à natureza humana. Não há nenhum contexto social ou cultural que explique a criminalidade, os culpados são totalmente responsáveis por seus atos, intrinsecamente maus e sem muita possibilidade de se regenerar. Vigilância e punição são as únicas respostas para defender os cidadãos de bem dos naturalmente maus.

Os seriados policiais canadenses são, em geral, muito diferentes. Claro que já houve seriados mais próximos ao modelo americano, mas normalmente os canadenses seguem uma filosofia distinta: mais ênfase nos dramas dos personagens e nos problemas sociais que se relacionam com a criminalidade e maior otimismo em relação à possibilidade de as pessoas mudarem para melhor. Esses programas não recorrem a explosões, perseguições em alta velocidade e a trocas de tiros com tanta facilidade.

Um exemplo típico de seriado canadense é o *Flashpoint* (2008-2012). Ele se passa em Toronto, acompanhando as missões de uma unidade tática de elite da polícia encarregada de resolver casos extremos, como ameaça de bombas, criminosos pesadamente armados ou a tomada de reféns. Mesmo equipados com instrumentos e armas de última geração, sua prioridade é negociar, tentar a rendição pacífica dos bandidos, tanto que a força letal é aplicada poucas vezes. Há um drama humano, uma tensão psicológica que envolve os policiais, os marginais e as vítimas, mas, acima de tudo, há uma visão bem canadense do crime: considerado um problema real, que deve ser equacionado e resolvido, não a manifestação inescapável da maldade absoluta de algumas pessoas.

*

Muitos povos têm uma autoestima muito baixa (em geral, pela pobreza, subdesenvolvimento ou por um passado recente condenável), enquanto outros são profundamente orgulhosos das suas realizações nacionais. Os canadenses estão na segunda posição e as pesquisas de opinião indicam que, em geral, eles têm muito orgulho de ter nascido ou de viver no Canadá.

Do que, exatamente, os canadenses se orgulham, especialmente em comparação a outros povos? Os americanos, por exemplo, se consideram a maior nação que já surgiu na Terra (o "excepcionalismo americano") e mencionam a sua força militar, econômica e científica, além da força da sua democracia, para justificar isso. Os chineses se orgulham do passado glorioso da China e, cada vez mais, do seu futuro promissor como a nova superpotência. Os brasileiros concentram sua autoestima nas glórias passadas do futebol ou nas belezas naturais do país. Muitos países europeus, por sua vez, como Alemanha e Itália, orgulham-se da sua qualidade de vida e de suas conquistas nas artes, na literatura e na ciência.

E os canadenses? Em várias pesquisas de opinião feitas por jornais ou sites do Canadá, os canadenses manifestam-se orgulhosos da sua natureza, da sua cultura e da sua arte. Mas, acima de tudo, eles se vangloriam dos seus valores (tolerância, diversidade e solidariedade) e da qualidade de vida no país, especialmente o Estado de Bem-Estar Social e o sucesso da educação e da saúde públicas. Segundo essas mesmas pesquisas, "o maior símbolo de orgulho nacional" é o serviço de saúde universal, chamado Medicare.

Em 2002, a BBC britânica lançou um concurso para escolher "os maiores britânicos de todos os tempos". A iniciativa teve grande sucesso e foi replicada pela mídia de inúmeros países nos anos seguintes, numa série de concursos para escolher os maiores nomes de cada nacionalidade. A seleção era feita em uma votação entre os que assistiam o programa que promovia tal concurso. Obviamente, não foi uma pesquisa científica, mas os resultados dão pistas importantes sobre diferenças culturais e de valores de país para país. Em geral, os eleitos foram políticos de destaque em seus respectivos países: Winston Churchill, Ronald Reagan, Charles de Gaulle, José de San Martin. Na Itália, contudo, o vencedor foi Leonardo da Vinci e, no Brasil, Chico Xavier.

No Canadá, a lista dos finalistas incluiu vários jogadores de hóquei, cientistas e ambientalistas, além dos políticos que "criaram" o Canadá e, especialmente, as políticas sociais e multiculturais que moldam o país hoje, como Pierre Trudeau e Lester Pierson. O vencedor, contudo, foi Tommy Douglas (1904-1986), considerado o principal responsável pela criação do Medicare. Isso indica com clareza as particularidades e as prioridades dos canadenses.

Em geral, subjetivamente, os canadenses se sentem mais próximos dos países europeus (especialmente Escandinávia e Reino Unido) do que dos EUA. Eles ainda se identificam mais com a parte norte dos Estados Unidos do que, por exemplo, com a Europa Oriental ou com o sul dos Estados Unidos.

Tommy Douglas, criador do Medicare, o serviço público de saúde do Canadá, é uma das figuras mais reverenciadas pelos canadenses. Nascido na Escócia, pastor batista e militante do CCF, com cujos líderes é aqui fotografado, em 1944. Uma curiosidade é que ele é o avô do ator Kiefer Sutherland.

182 | Os canadenses

Não espanta, a propósito, a existência de uma famosa caricatura criada em 2004, e muito reproduzida desde então, que divide a América do Norte em dois países: *Jesusland* (a parte mais provinciana e religiosa dos Estados Unidos) e *United States of Canada*, que reuniria o Canadá (algumas versões excluem a província de Alberta, mais conservadora) e os estados americanos das duas costas e da região dos Grandes Lagos, cuja maneira de pensar e viver seria semelhante à canadense. É uma piada, obviamente, mas indicativa de que valores canadenses são compartilhados também, em maior ou menor medida, em outros locais. O Canadá, contudo, os reelabora de uma forma particular, o que nos permite afirmar que, nos dias de hoje, existe sim uma *identidade canadense* e uma maneira de ver a vida propriamente canadense.

O VIZINHO ONIPRESENTE: OS ESTADOS UNIDOS

Em 1999, o seriado de animação americano *South Park* lançou um filme chamado *Bigger, longer & uncut*. Nele, os protagonistas se divertem com um show de obscenidades e piadas de banheiro promovidas pelas estrelas de TV Terrance e Philip, cujos nomes completos são Sir Terrance Henry Stoot e Sir Phillip Niles Argyle, que, além da suposta origem nobre, são canadenses, de Toronto e Montreal. Irritados com a péssima influência dessas estrelas de TV na educação de seus filhos, os habitantes da cidade South Park decidem promover um movimento chamado *Mothers Against Canada* (MAC) e criam até mesmo uma música – "Blame Canada" ("Culpe o Canadá") – para demonstrar seu desgosto para com os canadenses. Os membros do MAC acabam aprisionando Terrance e Philip, provocando protestos do embaixador canadense nas Nações Unidas que afirma que a economia do país depende dos dois artistas. O representante americano zomba do sotaque canadense (que pronuncia "*aboot*" no lugar de "*about*" e "*soorry*" ao invés de "*sorry*"), o que faz com que a Força Aérea canadense a bombardeie South Park e leve o Canadá e os EUA à guerra. Ao final do filme, no teatro do absurdo de *South Park*, o próprio Inferno se envolve na disputa e tudo termina bem.

Esse filme é emblemático da forma caricatural com que muitos americanos veem o Canadá. A própria sigla MAC é abreviatura de *macaroni & cheese*, um prato pronto produzido pela empresa Kraft Dinner, muito popular na América do Norte e especialmente entre os canadenses. Em outros episódios, o Canadá é mostrado como uma terra de gelo eterno, repleta de alces e policiais de vermelho sorridentes e povoada por pessoas tão polidas, educadas e dependentes do auxílio do Estado que acabam sendo tolas e fracas. Estereótipos como esses estão presentes em quase toda a indústria cultural dos Estados Unidos no que se refere ao Canadá.

Os canadenses, por sua vez, podem desdenhar ou até mesmo ignorar essas referências pejorativas, entendendo-as como "provas" da ignorância ou mesmo da inveja que os americanos sentem por seu país. Isso, contudo, não muda o fato de

184 | Os canadenses

que a presença marcante do seu vizinho, os Estados Unidos, é um poderoso fator de autodefinição do Estado e da identidade canadenses.

Por milhares de quilômetros de fronteira, os canadenses se defrontam com a mais poderosa nação da Terra. Como essa é a única ligação terrestre do Canadá com o restante do mundo, muitos sentem como se seu país fosse "uma ilha cercada pelos Estados Unidos de todos os lados". Isso também ajuda a caracterizar as relações entre os Estados Unidos e o Canadá por altos e baixos, por uma grande aproximação associada a uma desconfiança de fundo, além do medo onipresente de que o Canadá possa ser, um dia, absorvido de alguma forma pelos Estados Unidos.

A simbiose econômica já foi estudada em capítulo anterior, mas a relação entre os dois países vai muito além de um simples mercado comum. As conexões (econômicas, políticas, militares, estratégicas, culturais e populacionais) são densas em todos os sentidos, provavelmente as mais densas entre dois países vizinhos no mundo. Ao observarmos essas conexões, fica mais simples compreender as semelhanças e as diferenças entre os dois maiores países da América do Norte e entender um pouco mais sobre as especificidades do povo canadense.

A DEPENDÊNCIA ESTRATÉGICA

Canadá e Estados Unidos são, há muito tempo, países amigos, tanto que compartilham a maior fronteira terrestre desmilitarizada do mundo. Tal situação é muito cômoda para os EUA, que podem contar com um país amigo fronteiriço que os abastece de recursos naturais, produtos industrializados e energia. Já os canadenses podem contar com o imenso mercado consumidor dos Estados Unidos e uma situação de segurança proporcionada pela cobertura estratégica do Pentágono. No entanto, os problemas da assimetria são evidentes. As massas de terra dos dois países praticamente se equivalem, mas há dez americanos para cada canadense, a economia dos EUA é cerca de nove vezes maior do que a do seu vizinho (ainda que o Canadá, em termos de renda *per capita*, os supere ligeiramente) e é mais diversificada.

Canadenses sempre temeram "ser engolidos" pelo vizinho maior, e esse medo fez com que várias eleições nacionais canadenses – de 1891, 1911 e 1988 – tivessem como tema central o livre-comércio com os EUA e os riscos que ele representaria de absorção econômica pelos EUA.

É em termos estratégicos e militares, contudo, que a situação se torna mais séria. Como veremos, os canadenses têm uma visão diferente, menos militarizada, do que a americana sobre seu papel no mundo, e isso se reflete nos aparatos militares. O Pentágono gasta 30 vezes mais com defesa e conta com 102 vezes mais homens em armas (1,5 milhão *vs.* 70 mil). Há uma discrepância em termos de quantidade e qualidade de material bélico (para não falar da capacidade de projeção de poder, ou seja, de levar soldados e equipamentos para qualquer lugar do globo) que deixa o Canadá a anos-luz do seu vizinho do sul. O Canadá pode sentir-se protegido graças a esse poder, mas também acaba tendo que aceitar que, quando se trata de questões de defesa, a palavra final é de Washington.

Ottawa e Washington têm colaborado em termos estratégicos, e tal colaboração se dá através de uma longa série de convênios e acordos bilaterais e também pela participação conjunta na Otan e no Norad, a rede de defesa aérea da América do Norte, à qual os canadenses estão integrados desde 1958. As forças armadas canadenses têm doutrinas e equipamentos compatíveis com as americanas, o que permite uma integração tática e operacional quase perfeita. Tal relação íntima garante a segurança canadense, mas também reforça o poder militar dos EUA, especialmente porque garante aos americanos uma retaguarda tranquila na América do Norte.

Em ocasiões que Ottawa optou por não apoiar iniciativas de Washington (como quando da invasão do Iraque em 2003 ou certas políticas de segurança dos EUA adotadas após o 11 de setembro de 2001) houve certo mal-estar diplomático, mas nada além disso. Pequenas disputas territoriais ainda existem e a concorrência pelo Ártico têm colocado os dois países, em alguns momentos, em lados opostos. No entanto, nada muda o fato de que as relações entre os dois Estados e seus habitantes são próximas em todos os níveis, mutuamente benéficas e usualmente cordiais.

A assimetria, contudo, é evidente, com os EUA sendo mais importantes para o Canadá do que o contrário. Isso se reflete até em questões quase simbólicas, como no mundo acadêmico. Para os canadenses que estudam Relações Internacionais, a relação do seu país com os Estados Unidos é o principal tema, a preocupação central dos estudos, ao passo que para os americanos, no mesmo campo, o Canadá é um tema marginal. Os especialistas americanos estudam prioritariamente as relações dos EUA com a China, a Rússia, a União Europeia e o México, sendo que há apenas uns poucos interessados nas relações com o Canadá.

O PODER MILITAR E O *SOFT POWER*

O Canadá não é exatamente um país que desconhece o uso da força em defesa da nação ou de seus interesses internacionais. O país não apenas participou ativamente das duas guerras mundiais, como se envolveu na Guerra da Coreia (1950-1953), na Gerra do Golfo (1991) e em várias operações da Otan. Durante a Guerra Fria, uma brigada canadense e unidades aéreas ficaram estacionadas na

Alemanha e, mais recentemente, forças canadenses participaram da ocupação do Afeganistão (2001-2014), do ataque da Otan à Líbia em 2011, além de ter aumentado sua presença no Ártico.

No caso do Afeganistão, os canadenses foram lutar em um país no qual não tinham nenhum interesse, em boa medida para mostrar solidariedade aos Estados Unidos. Quarenta mil soldados canadenses por lá passaram, dos quais 158 morreram. O Canadá também gastou mais de 20 bilhões de dólares para sustentar a operação de combate ao Talibá e para "reconstruir o Afeganistão". Contudo, a região onde os canadenses atuaram, Kandahar, continua tão pobre e violenta como antes.

Como qualquer outra nação em guerra, o Canadá celebra o sacrifício dos seus jovens e a bravura dos seus soldados. No entanto, a mídia canadense destaca, até hoje, temas como o dos milhares de militares que ficaram com danos psicológicos pelos combates ou o fato de o objetivo da missão canadense ter sido "proteger o povo afegão, reconstruir a economia do país e apoiar a democracia e os direitos humanos". A mídia canadense aborda esses aspectos e dá a eles uma ênfase maior que a americana, de forma coerente com os valores do país.

Durante os últimos governos, houve um esforço de modernização e aumento das capacidades militares canadenses, mas o poder militar canadense continua pequeno. São cerca de 70 mil homens na ativa, três dezenas de navios e submarinos militares, aviões como o F-18 americanos e três brigadas mecanizadas, além de forças de apoio e unidades de combate ao terrorismo. Em linhas gerais, são forças profissionais, dotadas de material militar relativamente moderno e bem treinadas, mas sem capacidade de, por si só, se imporem em algum conflito no exterior.

Essa situação se encaixa perfeitamente no modelo de defesa e de inserção internacional escolhido pelo Canadá desde 1945: segurança na América do Norte através da cooperação com os Estados Unidos, ações militares no exterior apenas dentro de mecanismos de cooperação (como a Otan ou a ONU) e confiança no *soft power* para ampliar a influência canadense no mundo.

O termo *hard power* é utilizado, no campo das relações internacionais, para identificar a capacidade de um Estado para fazer valer a sua vontade sobre os outros a partir de meios econômicos e militares: guerra ou ameaça de ações militares, pressões ou ajuda econômica etc. Já *soft power* se refere ao poder exercido pela diplomacia, pela negociação, pela cooperação e ajuda a outros países e pela influência cultural, ou seja, mais persuasão do que força. Quase todas as potências atuam nas duas vertentes, que se complementam, mas algumas enfatizam mais uma do que a outra. Quase sempre, isso não é uma escolha. Alguns países optam por uma postura pacifista porque não têm as condições financeiras ou políticas

Soldados canadenses no Afeganistão, em Kandahar. Os canadenses gostam de pensar que ali estiveram apenas para combater o radicalismo e ajudar um povo pobre e não por motivos estratégicos ou para reforçar sua aliança com os Estados Unidos.

para criar grandes forças militares. Outros fazem essa opção porque consideram que sua posição no mundo é bastante adequada ou que, por mais que investissem em armamentos, não seria o suficiente para mudar a situação. No caso canadense, houve o reconhecimento, desde muito cedo, de que o país estava numa posição muito segura frente a invasões externas de fora da América do Norte e que o Canadá nunca poderia criar uma força militar capaz de se contrapor à do seu vizinho. A partir dessa constatação, o Canadá formatou a sua política externa em um padrão mais pacífico, que não demanda grandes forças militares, com a exceção óbvia do período das duas guerras mundiais.

O Canadá, com certeza, está entre os países que preferem exercer o *soft power*, mas dentro de um entendimento próprio do que seria isso. Ou seja, o Canadá não investe tanto na cooperação internacional como seria de se esperar. Segundo dados da ONU e de outros organismos internacionais, o gasto do país se aproxima, em termos absolutos, dos da Noruega e, em termos relativos, como proporção do PIB, dos da Áustria, estando na 14ª posição no mundo. Ou seja, apesar da sua fama de ser "um país generoso internacionalmente", o Canadá não faz disso uma prioridade.

188 | Os canadenses

No tocante à diplomacia cultural, elemento essencial em qualquer projeto de *soft power*, o Canadá tem um histórico positivo. Investe na promoção de sua cultura e de uma boa imagem do país no exterior desde os anos 1960, apoiando exposições de arte, intercâmbios acadêmicos, produção de livros etc. Nunca chegou, contudo, ao nível de sofisticação e abrangência como os estabelecidos pela diplomacia cultural de, por exemplo, França, Alemanha e, cada vez mais, China.

Um sinal de que o investimento cultural canadense no exterior é importante, mas não tanto como poderia ser, é que o seu financiamento e apoio oscilam conforme quem está no poder. O governo conservador de Stephen Harper (2006-2015), por exemplo, preferiu aumentar os gastos militares e diminuir os voltados a fortalecer laços culturais com o resto do mundo; entre outros programas, cancelou abruptamente o *Understanding Canada*, que, por 40 anos, financiara visitas de acadêmicos estrangeiros ao Canadá e a ação de Associações de Estudos Canadenses pelo mundo. Hoje, há uma tendência no Canadá para fazer justamente o movimento oposto e o próprio Senado canadense recomendou a volta desse programa e o maior financiamento da cultura canadense no exterior.

Além da falta de dinheiro, a difusão da cultura canadense fora do Canadá também tem que lidar com problemas particulares. Um deles é que um dos seus objetivos centrais – garantir que o mundo reconheça as especificidades da cultura canadense frente a dos EUA e que haja um espaço para os produtos culturais canadenses no exterior – tem que dar conta da força competitiva quase invencível representada pela cultura *pop* americana. Além disso, o Estado federal canadense tem que lidar com uma competição interna, já que a Província de Quebec também mantém, há décadas, um programa de difusão cultural para garantir que o mundo exterior reconheça suas especificidades culturais.

Em resumo, apesar das declarações públicas que ressaltam a importância da promoção cultural para o *soft power* canadense e do razoável investimento feito nisso, o fato é que muito mais poderia ser feito, até para explorar a imagem do Canadá no exterior que é quase sempre positiva e simpática.

Na sua definição de *soft power,* o Canadá parece se inclinar menos para a diplomacia cultural e mais para a busca de alianças, consensos e soluções diplomáticas. Entre altos e baixos, conforme o governo que está no poder, o Estado canadense tem sempre investido na imagem de "promotor da paz", de "solucionador de problemas" e de "interlocutor honesto, sempre disposto a colaborar para a resolução de crises pelo diálogo". O respeito à lei, a promoção dos direitos humanos e da democracia também são questões que procuram ser destacadas pela política externa canadense. Isso explica a contínua presença canadense em praticamente todos os fóruns multilaterais e nas missões de paz da ONU. Em 1956, o então ministro das Relações Exteriores do Canadá, Leslie

Festival Montréal Complètement Cirque no Montreal Espace Émilie-Gamelin, praça onde acontecem eventos culturais o ano inteiro. A promoção da cultura nacional no exterior é parte do *soft power* canadense.

Person, foi um dos grandes incentivadores e idealizadores das missões de paz da ONU; desde os anos 1950, 125 mil soldados canadenses já serviram como capacetes-azuis.

A busca por diálogo e negociação, a tentativa de se apresentar como um interlocutor confiável e generoso e sem objetivos ocultos e, acima de tudo, como um país sem interesses imperialistas (ao contrário dos EUA ou dos países europeus) têm sido, portanto, as chaves do *soft power* canadense. É através desses mecanismos que o Canadá procura criar um espaço para si no mundo e se diferenciar do gigante ao sul da fronteira ao qual ele está tão conectado.

Essa estratégia canadense se aproxima muito da de outros países de médio porte também inseridos dentro do abraço estratégico dos Estados Unidos, como o Brasil. Ela só pode ser aplicada porque os Estados Unidos garantem a sua retaguarda: eles protegem militarmente o território canadense, seu comércio marítimo e o sistema econômico globalizado no qual a economia canadense se insere. Assim, os canadenses podem se apresentar como "mocinhos" justamente porque têm nos americanos um aliado poderoso que atua com mão firme no palco internacional.

190 | Os canadenses

A SIMBIOSE POPULACIONAL

A integração econômica e estratégica também facilitou a aproximação populacional entre o Canadá e os Estados Unidos. Evidentemente, a vizinhança geográfica facilita o movimento de pessoas e essa regra serve para qualquer lugar do mundo. Nenhuma novidade, pois, que dois países que compartilham milhares de quilômetros de fronteira e uma história com traços comuns tenham laços populacionais fortes. Isso leva a uma peculiaridade canadense: o Canadá é uma terra de imigrantes, mas também de emigrantes.

Os canadenses emigrantes são de vários tipos. Um caso é do imigrante que adquire cidadania canadense e, depois, retorna a seu país de origem (ou de filho ou neto de imigrante e canadense por nascimento que emigra para o país de seus antepassados). Outro é o do canadense que decide viver em Londres ou em alguma parte do Império Britânico; um movimento antigo que continua nos dias de hoje propiciando comunidades canadenses consistentes em Londres e na Austrália, por exemplo.

Contudo, a maior parte dos emigrantes canadenses segue para os Estados Unidos. Desde o século XIX, sempre foi simples e barato cruzar a fronteira, a língua e as tradições são comuns e as restrições à imigração canadense nos EUA sempre foram muito pequenas, quando não inexistentes. Por causa disso, aliás, sempre foi relativamente comum que imigrantes europeus se dirigissem ao Canadá aproveitando-se de leis de imigração locais menos rígidas e, logo em seguida, se transferissem para os Estados Unidos.

Os Estados Unidos, além disso, desenvolveram uma economia industrial tão complexa e ampla que a demanda de mão de obra sempre foi imensa. Os canadenses acabaram por se incorporar ao fluxo de europeus e, hoje, ao de asiáticos e latino-americanos que continuam a chegar aos Estados Unidos.

Esse movimento migratório teve fases e características particulares em cada época. No século retrasado, dada a proximidade geográfica, muitas pessoas iam e voltavam, alternando trabalhos na indústria americana e no corte de madeira ou nas colheitas no Canadá. Mas tantas decidiram ficar ao sul da fronteira que, em 1870, um em cada seis canadenses havia emigrado para os Estados Unidos. Em 1901, os cerca de 128 mil americanos que viviam no Canadá (a maioria fazendeiros que haviam emigrado para a fronteira agrícola nas pradarias) representavam 3,5% da população canadense, enquanto os 1,2 milhão de canadenses nos EUA equivaliam a 1,6% da sua população.

Os anglo-canadenses não tinham praticamente nenhuma dificuldade quando decidiam procurar oportunidades ao sul da fronteira. Eles se transferiam para Nova York, Chicago ou Seattle sem maiores problemas e se assimilavam rapidamente, dada a similaridade de língua e cultura. Centenas de milhares o fizeram entre 1850 e 1930 e, apesar de muitos manterem alguma identidade canadense ou britânica por algum tempo, rapidamente se tornaram americanos como quaisquer outros.

Já os franco-canadenses formavam um caso à parte em termos de emigração. O Quebec era, até meados do século XX, uma província rural e atrasada, com poucas perspectivas para os pequenos proprietários de terra. Eles tinham, contudo, a sorte de serem vizinhos da Nova Inglaterra, coração da nascente indústria americana, onde havia empregos e salários melhores. O movimento populacional era uma consequência quase natural e, entre 1840 e 1930, cerca de 900 mil habitantes do Quebec (cerca de metade da população) se transferiram para a Nova Inglaterra, dos quais cerca de metade acabaria retornando para casa. A esmagadora maioria dos emigrantes era de camponeses que, nos Estados Unidos, se transformariam em operários, especialmente da indústria têxtil.

Nos EUA, os franco-canadenses enfrentaram os problemas típicos de imigrantes pobres com uma cultura particular e diferente da do país que os recebia. Falavam francês, eram católicos, tinham pouco interesse em se assimilar como americanos (já que muitos imaginavam que iam retornar logo para casa) e não eram vistos com bons olhos pelos próprios operários americanos porque seu trabalho barato diminuía os salários de todos. Tudo isso levou a alguma hostilidade contra eles naquela região dos Estados Unidos. Lá, eles eram chamados, pejorativamente, de *frogs*, *pea-soupers* ou de *Canucks*. *Frog* (sapo) é um insulto tradicional dos britânicos contra os franceses. *Pea-soupers* significa "comedor de sopa de ervilha", um prato típico do Quebec. *Canuck* é um termo popular para se referir ao canadense. Esses imigrantes vindos do Canadá eram vistos, portanto, pelos americanos, como "franceses", "quebequenses" e "canadenses", de toda forma: "estrangeiros indesejáveis". Houve até mesmo movimentos organizados contra a sua presença no país. Boatos e rumores de que "eles eram a vanguarda de uma invasão católica aos EUA" se difundiram no final do século XIX e houve discussões – dentro da elite americana e, especialmente, a da Nova Inglaterra – sobre como convertê-los ao protestantismo.

Com o passar do tempo, a emigração do Quebec para a Nova Inglaterra diminuiu e os filhos, netos e bisnetos dos imigrantes quebequenses finalmente se assimilaram. No censo americano de 2010, dois milhões de pessoas se identificaram como de origem franco-canadense e esse número é, provavelmente, bem maior. Muitos atores, políticos, acadêmicos e empresários americanos ostentam um sobrenome francês justamente por causa dessa maciça emigração do Canadá para os Estados Unidos.

192 | Os canadenses

Entre 1930 e 1945, o fluxo de canadenses como um todo para os Estados Unidos diminuiu, dada especialmente à severa crise econômica neste país. Depois de 1945, a economia canadense se sofisticou, e a qualidade de vida média no Canadá se tornou melhor do que nos Estados Unidos. Mesmo assim, a emigração para os EUA continuou e se mantém mais ou menos estável até hoje. Entre 1980 e 2010, o número de cidadãos canadenses vivendo ao sul da fronteira tem oscilado entre 700 e 800 mil pessoas, sem contar os seus filhos e netos considerados cidadãos americanos.

Os canadenses vivendo nos EUA hoje formam uma comunidade imigrante muito particular. Eles falam inglês e são predominantemente brancos, o que leva a pouca ou nenhuma discriminação. Os canadenses têm poucas dificuldades burocráticas para emigrar, tanto por terem, muitas vezes, parentes nos EUA, quanto por contarem com um nível educacional elevado e/ou ofertas de emprego prévias. Nos Estados Unidos, eles têm um nível de renda maior que quase todos os outros imigrantes e até do que a média dos próprios americanos. Os canadenses que emigram para os EUA hoje são, em geral, atores, acadêmicos, técnicos, empresários ou funcionários de grandes companhias, além de aposentados que preferem viver longe do frio.

Seria impossível fazer uma lista completa de canadenses célebres que vivem nos Estados Unidos. Poucas pessoas, contudo, sabem que ícones americanos, como os atores Donald Sutherland ou William Shatner, os comediantes Mike Myers e Jim Carrey e os cantores Justin Bieber e Avril Lavigne nasceram no Canadá. O fato de isso passar despercebido é mais uma evidência da interpenetração populacional e cultural entre os dois países.

Ao mesmo tempo, muitos americanos emigram para o Canadá, seja para trabalho em filiais de empresas americanas, por motivos de estudo ou porque preferem o estilo de vida canadense. Durante alguns momentos políticos conturbados nos EUA, a emigração para o Canadá aumentou, como na época da Guerra do Vietnã, nos anos 1960 e 1970 (de recrutas que não quiseram prestar o serviço militar) ou depois da eleição de Donald Trump, em 2016.

O número oscila conforme os ciclos econômicos e políticos nos dois países, mas, na média recente, cerca de 1,5 milhão de americanos vivem no Canadá, o que é uma proporção relativamente alta frente à população canadense. Isso é outro indicador da imensa simbiose populacional entre os Estados Unidos e o Canadá, a qual é facilitada e, ao mesmo tempo, facilita a conexão cultural.

Como vimos, os canadenses procuram definir sua identidade como diferente da americana. Mesmo assim, a proximidade cultural, étnica e linguística é tamanha que negá-la seria desconhecer o óbvio. Não espanta, dada essa contradição, que o Canadá invista tanto na promoção da sua cultura, até para mostrar um diferencial com relação à americana.

OS ESFORÇOS CULTURAIS

É irônico, na verdade, que seja a cultura um dos grandes diferenciais para que o Canadá não seja visto, no mundo, como parte dos Estados Unidos. Isso porque o único povo que conhece mais de perto, ainda que superficialmente, o Canadá, é justamente o americano. A França se recorda vagamente de seus antigos filhos perdidos na América do Norte. O Reino Unido ainda mantém, obviamente, ligações fortes com o país. Mas o resto do mundo tende a olhar o Canadá como um país simpático, de pessoas cordiais, honestas e decentes, mas tão longe que a maioria nem o localizaria num mapa, a despeito do tamanho. Já os Estados Unidos estão ao lado e é a indústria cultural americana (artes, música, cinema, literatura etc.) o grande veículo que acaba por projetar o Canadá no mundo, mas num viés americano.

Imagem icônica de como os estrangeiros, especialmente os americanos, veem os canadenses: um Mountie, com seu uniforme característico, pedindo desculpas com o típico sotaque canadense.

194 | Os canadenses

No tocante a essa questão, os canadenses sabem que não têm nenhuma chance de competir de igual para igual com a máquina cultural dos Estados Unidos. Ao mesmo tempo, a especificidade se conquista através da exploração das diferenças e, dada a proximidade cultural com os Estados Unidos, a tarefa se complica com a dificuldade em destacar essas diferenças.

Basta recordar, a propósito, a questão do idioma. O inglês canadense – pensado em termos gerais e sem entrar nos detalhes regionais – tem influência do inglês britânico em termos fonéticos, de pronúncia, vocabulário etc., o que é explicável pelos vínculos de séculos com a Grã-Bretanha. Também tem as suas especificidades. O canadense, por exemplo, prefere usar *washroom* ao invés de *restroom* e soletra a letra Z como "*zed*" ao invés de "*zee*", como nos Estados Unidos. São também traços distintos a pronúncia do *about* ("*aboot*") e o uso contínuo da interjeição "*Eh*", por exemplo. Memes de internet adoram colocar um membro da polícia montada do Canadá ou um alce dizendo "*Sorry* aboot *that, eh!*" como se isso fosse algo bem engraçado. Mesmo assim, o inglês canadense está tão perto do inglês americano padrão que é muito comum que os falantes dos dois países não percebam estar em frente a um estrangeiro numa conversa informal. Quem for à Toronto, por exemplo, não vai conseguir se locomover utilizando o *tube* ou o *underground* (como se chama o metrô na Inglaterra), mas sim o *subway* (como nos Estados Unidos). Apenas em Montreal é que os canadenses, mesmo falantes do inglês, utilizarão o *métro* para se deslocar.

Isso indica como explorar a especificidade do Quebec e a língua francesa seria uma oportunidade de diferenciação cultural, pois os Estados Unidos não têm – apesar de New Orleans, da antiga Lousiana e dos quebequenses na Nova Inglaterra – uma parte francesa tão marcada. O problema é que enfatizar isso teria implicações políticas internas indesejáveis, pois poderia estimular o nacionalismo do Quebec e causar novos atritos entre anglo e franco-canadenses. Do mesmo modo, o Quebec faz uma vigorosa política de defesa da cultura franco-canadense, mas o governo federal tem que combinar as várias perspectivas e isso complica o cenário.

Nos anos recentes, a solução encontrada tem sido explorar, na produção artística, acadêmica e na mídia canadense, a questão dos valores. Como indicado no capítulo anterior, o maior diferencial entre canadenses e americanos, hoje, é a maneira como eles pensam a sociedade e o Estado. A produção cultural canadense opta, então, por valorizar isso, dando ênfase à promoção das várias culturas (anglo-saxã, francesa, indígena e outras) que formam "o mosaico tipicamente canadense", enfatizando a diversidade e a tolerância como "as marcas registradas do país".

O vizinho onipresente: os Estados Unidos | 195

Festival À Nous la Rue, em Montreal. Os eventos culturais são promovidos normalmente por companhias privadas, mas dificilmente seriam tão numerosos sem o firme sustento do Estado federal e das províncias.

Em termos práticos, a alternativa encontrada por sucessivos governos canadenses tem sido a de financiar e estimular a produção local. Desde os anos 1950, foram criadas instituições para bancar peças de teatros, exibições artísticas, filmes, publicação de livros e outros produtos culturais: o Canada Council for the Arts (1957), a National Film Board of Canada (1939), que produziu milhares de filmes, animações e documentários desde a sua criação, entre outras.

O maior destaque, provavelmente, é a Canadian Broadcasting Corporation. Ela foi criada em 1936 como um serviço de rádio, justamente para diminuir a influência das redes de rádio americanas. Seu serviço se expandiu para a TV em 1952 e hoje está presente em várias outras mídias. Uma parte da sua programação, desde os anos 1950, se origina dos Estados Unidos, até para atrair o público que a aprecia, mas a sua preocupação central é produzir conteúdo canadense para um público nacional.

196 | Os canadenses

São esses apenas alguns exemplos de um esforço para a preservação da cultura nacional. O financiamento para esse esforço vem, essencialmente, do governo federal canadense e também dos provinciais, com destaque para o Quebec e Ontário. Isso, contudo, sempre gera debates sobre se vale a pena manter instituições culturais públicas quando os serviços privados são mais baratos ou se é realmente viável resistir ao poder cultural dos Estados Unidos.

A tendência, porém, é a de manter esse esforço, tanto que o Canadá é um dos poucos países do mundo que conta com um Ministério totalmente dedicado à preservação da cultura nacional, o Department of Canadian Heritage. Ele é encarregado da manutenção de museus, sítios históricos, fundações culturais, dos arquivos e da Biblioteca Nacional. Além disso, também financia dezenas de programas culturais e bolsas de estudo.

Outros países podem, proporcionalmente, gastar mais do que o Canadá, mas o esforço do país é considerável. Na comparação com os Estados Unidos, por exemplo, o Estado canadense investe sete vezes mais na produção cultural em termos de gasto *per capita*, enquanto o governo americano confia mais na iniciativa privada.

Além do esforço para apoiar a cultura, o governo canadense estabelece restrições para os produtos culturais americanos e quotas mínimas para os canadenses. Desde os anos 1960, há um mínimo obrigatório de conteúdo canadense a ser exibido em rádios e tevês, e foram estabelecidos impostos e tarifas para impedir que o mercado canadense de revistas, livros e outras formas de mídia impressa seja inundado de produtos americanos.

A questão da cultura é considerada tão relevante que há cláusulas, nos acordos de livre-comércio com os EUA de 1988 e do Nafta em 1994, que permitem tanto o subsídio público como as restrições ao comércio de produtos culturais. Entretanto, essas restrições são questionadas continuamente pelos americanos quando das periódicas revisões dos tratados ou em outros fóruns, como na Organização Internacional do Comércio. Por causa desses questionamentos, em alguns momentos, os canadenses são obrigados a modificar leis ou cancelar restrições e impostos, mas a proteção estatal tem sido, em geral, mantida até porque é evidente que, sem o apoio do Estado, a produção cultural canadense teria dificuldades em se manter viável diante da concorrência.

Obviamente, outros países também se preocupam com a cultura nacional e procuram apoiá-la financeira e institucionalmente para enfrentar a globalização cultural moldada nos Estados Unidos. Como em todo o mundo, do mesmo modo, o apoio à cultura nacional também tem um lado eminentemente prático e comercial, pois os produtos culturais são dos mais rentáveis e com grande capacidade

O vizinho onipresente: os Estados Unidos | 197

para estimular o crescimento econômico e a geração de empregos. Os exemplos mais marcantes são os da França e, mais recentemente, da Coreia do Sul, que, em uma geração, com maciço apoio do Estado, se tornou uma grande exportadora de filmes, música e outros produtos de entretenimento.

A discussão sobre a cultura nacional e sua necessidade e/ou lucratividade está presente em quase todos os países, mas em nenhum outro país, provavelmente, essa discussão é tão necessária como no Canadá. O país, afinal, é o mais sério candidato, em termos globais, para a assimilação cultural pelos EUA, e tem feito esforços importantes para evitar que isso aconteça.

Totalmente integrado à economia e ao sistema estratégico dos Estados Unidos, vivenciando uma simbiose populacional quase completa, o Canadá luta para não se tornar o 51º estado americano e para manter um espaço cultural próprio. Os riscos de invasão ou de conquista, como em 1812 ou 1867, não existem mais,

Show de Louis-Jean Cormier no Jardin Botanique em Montreal. O Quebec segue uma política de privilegiar, quando se trata do financiamento estatal, as atividades culturais dos franco-canadenses e em idioma francês.

Os monumentos são muito comuns no cenário canadense, normalmente muito bem cuidados, e refletem a cultura nacional. Esse conjunto feito de resina, de autoria de Raymond Mason, se chama *The illuminated* crowd e foi inaugurado em 1986 na entrada da Universidade McGill, em Montreal. Ele reúne as imagens de 65 pessoas de todas as idades, etnias, idades e condições e simboliza a fragilidade da condição humana.

mas a possibilidade de uma "conquista indireta" ainda está presente. Talvez seja por isso que alguns autores canadenses utilizem expressões como "sobrevivência" ou "mentalidade de sítio" para definir a literatura e a produção cultural do país e a própria História e o estilo de vida nacional. Essas palavras refletiriam a luta de séculos para que o país não seja absorvido pelo seu vizinho poderoso e o seu resultado ainda não está definido.

Obviamente, os canadenses não pensam nessa questão todo o tempo, mas ela está muito presente na mentalidade coletiva. Podemos entender sua força através de dois exemplos: um famoso discurso do primeiro-ministro Pierre Trudeau e uma piada bastante popular no Canadá.

Em 1969, o então primeiro-ministro canadense Pierre Trudeau viajou a Washington e fez um discurso no National Press Club. Ficou famosa uma frase que ele proferiu na ocasião: "Viver perto de vocês é, num certo sentido, como dormir com um elefante; não importa o quão amistosa seja a fera ou o quanto ela tente se conter, não há como deixar de ser afetado por cada movimento ou grunhido". Dificilmente uma outra frase poderia resumir melhor a questão, mas uma piada chegou perto:

> No sexto dia, Deus voltou-se para o arcanjo Gabriel e disse: "Hoje vou criar uma terra chamada Canadá. Será uma terra de grande beleza natural. Terá altas montanhas majestosas cheias de cabras e águias montesas, belos lagos cintilantes e abundantes em robalos e trutas, florestas cheias de alces, falésias altas com vista para praias arenosas, enorme vida marinha e rios abastecidos com salmão".
>
> E Deus continuou: "Eu tornarei a terra rica em petróleo para fazer prosperar os habitantes. Chamarei esses habitantes de canadenses, e eles serão conhecidos como o povo mais amigável da terra".
>
> "Mas, Senhor", perguntou Gabriel, "não acha que está sendo generoso demais com esses canadenses?"
>
> "Na verdade, não", respondeu Deus, "espere e veja os vizinhos que vou lhes dar."

UMA TERRA DISTANTE: O BRASIL

No que se refere à América Latina, os laços comerciais e populacionais e os contatos culturais e diplomáticos foram limitados até os anos 1960, quando então o governo canadense procurou uma aproximação com a região. A partir de então, os contatos se ampliaram, até porque meio milhão de latino-americanos emigrou para o Canadá, mas ainda são relativamente pouco significativos.

É válido fazer uma comparação do Canadá com a Argentina, o país mais parecido com ele na América Latina. Nos séculos XIX e XX, a Argentina exportava produtos agrícolas, como trigo e carne, para a Europa e, especialmente, para o Império Britânico (do qual recebia investimentos e produtos industriais), atraía milhões de imigrantes europeus e tinha um nível de vida elevado. Do mesmo modo, tinha que conviver com um poderoso vizinho, cujo crescimento no final do século XX fez com os argentinos temessem que seu país perdesse autonomia, tornando-se apenas mais um dos estados do Brasil.

É verdade que também havia diferenças substanciais entre ambos (como a exploração mais acentuada dos povos indígenas, a desconfiança da democracia e a hesitação em seguir um projeto nacional de modernização e desenvolvimento entre as elites argentinas). Especialmente depois da Segunda Guerra Mundial, a trajetória dos dois países tomou direções contrárias, com a Argentina se tornando, cada vez mais, um país do Terceiro Mundo. No entanto, ao menos até a Primeira Guerra Mundial, a Argentina era tão parecida com o Canadá que muitos na Europa a viam como um "Canadá do Sul" e muitos britânicos a pensavam como uma espécie de "Domínio informal".

Diante disso, podemos concluir que o maior sucesso comparativo do Canadá, em termos de desenvolvimento econômico e social, não foi uma derivação automática do seu clima mais frio ou da colonização europeia, como alguns chegaram a afirmar, mas teve a ver com o processo histórico e as escolhas feitas por suas elites e, em certa medida, também por seu povo ao longo do tempo.

No tocante ao Brasil, as relações entre os dois países são relativamente antigas, mas foram frágeis a maior parte do tempo. Na época colonial, por exemplo, o tabaco brasileiro era utilizado, juntamente com o americano, para o comércio dos colonos britânicos com os povos indígenas do território canadense. Também há evidências de que algumas das estratégias utilizadas pelos franceses na América do Norte – como enviar jovens para viver com os povos nativos, de forma a aprender sua língua e cultura e facilitar o comércio e os contatos – foram testadas primeiramente no Brasil, ainda no século XVI. Além disso, um dos estímulos para o renovado interesse francês pela *Nouvelle France* teria sido o fracasso da colônia instalada no que depois seria o Rio de Janeiro, a France Antarctique, em 1560.

Na época imperial e na Primeira República, o comércio entre os dois países aumentou um pouco: os canadenses exportavam trigo, madeira e, acima de tudo, bacalhau e importavam dos brasileiros açúcar, tabaco e, especialmente, café. Era, no entanto, um comércio mínimo, sem grande importância, entre duas sociedades que faziam parte – formal ou informalmente – do espaço econômico e estratégico britânico, ambas em condição subordinada. Nessa época, viajantes canadenses estiveram no Brasil, assim como missionários.

A única exceção dentro desse quadro de distanciamento é a da companhia São Paulo Tramway, Light and Power Company, fundada em Toronto em 1899. Essa companhia de capital canadense geriu serviços de eletricidade, gás, telefonia e transporte urbano na capital paulista a partir de 1901 e no Rio de Janeiro a partir de 1905. As empresas foram fundidas na Brazilian Traction Light and Power Co. Ltd. em 1912, nome que foi mudado para Brascan – Brasil Canadá Ltda. em 1956 e Brookfield Brasil em 2009, que continua a gerir grandes carteiras de investimentos, em vários setores da economia brasileira.

Essas empresas saíram dos setores de eletricidade, transporte e gás décadas atrás, mas sua importância não pode ser subestimada. No seu início, elas representavam o maior investimento estrangeiro no Brasil e o maior do Canadá no exterior, além de serem a única motivação para a transferência de executivos e técnicos canadenses para o Brasil durante muitos anos. Além disso, seu impacto no imaginário brasileiro – especialmente no Rio de Janeiro e em São Paulo – foi substancial, tanto que uma frase comum entre mães preocupadas com a conta de luz, em meados do século XX, era "Pensa que sou sócia da Light?". Para muitos brasileiros, a Light era a única janela que eles tinham para, de alguma forma, saber da existência do Canadá.

Em termos populacionais, houve uma pequena migração de alemães, morávios, poloneses e ucranianos que se decepcionaram com a vida no Brasil e decidiram se reunir a parentes que já viviam nas pradarias canadenses.

Fachada do Edifício Alexandre Mackenzie, sede da Light, em São Paulo, no dia 20 de maio de 1929. Conhecido justamente como o "Prédio da Light", é um símbolo da cidade de São Paulo até hoje.

Houve também movimentos no sentido inverso, já que os dois países estavam integrados num mesmo sistema global de migração, que conectava a Europa e as Américas, naquele período. Em 1876, por exemplo, um grupo de 300 franceses e de oriundos do Quebec foi para uma colônia no Pará, a qual fracassou quase imediatamente. Vinte anos mais tarde, um grupo de quinhentos quebequenses tentou a sorte nos cafezais paulistas, também sem grande sucesso, sendo a maioria repatriada pouco depois.

No tocante às relações diplomáticas, o Canadá era representado pelo Reino Unido e seus consulados protegiam os interesses canadenses no Brasil. Já alguns poucos cônsules honorários brasileiros faziam o mesmo no Canadá. Em 1866, uma comissão comercial das províncias da América do Norte Britânica esteve no Brasil e no Caribe e, dez anos depois, o imperador dom Pedro II visitou brevemente as Cataratas do Niágara, Toronto e Montreal.

Foi apenas depois da Segunda Guerra Mundial que os laços entre os dois países se intensificaram. O Brasil abriu uma representação diplomática no Canadá em

204 | Os canadenses

1941, e o inverso aconteceu em 1944, anos em que os dois países eram aliados na guerra e quando o Canadá estava reafirmando sua independência dentro do Império Britânico.

Hoje, nas duas pontas do continente americano, Brasil e Canadá olham para o mundo de forma diferente. O Brasil oscila entre subordinar-se aos desejos de Washington ou procurar alguma autonomia internacional, enquanto o Canadá não pode fugir do abraço americano, mas também deseja ter a sua independência. De um jeito ou de outro, apesar dos vínculos intensos de ambos com a Europa e, no caso brasileiro, com a China e outros emergentes, são os Estados Unidos a contraparte e o ponto de referência dos dois. Só o Canadá, contudo, é que tem que lidar com a perspectiva de talvez ser "um estado americano sem representação no Congresso em Washington". Ainda que essa não seja uma situação ideal (ou mesmo desejável) para um país, é bom lembrar que nem essa proximidade o Brasil tem com os americanos.

Em geral, as relações entre Canadá e Brasil tendem a ser amigáveis, mas distantes. Ambos os Estados valorizam, em linhas gerais, o *soft power* e o multilateralismo, estiveram e estão dentro da órbita estratégica dos Estados Unidos (ainda que em posições diferentes) e, por estarem longe geograficamente, os atritos geopolíticos entre ambos são pequenos. Os brasileiros normalmente têm uma visão positiva dos canadenses (vistos como simpáticos e polidos) e esses veem os brasileiros como um povo simpático e alegre. Muitos brasileiros, além disso, escolhem o Canadá para estudo e trabalho. O único ponto em que surgem atritos é na área comercial, como quando da disputa entre as empresas Embraer e Bombardier (que começaram nos anos 1990 e seguem até hoje) pelo mercado dos jatos regionais, mas atritos como esse são sempre resolvidos pela negociação.

O comércio é um bom indicador de como a relação entre os dois países se ampliou nos anos recentes. O Brasil exporta para o Canadá minérios brutos ou semimanufaturados – como alumínio, ouro e ferro – e alguns produtos agrícolas, como café e açúcar, bem como importa produtos químicos e maquinário do Canadá. Nos últimos anos, o intercâmbio entre os dois países é, em média, de cerca de 6 bilhões de dólares americanos por ano. Um valor importante, mas marginal na pauta comercial de ambos.

As relações entre o Brasil e o Canadá tendem a se tornar um pouco mais densas à medida que a comunidade de imigrantes brasileiros vai se expandindo no Canadá. Até pouco tempo atrás, essa migração era praticamente inexistente, tanto que o Censo canadense de 1991 registrava apenas 2.500 brasileiros no país. Hoje, esse número está em torno de 30 mil imigrantes, mais alguns milhares nascidos no Canadá, a maioria residindo em Ontário e Quebec. Na última década, 2 mil brasileiros, na média, emigram para o Canadá por ano, mas esse número está em aumento. Além disso, 100 mil brasileiros por ano têm pedido autorização para residir temporariamente no Canadá para estudo ou trabalho, o que é considerado, para muitos, um primeiro passo antes de tentar a residência permanente.

No começo, os brasileiros eram principalmente trabalhadores com nível escolar e de renda médio, originários especialmente de Minas Gerais. Hoje, uma parcela substancial dos imigrantes brasileiros no Canadá é constituída por pessoas de classe média, que, graças à escolaridade, têm mais chances de serem aprovadas na seleção e de conseguirem um bom emprego no Canadá. Essas pessoas identificam no Canadá o oposto do Brasil, ou seja, um país de baixa criminalidade, ótimas perspectivas de trabalho, alta qualidade de vida e serviços públicos de primeira. Além disso, observam que "é um país aberto aos imigrantes", em uma trajetória oposta à dos Estados Unidos e da União Europeia, locais onde o sentimento anti-imigração tem crescido na última década.

É claro que alguns brasileiros não se adaptam, em parte por problemas tradicionais de qualquer imigrante, como a dificuldade de falar a língua e arrumar um bom emprego, a saudade da família e dos amigos deixados no Brasil, o frio intenso etc. Há também muitas vezes um choque cultural: os brasileiros costumam reclamar da excessiva discrição dos canadenses. Há os que se queixam do alto custo de vida ou do fato de serviços aos quais uma pessoa de classe média no Brasil está acostumada, como manicure, cabeleireiro, encanador ou empregada doméstica, custarem "uma fortuna". Há quem chegue do Brasil com uma visão tão idealizada do Canadá, como se o país fosse "o paraíso na Terra", que acaba se frustrando e decidindo voltar.

Mesmo com o seu crescimento recente, os brasileiros representam apenas 0,5% dos imigrantes admitidos no Canadá por ano e a maior parte dos que deixam o Brasil continua indo, ou tentando ir, a destinos tradicionais, como os Estados Unidos, Portugal e Japão. Mesmo assim, a tendência atual é de aumento da imigração, dado à crescente desilusão dos brasileiros pelo próprio país e a imagem do Canadá como um local onde a vida pode ser bem melhor.

# CONSIDERAÇÕES FINAIS

Os canadenses são conhecidos por avaliarem a si próprios e a seu país de uma forma quase binária. Em alguns momentos, mostram-se extremamente orgulhosos de suas realizações, de seu modo de vida e da sua realidade, especialmente quando se comparam aos vizinhos ao sul. Em outros, consideram o Canadá "um lugar estranho", com hábitos tão peculiares e uma forma de ser tão bizarra que só pode merecer pena, o que leva a um bom nível de autocomplacência. "Devemos nos orgulhar de ser canadenses, mas exatamente do que devemos nos orgulhar mesmo?" – essa parece ser uma pergunta que muitos habitantes do Canadá se fazem.

O comediante canadense Will Ferguson lançou dois livros que indicam bem a situação. No primeiro, ele ironiza o fato de os canadenses se sentirem superiores, mais nobres, simpáticos e educados do que o restante do mundo e, especialmente, do que os americanos. Ele avalia tudo isso como um grande absurdo e afirma que os canadenses, na verdade, vivem uma vida estranha e até aborrecida. No outro livro, sua visão é mais positiva; ele ironiza hábitos canadenses, mas chega à conclusão de que "é estranho, mas maravilhoso, ser canadense".

Essas são, na verdade, duas formas de pensar o Canadá, tanto pelos canadenses como pelos estrangeiros: "estamos diante de um dos melhores países do mundo, provavelmente o melhor para se viver, ou de um lugar muito aborrecido, onde nada acontece e que, até por isso, ninguém de fora lembra que existe?".

Para a primeira versão, é muito fácil encontrar argumentos. O Canadá nunca vivenciou revoluções sangrentas, ditaduras civis ou militares e genocídios de povos inteiros. O país se libertou da sua metrópole colonial de forma pacífica. A expansão do seu território se deu sem grandes guerras expansionistas e os conflitos nacionalistas internos foram superados pela negociação. Sua economia é moderna e avançada. Raramente há grandes crises econômicas e o seu sistema político é moderado e estável. O país recebe milhões de imigrantes sem grandes sobressaltos e sua política externa é, em geral, pacífica e propositiva, enquanto o nível de vida dos habitantes é dos mais altos do mundo, ao que se acrescenta uma paisagem natural privilegiada. Observadores, como o historiador Henry Nelles ou o embaixador Juan Claudio de Ramón, classificam o Canadá como o país onde a política triunfou (pois "todos os conflitos são resolvidos na negociação") ou como o protótipo da "nação multicultural bem-sucedida do Terceiro Milênio".

Este livro demonstrou que as coisas não são tão maravilhosas assim. O Canadá também fez e faz parte de sistemas imperiais maiores (britânico e americano), com seus prós e contras. Os povos originários foram expropriados das suas terras e, para muitos imigrantes, trabalhadores, mulheres e pobres, o "sonho canadense" foi menos brilhante. A economia continua em boa medida baseada na exploração dos recursos naturais. E a estabilidade da política garante que muitas coisas (que talvez devessem mudar) não mudem. Em resumo, a versão idílica não é real em termos absolutos.

Mas ela não seria verdadeira em termos relativos? O Canadá é um país que nunca teve escravidão em larga escala nem as disparidades sociais profundas como as da América Latina. Também nunca promoveu guerras de conquista no exterior ou explorou outros povos na Ásia ou na África. O país conseguiu deixar de ser "uma colônia perdida no norte do continente americano" para se tornar uma potência econômica e um exemplo de estabilidade política. Perto de tantos outros povos – e mesmo com todos os poréns possíveis –, os canadenses têm mais a celebrar do que a lamentar.

O próprio sucesso, contudo, é visto de forma diferente por muita gente. Um país sem as glórias militares dos Estados Unidos ou da Alemanha, que não expulsou seus colonizadores em uma revolução e não resolve seus conflitos internos de forma aberta seria, na visão de alguns, mais covarde do que bravo e consequente. Há quem considere sua dependência econômica, estratégica e militar dos Estados Unidos algo vergonhoso, percebendo o Canadá como um país que se aproveita do vizinho para se apresentar ao mundo como bom samaritano. E, algo estranho para os brasileiros, há quem reclame que a vida no país é demasiadamente sem percalços. Sem nunca vivenciar uma crise econômica real, poupado da violência institucionalizada do Estado, de guerras e conflitos abertos em casa e contando com o apoio do Estado em momentos de dificuldade, o canadense teria se tornado um acomodado, capaz apenas de viver a vidinha do dia a dia.

Columbia Icefield Skywalk. Os canadenses gostam de se deslocar para os parques nacionais para a prática de esportes, mas o simples apreciar da natureza majestosa também é um programa popular.

Considerações finais | 209

210 | Os canadenses

Para piorar, o Canadá seria um país infelizmente tão politicamente correto que até paquerar uma mulher ou contar uma piada demanda negociação e esforço. Lá, as amizades e os relacionamentos amorosos e sexuais são muito pouco calorosos e apimentados. A decantada paisagem natural não passaria de "gelo e neve". As cidades canadenses também não teriam alma, sendo apenas grandes centros comerciais ou blocos de apartamentos sem marcos característicos ou história. "Nem terremotos, maremotos ou erupções vulcânicas acontecem para quebrar a monotonia dos dias". Em resumo, "os canadenses criaram um país incrivelmente chato", no sentido mais simples da palavra, ou seja, onde nada acontece e tudo é previsível desde o nascimento até a morte.

Só quem não conhece o Canadá ou nunca viveu em países desestruturados pode compartilhar uma visão negativa desse tipo. É verdade que há muita previsibilidade e frio, palavras que definem bem tanto a cultura como o clima local. Também é verdade que o Canadá não é o paraíso terrestre, como se fosse possível haver um. É um país, contudo, com muito a se admirar e com um passado e um presente melhores do que praticamente todos os outros. Seu nível de vida, a civilidade nas relações humanas e na política, o respeito ao outro; tudo isso só pode ser elogiado. Os que vivem sob a bandeira vermelha e branca e a *maple leaf* têm muito a celebrar e a ensinar ao mundo.

CRONOLOGIA BÁSICA

- 12.000 a.C. – Chegada aproximada dos primeiros humanos à América do Norte, vindos da Ásia.
- 1497 – A serviço do rei da Inglaterra, Giovanni Caboto avista as costas da América do Norte.
- 1498-1500 – Viagens de João Fernandes Lavrador e Pêro de Barcelos à costa canadense.
- Século XVI – Criação da Confederação Iroquois.
- 1534 – Viagens de Jacques Cartier e fundação da Nova França.
- 1608 – Fundação da cidade de Quebec.
- 1642 – Fundação de Montreal.
- 1670 – Estabelecimento da Hudson's Bay Company.
- 1713 – Cessão da Baía de Hudson, de Acádia e Placentia pela França à Inglaterra.
- 1754-1763 – Guerra dos franceses e dos índios.
- 1755-1763 – Deportação dos *acadiens* pelos ingleses.
- 1759 – Batalha das planícies de Abrahão.
- 1763 – Conquista da Nova França pelos britânicos, reconhecida no Tratado de Paris.
- 1774 – *British North America (Quebec) Act*.
- 1775-1783 – Guerra de Independência dos Estados Unidos.
- 1791 – Criação das províncias de Upper e Lower Canada.
- 1812-1815 – Guerra entre o Reino Unido e os Estados Unidos.
- 1836 – Início da rede ferroviária canadense.
- 1837-1838 – Rebeliões nas províncias canadenses.
- 1840 – Ato de União criando a Província do Canadá.
- 1848-1855 – As várias colônias recebem o *status* de *responsible government*.
- 1859 – Fundação do Liberal Party of Canada.
- 1861-1865 – Guerra Civil Americana.

212 | Os canadenses

- 1867 – Fundação da Confederação, com Ontário, Quebec, Nova Brunswick e Nova Escócia. Fundação do Conservative Party of Canada.
- 1867-1873 – Governo de John A. Macdonald.
- 1870 – Criação da província de Manitoba, adesão da Colúmbia Britânica, incorporação dos territórios do noroeste.
- 1871 – Adesão da ilha de Príncipe Eduardo; os últimos soldados britânicos deixam o território canadense.
- 1873-1878 – Governo de Alexander Mackenzie.
- 1878-1891 – Governo de John A. Macdonald.
- 1879 – Início da *National Policy*.
- 1884-1885 – Participação canadense na intervenção no Sudão.
- 1885 – A Canadian Pacific Railway une o Pacífico e o Atlântico. Rebelião dos *métis* de língua francesa.
- 1891-1892 – Governo de John Abbott.
- 1892-1894 – Governo de John Thompson.
- 1894-1896 – Governo de Mackenzie Bowell.
- 1896 – Governo de Charles Tupper.
- 1896-1905 – Período de Clifford Sifton como ministro do Interior.
- 1896-1911 – Governo de Wilfrid Laurier.
- 1899 – Fundação da São Paulo Tramway, Light and Power Company.
- 1899-1902 – Soldados canadenses lutam na Guerra dos Boêres.
- 1905 – Criação das províncias de Saskatchewan e Alberta.
- 1910 – Fundação da Marinha canadense.
- 1914-1918 – Participação canadense na Primeira Guerra Mundial.
- 1917 – Batalha de Vimy.
- 1917-1918 – Crise de conscrição no Quebec.
- 1920-1921 – Governo de Arthur Meighen.
- 1921-1930 – Governo de Mackenzie King.
- 1928 – Abertura do Pier 21 em Halifax, ponto de chegada dos imigrantes da Europa.
- 1930-1935 – Governo de R. B. Bennett.
- 1931 – Estatuto de Westminster.
- 1932 – Fundação do Cooperative Commonwealth Federation.
- 1934 – Fundação do Parti National Social Chrétien, de Adrien Arcand.

Cronologia básica | 213

- 1935-1948 – Governo de Mackenzie King.
- 1936 – A Canadian Broadcasting Corporation é criada.
- 1939-1945 – Participação canadense na Segunda Guerra Mundial.
- 1942 – Assalto anfíbio em Dieppe, França.
- 1944 – Tropas canadenses desembarcam na Normandia, na praia Juno.
- 1945 – Tropas canadenses libertam a Holanda.
- 1947 – Criação da cidadania canadense.
- 1948-1957 – Governo de Louis St. Laurent.
- 1949 – Newfoundland se une ao Canadá. Entrada do país na Otan, a aliança ocidental.
- 1957-1963 – Governo de Diefenbaker.
- 1963-1968 – Governo de governo de Lester B. Pearson.
- 1965 – Adoção da bandeira nacional, a *maple leaf.*
- 1968 – Início do Medicare.
- 1968-1979 – Governo de Pierre Trudeau.
- 1976 – O *Immigration Act,* altera os padrões da imigração no país, é aprovado.
- 1979-1980 – Governo de Joseph Clark.
- 1980-1984 – Governo de Pierre Trudeau.
- 1980 e 1995 – Referendos pela independência do Quebec.
- 1982 – Promulgação da Constituição.
- 1984 – Governo de John Napier Turner.
- 1988 – Acordo de livre-comércio com os Estados Unidos.
- 1984-1993 – Governo de Brian Mulroney.
- 1993 – Governo de Kim Campbell.
- 1993-2003 – Governo de Jean Chrétien.
- 1994 – Criação do Nafta.
- 2003-2006 – Governo de Paul Martin.
- 2006-2015 – Governo de Stephen Harper.
- 2015 – Governo de Justin Trudeau.

BIBLIOGRAFIA

Nota: Obviamente, há dezenas de milhares de livros e artigos sobre a história, a cultura e a vida no Canadá. Os aqui citados são os que foram mais diretamente úteis para a redação do presente livro, além de alguns manuais gerais que podem ser interessantes para o leitor que queira aprofundar seus conhecimentos. Dentro do possível, foi dada preferência a material em português.

ALBUQUERQUE, Roberto Chacon de. "Acordos de livre comércio e exceção cultural". *Interfaces Brasil/Canadá. Revista Brasileira de Estudos Canadenses* 3, n. 1, pp. 107-21, 2003.

AMARAL, Pedro S.; MACGEE, James C. "The Great Depression in Canada and the United States: a Neoclassical perspective". *Review of Economics Dynamics* 5, n. 1, pp. 45-72, 2002.

BAHIA, Márcio Oliveira. "Os diálogos Brasil-Canadá face à influência cultural norte-americana: a terceira via". *Interfaces Brasil/Canadá. Revista Brasileira de Estudos Canadenses* 2, n. 1, pp. 95-107, 2002.

BARBOSA, Rosana. Brasil-Canadá: ligações migratórias nos séculos XIX e XX. *Interfaces Brasil/Canadá. Revista Brasileira de Estudos Canadenses* 14, n. 1, pp. 183-200, 2012.

_____. *Brazil and Canada: Economic, Political, and Migratory Ties, 1820s to 1970s*. Lanham: Lexington Books, 2016.

_____; FRENETTE, Yves. "De l'Amérique du Nord Au Brésil. Deux épisodes d'immigration francophone dans la deuxième moitié du 19e siècle". In DE LUCA, Tania Regina; VIDAL, Laurent. *Les français au Brésil (XXe – XXe siècles)*. Paris: Les Indes savantes, 2009, pp. 79-80.

BARRETO, Edison Junior Rodrigues. "As relações internacionais do Brasil e do Canadá: conflito ou cooperação?". *Interfaces Brasil/Canadá. Revista Brasileira de Estudos Canadenses* 13, n. 2, pp. 13-41, 2013.

BÉLANGER, Damien-Claude. "French Canadian Emigration to the United States, 1840-1930." *Quebec History*, 2000. Disponível em: http://faculty.marianopolis.edu/c.belanger/quebechistory/readings/leaving.htm. Acesso em: 25 jun. 2020.

BELSHAW, John Douglas. *Canadian History: Post-Confederation*. Vancouver: BCcampus, BC Open Textbook Project, 2015.

_____. *Canadian History: Pre-Confederation*. Vancouver: BCcampus, BC Open Textbook Project, 2015.

BERGER, Carl. *The Sense of Power*: Studies in the Ideas of Canadian Imperialism, 1867-1914. Toronto: University of Toronto Press, 2013.

BERND, Zilá. "150 anos da Confederação: momento para refletir sobre redefinições identitárias canadenses em termos de inclusão e de articulação de 'comunidades de memória'". *Interfaces Brasil/Canadá. Revista Brasileira de Estudos Canadenses* 17, n. 2, pp. 40-54, 2017.

BERTONHA, João Fábio. "Antifascistas italianos en los extremos de América: las experiencias de Brasil y Canadá". *Centro Cultural Canadá - Córdoba*, n. 20, pp. 79-90, 2004.

_____. "Entre Mosley, Whittaker e Plínio Salgado: interfaces entre o universo fascista do Brasil e do mundo anglo saxão". *Interfaces Brasil/Canadá. Revista Brasileira de Estudos Canadenses*, n. 2, pp. 129-44, 2002.

216 | Os canadenses

_____. "Fascism and the Italian Immigrant Experience in Brazil and Canada: a Comparative Perspective". *International Journal of Canadian Studies* 25, pp. 169-93, 2002.

_____. *Sobre a Direita:* estudos sobre o fascismo, o nazismo e o integralismo. Maringá: Editora da Universidade Estadual de Maringá, 2008.

_____. "Do Canadá para o mundo: as relações entre os fascismos canadenses e o universo fascista mundial entre as duas guerras mundiais". *Interfaces Brasil/Canadá. Revista Brasileira de Estudos Canadenses* 11, n. 2, pp. 167-91, 2011.

_____. "O Fascio, a Suástica e a Maple Leaf: o fascismo no Canadá do entre guerras". *Interfaces Brasil/Canadá. Revista Brasileira de Estudos Canadenses*, n. 11, pp. 191-214, 2010.

_____. "Canadá e Estados Unidos, Brasil e Argentina. Reflexões sobre relações assimétricas no Norte e no Sul das Américas". *Interfaces Brasil/Canadá. Revista Brasileira de Estudos Canadenses* 13, n. 2, pp. 91-112, 2013.

_____. *O Brasil, os Brics e o mundo no século XXI:* Estratégias Nacionais de Defesa e desafios geopolíticos em um mundo em transformação. Curitiba: Appris, 2019.

_____; CALDEIRA NETO, Odilon. "Fascismos e fascistas em comparação: Gustavo Barroso, Adrien Arcand e o antissemitismo no Brasil e no Canadá no entre guerras". *História e Perspectivas* 28, n. 53, pp. 371-400, 2015.

BICKFORD, David. *The Canadian Decision to enter World War II:* a Case Study of the Foreign Policy Decision-Making Process. University of Windsor, 1971. Disponível em https://scholar.uwindsor.ca/etd/6664. Acesso em: 20 abr.

BLATTBERG, Charles. *Shall We Dance?:* a Patriotic Politics for Canada. Montréal: McGill-Queen's University Press, 2003.

BOTHWELL, Robert. *Your Country, My Country:* a Unified History of the United States and Canada. Oxford: Oxford University Press, 2015.

BRICKER, Darrell; WRIGHT, John. *What Canadians Think – About Almost – Everything*. Toronto: Doubleday Canada, 2005.

BROOKS, Stephen. *Promoting Canadian Studies Abroad:* Soft Power and Cultural Diplomacy. Toronto: Springer International Publishing, 2018.

BROWN, Robert Craig; COOK, Ramsay. *Canada 1896-1921:* a Nation Transformed. Toronto: McClelland & Stewart, 2016.

BUCKNER, Philip Alfred. *Canada and the British Empire*. Oxford: Oxford University Press, 2008.

_____; REID, John. *Remembering 1759. The conquest of Canada in Historical Memory*. Toronto: University of Toronto Press, Scholarly Publishing Division, 2012.

CALLAGE NETO, Roque. "Brasil e Canadá: pioneiros na diplomacia multicultural para além de divisões ideológicas". *Interfaces Brasil/Canadá. Revista Brasileira de Estudos Canadenses* 8, n. 1, pp. 229-54, 2008.

CALLOWAY, Colin G. *The Scratch of a Pen:* 1763 and the Transformation of North America. Oxford: Oxford University Press, 2006.

CAMPOS, Aline Cristina de Assis; RAMOS, Ana Rosa Neves. "Questões identitárias no Canadá francófono: o caso da Acádia". *Interfaces Brasil/Canadá. Revista Brasileira de Estudos Canadenses* 9, n. 1, pp. 153-63, 2009.

CODIGNOLA, Luca; LIBERATI, Luigi Bruti. *Storia del Canada*. Milano: Bompiani, 2018.

_____; SANFILIPPO, Matteo; PIZZORUSSO, Giovanni. *Le Saint-Siège, le Canada et le Québec. Recherches dans les archives romaines*. Viterbo: Sette Città, 2011.

CONSTANT, Jean-François; DUCHARME, Michel. *Liberalism and Hegemony:* Debating the Canadian Liberal Revolution. Toronto: University of Toronto Press, Scholarly Publishing Division, 2009.

COUTURE, Paul M. "The Vichy-Free French propaganda war in Quebec, 1940 to 1942". *Historical Papers/ Communications historiques* 13, n. 1, pp. 200-16, 1978.

DE MONTPLAISIR, Daniel. *Histoire du Canada:* biographie d'une nation. Paris: Place des éditeurs, 2019.

DE RAMÓN, Juan Claudio. *Canadiana:* Viaje al país de las segundas oportunidades. Madrid: Penguin Random House Grupo Editorial España, 2018.

DICKASON, Olive Patricia. *Canada's first nations:* a History of Founding Peoples from Earliest Times. Tulsa: University of Oklahoma Press, 1992.

DICKINSON, John A.; YOUNG, Brian. *Brève Histoire socio-Économique du Québec*. Montréal: Septentrion, 2003.

DOOHAN, James; STIRLING, S.M; DAVID, Peter. *Beam Me Up, Scotty:* Star Trek's "Scotty"– in His Own Words. New York: Pocket Books, 1996.

DRACHE, Daniel; PERIN, Roberto. *Negotiating With a Sovereign Quebec*. Toronto: James Lorimer Limited, Publishers, 1992.

Bibliografia | 217

DUCHARME, Michel. *Le concept de Liberté au Canada à l'epoque des Révolutions Atlantiques (1776-1838)*. Montréal: McGill-Queen's University Press, 2009.

DURAND, Marc. *Histoire du Québec*. Paris: Editions Imago, 2003.

EDMONSTON, Barry. "Canada's Immigration Trends and Patterns". *Canadian Studies in Population* 46, n. 1-2, pp. 78-116, 2016.

EVANS, M.D.R.; KELLEY, Jonathan. "National Pride in the Developed World: Survey Data from 24 Countries". *International Journal of Public Opinion Research* 14, n. 3, pp. 303-38, 2002.

FENGE, Terry; ALDRIDGE, Jim. *Keeping Promises:* The Royal Proclamation of 1763, Aboriginal Rights, and Treaties in Canada. Montréal: McGill-Queen's University Press, 2015.

FERGUSON, Will. *Why I hate Canadians*. Vancouver: Douglas & McIntyre, 2007.

_____; FERGUSON, Ian. *How to Be a Canadian*. Vancouver: Douglas & McIntyre, 2001.

FERRETTI, Lucia. *Breve Histoire de L'Eglise Catholique au Québec*. Montréal: Boreal, 1999.

FRANÇA, Teresa Cristina Nascimento. "De observador a membro integral: a lenta caminhada multilateral do Canadá em direção à OEA (1972-1990)". *Interfaces Brasil/Canadá. Revista Brasileira de Estudos Canadenses* 13, n. 2, pp. 113-30, 2013.

GILDING, Ben. "The silent framers of British North American Union: The Colonial Office and Canadian Confederation, 1851–67". *The Canadian Historical Review* 99, n. 3, pp. 349-43, 2018.

GLASS, Joseph B. "Connections Between Canada and Brazil Before World War One". *Interfaces Brasil/Canadá. Revista Brasileira de Estudos Canadenses* 11, n. 2, pp. 22-52, 2011.

GOZA, Franklin. "Brazilian Immigration to Ontario". *International Migration* 37, n. 4, pp. 765-89, 1999.

GRANATSTEIN, J. L. "Ethnic and Religious Enlistment in Canada During the Second World War". *Canadian Jewish Studies/Études juives canadiennes*, n. 21, pp. 174-80, 2014.

GUTIÉRREZ-HACES, Teresa. *Canadá: un Estado posmoderno*. Madrid: Plaza y Valdés, 2000.

HALLOWELL, Gerald. *The Oxford Companion to Canadian History*. Oxford: Oxford University Press, 2004.

HARRISON, Trevor; Friesen, John A. *Canadian Society in the Twenty-First Century:* an Historical Sociological Approach. Toronto: Canadian Scholars Press, 2015.

HAVARD, Gilles; Vidal, Cécile. *Histoire de L'Amérique Française*. Paris: Flammarion, 2019.

HAYDAY, Matthew; BLAKE, Raymond. *Celebrating Canada:* Holidays, National Days, and the Crafting of Identities. Toronto: University of Toronto Press, 2016.

HOLT, Richard. *Filling the Ranks:* Manpower in the Canadian Expeditionary Force, 1914-1918. Montréal; McGill-Queen's University Press, 2017.

IACOVETTA, Franca; DRAPER, Paula; VENTRESCA, Robert. *A Nation of Immigrants:* Women, Workers, and Communities in Canadian History, 1840s-1960s. Toronto: University of Toronto Press, Scholarly Publishing Division, 2017.

LACROIX, Jean-Michel. *Histoire du Canada:* des origines à nos jours. Paris: Tallandier, 2016.

LANDRY, Rodrigue. "A Acádia do Novo Brunswick e a autonomia cultural: um modelo conceitual". *Interfaces Brasil/Canadá. Revista Brasileira de Estudos Canadenses* 9, n. 1, pp. 9-46, 2009.

LIPERATI, Luigi Bruti. *Il Canada, L'Italia e il fascismo, 1919-1945*. Roma: Bonacci, 1984.

LORENTZ, Adriane. "Controvérsias entre o Brasil e os Canadá sob os auspícios da Omc". *Interfaces Brasil/Canadá. Revista Brasileira de Estudos Canadenses* 3, n. 1, pp. 59-77, 2003.

MACKENZIE, Hector. "Sinews of War and Peace. The Politics of Economic Aid to Britain, 1939-1945". *International Journal* 54, n. 4, pp. 648-70, 1999.

MALDONADO GAGO, Juan. *Historia Contemporánea de Canadá*. Madrid: Sintesis, 2018.

MARK, Simon. *A Comparative Study of the Cultural Diplomacy of Canada, New Zealand and India*. Auckland: University of Auckland, 2008.

McKAY, Ian. "The Liberal Order Framework: a Prospectus for a Reconnaissance of Canadian History". *The Canadian Historical Review* 81, n. 4, pp. 616-45, 2000.

MILLMAN, Brock. *Polarity, Patriotism, and Dissent in Great War Canada, 1914-1919*. Toronto: University of Toronto Press, Scholarly Publishing Division, 2016.

MIRANDA, José Alberto Antunes de "Relações Brasil-Canadá: potenciais de uma relação bilateral mais efetiva". *Interfaces Brasil/Canadá. Revista Brasileira de Estudos Canadenses* 13, n. 2, pp. 289-308, 2013.

MORTON, Desmond. *Canada:* a Millenium Portrait. Toronto: Dundurn, 1999.

_____. *A Military History of Canada*. Toronto: McClelland & Stewart, 1992.

218 | Os canadenses

_____. *Uma breve História do Canadá*. São Paulo: Alfa Ômega, 1989.

NADEAU, J. F. *Adrien Arcand, Fürher Canadien*. Montréal: Lux, 2010.

NAVARRETE, Francisco Ernesto. "O Impacto do Nafta na indústria automotiva canadense nos últimos 20 Anos". *Interfaces Brasil/Canadá. Revista Brasileira de Estudos Canadenses* 16, n. 2, pp. 144-61, 2016.

NEILSON, Keith. "R.H. Brand, the Empire and Munitions from Canada". *The English Historical Review* 126, n. 523, pp. 1430-55, 2011.

NELLES, H. V. *Une brève Histoire du Canada*. Montréal: Fides, 2005.

PAQUIN, Stéphanie; BEAUDOIN, Louise. *Histoire des relations internationales du Québec*. Montréal: VLB Editeur, 2006.

PERIN, Roberto. *Rome in Canada:* The Vatican and Canadian Affairs in the Late Victorian Age. Toronto: University of Toronto Press, 1990.

_____; IACOVETTA, Franca; PRINCIPE, Angelo. *Enemies Within:* Italian and Other Internees in Canada and Abroad. Toronto: Toronto University Press, 2000.

PRITCHARD, James. "The Beaver and the Bear: Canadian Mutual Aid, Ship Repairing and the Soviet Far Eastern Merchant Fleet 1941-1945". *The Northern Mariner/le Marin du Nord* 20, n. 2, pp. 129-47, 2010.

PRYKE, K. G.; SODERLUND, W. C. *Profiles of Canada*. Toronto: Canadian Scholars' Press, 2003.

RAMIREZ, Bruno. *On the Move*: French-Canadian and Italian Migrants in the North Atlantic Economy, 1860-1914. Oxford: Oxford University Press, 1998.

RESEARCH, Environics Institute for Survey. *Focus Canada 2010. Public Opinion Research on the Record. Serving the Public Interest*. Toronto: Environics Institute, 2010.

RESNICK, Philip. *The European Roots of Canadian Identity*. Peterborough: Broadview Press, 2005.

ROBIN, Martin. *Shades of Right:* Nativist and Fascist Politics in Canada, 1920-1940. Toronto: University of Toronto Press, 1992.

SAUTTER, Uto. *Geschichte Kanadas:* Von der europäischen Entdeckung bis zur Gegenwart. Stuttgart: Kroner, 1972.

SCHWARTZ, Daniel. "War of 1812 Reinterpreted Over the Centuries". *CBC News* (2012). Disponível em: https://www.cbc.ca/news/canada/war-of-1812-reinterpreted-over-the-centuries-1.1266067. Acesso em: 8 nov. 2019.

SHI, David E. "Seward´s Attempt to Annex British Columbia, 1865-1869". *Pacific Historical Review* 47, n. 2, pp. 217-38, 1978.

SILVA, Alexandre Pereira. "Brasil e Canadá nas relações internacionais polares". *Interfaces Brasil/Canadá. Revista Brasileira de Estudos Canadenses* 13, n. 2, pp. 67-89, 2013.

SMITH, Andrew. "Toryism, classical liberalism, and capitalism: the politics of taxation and the struggle for Canadian Confederation". *The Canadian Historical Review* 89, n. 1, pp. 1-25, 2008.

STAGG, J. C. A. *The war of 1812:* Conflict for a Continent. Cambridge: Cambridge University Press, 2012.

TAYLOR, Martin Brook; OWRAM, Doug. *Canadian History:* Confederation to the Present. Toronto: University of Toronto Press, 1994.

THÉORÊT, Hughes; VAN GENNIP, Ferdinanda; SCOTT, Hughes. *The Blue Shirts:* Adrien Arcand and Fascist Anti-Semitism in Canada. Ottawa: University of Ottawa Press, 2017.

TRAUTSCH, Jasper M. "The Causes of the War of 1812: 200 Years of Debate". *The Journal of Military History* 77, n. 1, 273-93, 2013.

VERMETTE, David. *A distinct alien Race:* the Untold Story of Franco-Americans: Industrialization, Immigration, Religious Strife. Montréal: Baraka Books, 2018.

WILSON, Michael. "Nafta´s Unfinished Business. The View from Canada". *Foreign Affairs* 93, n. 1, pp. 128-33, 2014.

ZAHRA, Tara. *The Great Departure*: Mass Migration from Eastern Europe and the Making of the Free World. New York: W. W. Norton, 2016.

ZUCCHI, John. *Mad flight?*: the Quebec Emigration to the Coffee Plantations of Brazil. Montréal: McGill-Queen's University Press, 2018.

Sites consultados

Angus Maddison Historical Statistics https://www.rug.nl/ggdc/historicaldevelopment/maddison

Canada Guide https://thecanadaguide.com

Canadian Encyclopedia. https://thecanadianencyclopedia.ca/en

Canadian Opinion Research Archive https://www.queensu.ca/cora/our-data

Canadians take Vimy Ridge: A soldier's diaries recount battle preparations and horrors of war. CBC News, 9/4/2017, https://www.cbc.ca/news/canada/canadians-take-vimy-ridge-a-soldier-s-diaries-recount-battle-preparations-and-horrors-of-war-1.4042443

Credit Canada (Expenses survey) https://www.creditcanada.com/blog/how-much-money-you-should-spend-on-monthly-expenses

Corruption Perception Index https://www.transparency.org

Counseil Canadien pour les réfugiés – Canadian Council for Refugees https://ccrweb.ca

Cultural Atlas – Canada https://culturalatlas.sbs.com.au/canadian-culture

The Fight for Canada – War of 1812 (200th Anniversary). https://www.youtube.com/watch?v=s4i_qe9W6Dk

The Globe and Mail https://www.theglobeandmail.com

Historical Statistics – Canada https://www.historicalstatistics.org

La Nouvelle France/Resources Françaises http://www2.culture.gouv.fr/culture/nllefce/fr/

Migration Policy Institute https://www.migrationpolicy.org

My Canadian immigrant story: From the Philippines to small town Ontario https://www.BBC.com/news/world-us-canada-40399050

Musée de l'Amerique francophone https://www.mcq.org/fr/informations/maf

Organisation for Economic Co-operation and Development – Library https://www.oecd-ilibrary.org

Statistics Canada – Statistiques Canada https://www.statcan.gc.ca/eng/start

Toronto Star https://www.thestar.com

War Time Canada https://wartimecanada.ca

World Population Review https://worldpopulationreview.com

World Prison Brief https://www.prisonstudies.org

O AUTOR

João Fábio Bertonha é professor da Universidade Estadual de Maringá (UEM) e pesquisador do CNPq. Doutor em História pela Universidade Estadual de Campinas (Unicamp) e livre-docente em História pela Universidade de São Paulo (USP). Fez estágios de pós-doutorado na Sapienza Università di Roma e na USP e foi *visiting fellow* no European University Institute (Florença), na Universidade de Munique e na Universidad Carlos III de Madrid. Também é especialista em assuntos estratégicos internacionais pela National Defense University (Washington, DC).

Em 2000 e 2008, foi bolsista do governo canadense, do International Council for Canadian Studies, quando realizou pesquisas relacionadas à história canadense em diversas bibliotecas, arquivos e universidades em Toronto, Montreal e Ottawa.

Autor de vários livros e artigos sobre fascismos, relações internacionais, defesa e imigrações, publicou, pela Editora Contexto, *Itália: presente e futuro*, *Os italianos*, além de ser coautor do *Dicionário de datas da história do Brasil*.

CADASTRE-SE
EM NOSSO SITE E FIQUE POR DENTRO DAS NOVIDADES

www.editoracontexto.com.br

Livros nas áreas de:
Educação | Formação de professor | História | Geografia | Sociologia | Comunicação | Língua Portuguesa | Interesse geral | Romance histórico

Siga a Contexto nas Redes Sociais:
www.editoracontexto.com.br/redes

GRÁFICA PAYM
Tel. [11] 4392-3344
paym@graficapaym.com.br